金融危機下の
日銀の金融政策

建部正義 著

中央大学出版部

まえがき

　最初に，若干の疑問に答えることからはじめることにしよう。
　本書は，全体として，内生的貨幣供給論の見地にたちつつ，中央銀行の金融政策のあり方を論じたものである。ところが，第1章と第4章では，K.マルクスの中央銀行論にも説きおよんでいる。いったい，内生的貨幣供給論とマルクスの貨幣・信用論との関係をどのように考えればよいのであろうか。
　結論的にいうならば，筆者は，T.トゥックやJ.フラートンなどの19世紀の銀行学派に属する論者と同様に，マルクスは内生的貨幣供給論の系譜につながる論者であると位置づけている。その根拠は，なによりもまず，かれの貨幣流通の法則のなかに見だされるであろう。たとえば，『経済学批判』において，マルクスは，以下のように論定する。すなわち，「流通の速度が前提されているとすれば，流通手段の量は，簡単に商品の価格によって規定される。だから流通する貨幣が増減するから価格が騰落するのではなく，価格が騰落するから，流通する貨幣が増減するのである。これは最も重要な経済法則のひとつであって，商品価格の歴史によって詳細にこれを証明したのは，おそらくリカード以後のイギリス経済学の唯一の功績をなすものであろう」，「トゥックは，彼の諸原理をなんらかの理論からみちびきだしているのではなく，1793年から1856年までの商品価格の歴史の良心的な分析からみちびきだしている」，「商品価格の歴史の継続的研究は，リカードの理論が前提しているような，物価と流通手段の量とのあいだの直接的関連はただの妄想にすぎないこと，流通手段の膨張と収縮とは，貴金属の価値が不変な場合には，つねに物価変動の結果であってけっして原因ではないこと，貨幣流通は一般に第二次的な運動にすぎないことを，……いやおうなしにトゥックに理解させた」，と。
　否，それどころか，『資本論』第1巻では，つぎのような論定さえもなされている。「流通手段の量は，流通する商品の価格総額と貨幣流通の平均速度とによって規定されるという法則は，諸商品の価値総額が与えられていて，それ

らの変態の平均速度が与えられていれば，通流する貨幣または貨幣材料の量はそれ自身の価値によって決まる，というように表現することもできる。逆に，商品価格は流通手段の総量によって，その流通手段の総量はまた一国に存在する貨幣材料の総量によって規定されるという幻想は，その最初の唱道者たちにあっては，商品は価格なしに，貨幣は価値なしに，流通過程にはいり，次にそこにおいて，ごたまぜの商品群の一可除部分が山をなす金属の一可除部分と交換されるというばかげた仮説に根ざしている」。みられるように，この引用の後半部分は，もっとも素朴な形態での貨幣数量説（「商品価格は流通手段の総量によって規定されるという幻想」），いいかえれば，もっとも素朴な形態での外生的貨幣供給論（「流通手段の総量は一国に存在する貨幣材料の総量によって〔外生的に〕規定されるという幻想」）にたいする根本的な批判をなしている。

　マルクスによる以上の記述は，金鋳貨の流通を前提とするものであった。それでは，金鋳貨との交換ないしそれによる引き出しが保障された兌換銀行券および預金貨幣については，どのように判断すればよいのであろうか。このうち，兌換銀行券にかんしては，『資本論』第3巻に，「すでに単純な貨幣流通の考察にさいして説明されたように，現実に流通する貨幣の総量は，流通の速度と諸支払いの節約とが与えられているものと前提すれば，諸商品の価格と諸取引の総量とによって規定されている。同じ法則は，銀行券流通の場合にも支配する」，という論定が残されている。ここから，兌換銀行券についてはもちろんのこと，金鋳貨ないし兌換銀行券による自由な引き出しが保証された預金貨幣についても，兌換銀行券と同様に，貨幣流通の法則が支配するものと判断されてなんのさしつかえもないであろう。

　問題をこのように整理するならば，金鋳貨ばかりではなく，兌換銀行券についても，預金貨幣についても，等しく，それらの流通量は，外生的に決定されるのではなく，商品流通の必要に応じて内生的に決定されると考えていたという意味において，マルクスは，まさに，トゥックおよびフラートンの功績を受けつぐ内生的貨幣供給論者であったと位置づけることが許されるはずである。

　もっとも，だからといって，内生的貨幣供給論は，貨幣供給そのものに，予

定調和性ないし無矛盾性を求める理論であるというように誤解されてはならない。金本位制度下においても，内生的貨幣供給メカニズムのもとで，景気循環したがって好況末期の過剰信用が発生したことは否定しがたい事実である。また，銀行券の金兌換と預金貨幣の金鋳貨による引き出しが停止された管理通貨制度下において，企業や家計その他の貨幣需要にもとづき，貨幣（預金貨幣，銀行券および鋳貨）が内生的に供給されるメカニズムのもとで，インフレーション（これは，デフレーションと異なり，実物的なそれではなく，貨幣的な現象である）あるいはバブル（これは，銀行による過剰信用の供与を抜きに語ることはできない）が発生したことは，第二次世界大戦後，われわれが何度となく経験したところである。内生的貨幣供給論とは，貨幣供給のメカニズムを，それこそ市中銀行および中央銀行の行動に即してありのままに描出しただけのものであり，それ以上でもそれ以下でもなく，そこには，なんらの倫理的側面も含まれていない。むしろ，われわれには，内生的貨幣供給論の見地にたちつつ，金本位制度下では発生することのなかったインフレーションが管理通貨制度下でなぜ発現するにいたったのか，また，現在では，インフレーションの発生よりも資産バブルの頻発がなぜ目だつようになったのか，その原因と経過の説明により大きな努力をはらうことが求められているとみなすべきである。

　本書は，1997年6月の新日銀法の制定以降に発表した，金融政策をめぐる既発表の論文10篇からなっている。いま，それぞれの初出誌・書と各章との関係を示すならば，以下のとおりである。なお，転載にあたって，論旨をより明快にするという観点から，若干の加筆と削除を行った。

　第1章，「日銀法『改正』をめぐる諸問題——中央銀行の役割にふれて——」『経済』1997年9月号。

　第2章，「デフレ問題と日銀の量的緩和政策」『経済』2001年8月号。

　第3章，「インフレーション・ターゲティング論の虚妄性」，下平尾勲編著『現代の金融と地域経済』，新評論，2003年2月，所収。

　第4章，「デフレ対策と金融政策の課題」『経済』2003年10月号。

　第5章，「量的緩和政策の含意と出口『政策』」，政治経済研究所『政經研究』

第85号，2005年11月。

　第6章，「日銀の量的緩和政策の変更をどう読むか」『経済』2008年7月号。

　第7章，「日銀の金融政策はどうだったか——新日銀法10年——」『経済』2008年7月号。

　第8章，「金融危機下の日銀の金融政策——『異例の措置』の発動——」『経済』2009年9月号。

　第9章，「FRBは日本銀行の経験から何を教訓として学ぶべきであったか？」，石崎忠司監修『失われた10年——バブル崩壊からの脱却と発展——』（中央大学学術シンポジウム研究叢書）中央大学出版部，2010年3月，所収。

　第10章，「日本と中国の金融政策比較」，建部正義・張亦春編著『日中の金融システム比較』（中央大学企業研究所研究叢書）中央大学出版部，2009年3月，所収。

　ちなみに，7～9章に収録した論文は，2007年8月以降の今次の国際金融危機下で，その研究と並行しながら執筆を進めたものである。後者にかんする筆者の見解については，つぎの論稿を参照されたい。

　①「金融サイドから見たサブプライムローン・ショック」，経済理論学会『経済理論』第46巻第1号，2009年4月。

　②「『世界金融危機』が意味するもの」『経済』2009年3月号。

　③「国際金融危機＝世界大恐慌とマルクス経済理論」『政經研究』第92号，2009年5月。

　読みかえしてみると，論点や引用の重複が目につく。ただ，そのときどきに，各論文の内容上の統一性を追求したことが，こうした結果につながった。逆にいえば，興味に応じて，いずれかの章だけを抜き読みすることも可能な構成になっている。読者の寛恕を乞いたい。

　本書が伝えようとすることがらは，比較的単純なものであるとみなしうるかもしれない。第7章の「結語」にまとめておいたが，それは，大略，以下のとおりである。

　第1に，日本銀行は，量的緩和政策にはけっして復帰してはならないこと。

金融政策の王道は，金利政策にある。また，量的緩和政策は，理論的に間違ったアメリカ的＝マネタリスト的金融論の金融政策面への適用であった。

　第2に，日本銀行は，金融機関保有株式の買入措置を再開したり，金融機関向け劣後特約付貸付の供与措置を導入したりするべきではなかった。これらの措置にもとづく資金の供給は，流動性の供給ではなく，資本性の資金の供与を意味する。そして，資本性の資金の供与ということになれば，その固有の権限は，政府の経済政策ないし財政政策に属する。日本銀行が政府からの独立性を要求するのであれば，日本銀行の金融政策は，政府の経済政策ないし財政政策の独立性を犯すものであってはならない。

　第3に，物価の安定という理念が大前提になるにせよ，それを実現するための手段としての金利操作が必然的に所得の再分配という側面をともなうものである以上，日本銀行は，金融政策を実施するにあたって，企業・銀行・政府サイドへの影響に目配りするだけではなく，国民サイドへの影響にも十分な目配りを行うべきであるということ。

　第4に，日本銀行は，ゼロ金利政策，金融機関保有株式の買入措置，ならびに，量的緩和政策の功罪について，適切な時期にみずから総括し，世界の中央銀行にこれを参考資料として公表すべきこと。これらの政策が世界の中央銀行の歴史に認められない異例中の異例の政策であった事実に照らして，このことは，日本銀行が世界の中央銀行にたいして果たすべき当然の責務であるといわなければならない。

　これを書いたのは，2008年5月の時点であったが，いまから振りかえれば，第4番目の提言については，もっと早い機会に行っておくべきだったかもしれない。もし，筆者の提言に耳を傾けていたならば，今次の国際金融危機に際して，日本銀行は，世界の中央銀行に向けて，より強いメッセージを発進することができたはずであるにちがいない。

　そういえば，日本銀行が設立されたのは1882年のことであるから，2007年には創立125周年を迎えたことになる。『日本銀行百年史』は編纂されたが，不幸にして，『日本銀行百二十五年史』の編纂計画についてはついぞ話を聞く機会

がない。危機への対応が先決であり、それどころではないというのがいつわらざる実情ということであろうか。また、『日本銀行百年史』には，時期的に，1980年代後半のわが国のバブルの総括が含まれていないことも気になるといえば気になるところである。

　それはともかく，本書の結論として，上記の4点にくわえて，第9章で指摘したつぎの2点を追加することも可能であろう。

　第1に，2000年代初期に，A.グリーンスパンおよびFRBが学ぶべきであったのは，1990年代初期の日本のデフレの経験ではなく，わが国の金融制度調査会の提言やBISビューにしたがって，中央銀行は，金融政策の運営にあたり，物価の安定を目的とすることはもとより，資産価格の変動にも相応の留意をはらうべきであったということ。

　第2に，B.S.バーナンキおよびFRBが2000年代の日本の金融政策の経験から学ぶべきであったのは，量的緩和政策の有効性という側面ではなく，その逆に，それが期待したポートフォリオ・リバランス効果を発揮しなかったという側面にほかならないということ。

　ところで，本書の出版準備中の2009年12月に，日本銀行は，「デフレ問題」について，新たな見解と施策を打ちだすにいたった。その内容は，以下のように整理することができるであろう。

　第1に，日本銀行は，12月1日に，臨時の政策委員会・金融政策決定会合を開催し，「日本銀行は，日本経済がデフレから脱却し，物価安定のもとでの持続的成長経路に復帰することが極めて重要な課題であると認識している」（「金融緩和の強化について」），として，日本経済が「デフレ」の状態にある旨の認識を初めて提示するにいたったこと。

　第2に，同会合のなかで，「このところの国際金融面での動き〔ドバイ危機──引用者──〕や，為替市場の不安定さ〔急激な円高〕などが企業マインド等を通じて実体経済活動に悪影響を及ぼすリスクがあり，この点には十分な注意が必要である」，「日本銀行は，きわめて低い金利でやや長めの資金を十分潤沢に供給することにより，現在の強力な金融緩和を一段と浸透させ，短期金融

市場における長目の金利のさらなる低下を促すことが，現在，金融面から景気回復を支援する最も効果的な手段であると判断した」(同上)，としつつ，つぎのような新しい資金供給手段の導入を決定したこと。①金利：固定金利（無担保コールレート〈オーバーナイト物〉の誘導目標水準，0.1％），②期間：3ヵ月，③担保：国債，社債，CP，証貸債権など全ての日銀適格担保（共通担保方式），④目標額：10兆円。

第3に，同日の記者会見において，白川方明総裁が，「量が制約要因となって金融機関行動が制約されることがない状況を作り出すという意味では，広い意味での量的緩和だと考えています。繰り返して言えば，……量が制約とならない状況を作る，量が制約となって金融機関行動が制約されるという状況を作らせないという意味でいえば，これは広い意味での量的緩和と言ってよいと考えています」，というかたちで，今回の施策を広い意味での量的緩和政策であると位置づけたこと。

第4に，日本銀行は，12月8日の政策委員会・金融政策決定会合の席上，「中長期的な物価安定の理解」（金融政策の前提となる物価安定にかんする日本銀行の考え方を数値的に表現したもの）について検討をくわえ，その結果，「委員会としてゼロ％以下のマイナスの値は許容していないこと，及び，委員の大勢は1％程度を中心として考えていることを，より明確に表現することにより，物価の安定に関する日本銀行の考え方の一層の浸透を図ることが適当であるとの結論に至った」(「当面の金融政策運営について」)，として，物価の安定に関する日本銀行の考え方は，ゼロ％以下のマイナスの値は許容していないことを明確にしたこと。

以上であるが，日本銀行によるこれらの見解と施策をめぐって，筆者としては，ここで，さしあたり，つぎの2つの問題を提起しておきたい。

第1に，経済の現状判断にあたって，デフレという言葉を使用するか否かは，あるいは，たんなる用語の問題にすぎないように思われるかもしれない。しかし，この言葉を日本銀行が使用するとなると，そこにはいくぶん微妙な問題が絡んでくることになる。というのは，2009年11月19～20日開催分の政策委

員会・金融政策決定会合議事要旨が述べているように,「『デフレ』という言葉が使用される場合には,財・サービス価格の持続的な下落,厳しい景気の状況,資産価格の下落など,様々な定義で用いられており,論者によって異なるため,日本銀行が『デフレ』という言葉を使用する時は,細心の注意を払う必要がある」からである。じっさい,白川総裁も,従来は,記者会見の場で,この姿勢を堅持してきた。また,たとえ,「デフレ」を「持続的な物価下落」ないし「緩やかな物価下落」という意味で理解するとしても——現時点では,日本経済が「デフレ・スパイラル」に陥る危険性は事実上無きに等しい——,そこには,「デフレ」の原因をどこに求めるかという別の論点が浮上してくることにならざるをえない。そして,もし,「デフレ」の原因が貨幣的要因にもとづくものではなく——内生的貨幣供給論の見地にたつかぎり,貨幣の過少供給とそれにもとづく物価の下落（すなわち,「デフレ」）という現象は,そもそも起こりようがない——,現実には,「物価の持続的な下落,つまりデフレと呼ばれる現象の根本的な原因は,経済全体の供給能力に比べて需要が弱いこと」（2009年12月24日の日本経済団体連合会評議員会における白川総裁の講演「2009年の日本経済：回顧と展望」）にあるのだとすれば,「デフレ」克服の中心的な責任は政府に所属すると考えられるべきである。まことに,金融政策は,政府の財政政策とは異なり,直接的には需給ギャップを埋めあわせるべき需要を創出することができないというのがことの真相にほかならない。要するに,筆者の主張は,日本銀行は「デフレ」という言葉を使用することについて厳に自制的であるべきであったという点に帰着する。筆者としては,「デフレ」という言葉を政府（政府は,2009年11月の月例経済報告のなかで,「物価の動向を総合してみると,緩やかなデフレ状況にある」,と認定した）と共有することにより,この問題について日本銀行がほんらいの責務を超えた過大な負担を背負いこむ破目に陥ることがないよう,心から願うばかりである。

　第2に,今回の施策の目的が,金利に働きかけることに主眼があるのか,それとも,量に働きかけることに主眼があるのかが,はっきりしていないことである。一方で,「日本銀行は,本日〔2009年12月1日〕,臨時の政策委員会・金

融政策決定会合を開催し，新しい資金供給手段の導入によって，やや長めの金利のさらなる低下を促すことを通じ，金融緩和の一段の強化を図ることとした」(「金融緩和の強化について」)，と記している。ところが，他方では，「今回の施策について言えば，量がネックになって金融機関の経済活動が阻害されないようにしていくこと，これが基本的な本質だと思います」(12月1日の総裁記者会見)，と論じている。ここには，若干の混乱が認められそうである。しかし，日本銀行は，この間，量が制約となって金融機関行動が制約されるという状況をつくらせないように，潤沢に資金を供給しつづけてきたのであるから，後者の側面の強調は不可解であるといわなければならない。したがって，「要すれば，やや長めの金利の低め誘導を行うことと，それを実現するために10兆円という大量の資金供給を行うということになります」(同上)，というのが，今回の施策の真の狙いであると位置づけられるべきであろう。

　さて，本書は，中央大学出版部から刊行される運びとなった。中央大学に籍を置く者として，いつかは，大学出版部から，自著を上梓したいという夢を抱きつづけてきた。今回，それが実現されるにいたったことを，率直に喜びたい。

　最後になったが，本書の装丁を，中央大学非常勤講師の浦眞佐子さんに担当していただいた。文字どおりのつたない拙著の表紙を，わが家の庭に咲く花をイメージした美しい水彩画で飾ってくださったことにたいして，深謝の念を表したい。

2010年1月
建部正義

目　次

まえがき

第1章　日銀法「改正」をめぐる諸問題
——中央銀行の理念にふれて——

はじめに …………………………………………………………………1
1　中央銀行をみる基本的視点 ……………………………………………3
2　改正日銀法の問題点——物価の安定を中心に—— ………………11
3　改正日銀法の問題点——日本銀行の独立性を中心に—— ………14
おわりに …………………………………………………………………17

第2章　デフレ問題と日銀の量的緩和政策

1　金利コントロールから量的コントロールへ ………………………21
2　金融政策をめぐる2つの理論的潮流 …………………………………24
3　日銀の独立性と量的緩和政策の帰結 …………………………………30
4　デフレ理論は正当か ……………………………………………………34
5　長期国債買切オペが含む問題点 ………………………………………36
6　金融政策がなしうることとなしえないこと …………………………38

第3章　インフレーション・ターゲティング論の虚妄性

1　問題の限定 ………………………………………………………………41
2　内生的貨幣供給論対外生的貨幣供給論 ………………………………44
3　デフレは貨幣的現象と呼べるか ………………………………………49
4　金融政策か財政政策か …………………………………………………51

5　金融資産課税によるマイナス金利……………………………53
  6　1930年代のスウェーデンの経験………………………………54

第4章　デフレ対策と金融政策の課題

は じ め に……………………………………………………………57
  1　中央銀行の銀行業務と金融政策の表裏一体性………………57
  2　「市場の中」で機能する中央銀行と「市場の外」から干渉する政府…62
  3　金融政策と財政政策の差異性…………………………………67
  4　「デフレーション」と金融政策の課題 ………………………72
  5　インフレーション・ターゲティング論の問題点……………76
  6　日本銀行による金融機関保有株式の買入措置………………78
  7　スティグリッツの「政府紙幣」発行論………………………81

第5章　量的緩和政策の含意と出口「政策」

  1　問題の限定………………………………………………………85
  2　内生的貨幣供給論とは何か……………………………………87
  3　管理通貨制度下の貨幣供給の基本的メカニズム……………89
  4　金融政策の効果波及経路………………………………………92
  5　量的緩和政策への移行…………………………………………96
  6　当座預金残高目標が達成できた理由…………………………99
  7　量的緩和政策の効果と限界 …………………………………102
  8　出口「政策」に向けて …………………………………………105

第6章　日銀の量的緩和政策の変更をどう読むか

  1　量的緩和政策の解除と金利政策への復帰 …………………111

2 量的緩和政策の功罪 ………………………………………………115

第7章　日銀の金融政策はどうだったか
——新日銀法10年——

1 新日銀法の制定 ……………………………………………………121
2 ゼロ金利政策の採用 ………………………………………………123
3 金融機関保有株式の買入措置の導入 ……………………………130
4 量的援和政策の採用 ………………………………………………136
5 日米の金融政策の交流関係 ………………………………………143
6 結　　語 ……………………………………………………………149

第8章　金融危機下の日銀の金融政策
——「異例の措置」の再発動——

1 リーマン・ショック以後の日銀の金融政策 ……………………153
2 日銀による金融機関保有株式の買入措置はどこが問題か ……157
3 白川総裁下の日銀の金融政策にたいする評価 …………………163
4 政府紙幣発行論の危険性 …………………………………………169

第9章　FRBは日銀の経験から何を教訓として学ぶべきであったか

1 問題の限定 …………………………………………………………173
2 グリーンスパンの理論と行動 ……………………………………179
3 バーナンキの理論と現実 …………………………………………190
4 結　　語 ……………………………………………………………200

第10章　日本と中国の金融政策比較

はじめに ………………………………………………………………205
1　日本銀行および中国人民銀行の目的・理念・組織 ………………205
2　金融政策の手段と役割 ………………………………………………214
3　人民元相場の行方 ……………………………………………………225

第1章

日銀法「改正」をめぐる諸問題
―――中央銀行の理念にふれて―――

はじめに

　前国会において，日本銀行法改正法案が可決され，1998年4月1日から施行されることになった。

　周知のように，現行の日本銀行法は，第二次世界大戦中の1942年に，39年のナチズム体制下のドイツ・ライヒスバンク法を範として制定された経緯を反映して，第1条に，「日本銀行ハ国家経済総力ノ適切ナル発揮ヲ図ル為国家ノ政策ニ即シ通貨ノ調節，金融ノ調整及信用制度ノ保持育成ニ任ズルヲ以テ目的トス」，第2条に，「日本銀行ハ専ラ国家目的ノ達成ヲ使命トシテ運営セラルベシ」，と謳うと同時に，大蔵大臣にたいする日本銀行への一般的監督権，業務命令権，内閣にたいする日本銀行総裁・副総裁解任権を与えるなど，戦時立法的性格を色濃く残し，中央銀行の政府からの独立性という点で，多くの問題点を抱えたものとなっている。

　こうした事情を背景として，日本銀行法の改正問題は，早晩，俎上にのせられることが必至の状況にあった。じっさい，三重野康前日銀総裁は，今回の改正の直接の契機をなした1996年2月の政府・連立与党（自由民主党・社会民主党・新党さきがけ）による大蔵省改革プロジェクトチーム（検討テーマは，「金融行政の見直し」，「財政運営の構造改革」および「大蔵省の組織改革」の3点）の発足以前の，すでに94年2月に，「日本経済の課題と中央銀行の役割」と題する内外情勢調査会での講演において，「日本銀行法の改正が喫緊の課題とは考えて

いないが、いずれ将来見直す時期がくると思う」[1]、と指摘していた。

　この間に、日本銀行法の改正の必要性を強く印象づけることになった内外の要因として、つぎの2つをあげることができるであろう。

　第1に、欧州連合（EU）においては、1999年1月に、単一通貨ユーロを導入し、経済通貨統合（EMU）の最終段階に移行することが予定されているが、そこでは、欧州中央銀行（ECB）が、物価安定を第一義的な目的として、ユーロ域内における一元的な金融政策を開始することになり、他方、統合参加各国の中央銀行は、ECBの金融政策の遂行機関としての機能を果たすことが想定されている。ここから、ECBを統轄する各加盟国は、欧州中央銀行制度（ESCB）の発足までに、ECBのステータスと整合的なものとなるよう、各国の中央銀行の独立性を法的に担保することが義務づけられることになった。しかも、とりわけ、公的機関への中央銀行信用の供与の禁止措置については、EMU第2段階（94年1月より開始され、現在はこの段階にある）の開始までに手当てすることが義務づけられている。こうして、EU加盟各国は、マーストリヒト条約の締結（92年2月）以降、中央銀行法などの改正作業につぎつぎに着手し、これまでに、ドイツ、フランス、イタリア、ベルギー、スペインなどで改正手続きが完了されるにいたっている。

　第2に、1980年代後半のわが国における資産価格を中心とするバブルの発生の主たる原因が、日本銀行による長期にわたる大幅な金融緩和政策の発動と、それを背景とする通貨供給量の大規模な増大にあったことは否定しがたい事実であるにせよ、じつは、行き過ぎた金融緩和は、日本銀行による金融政策運営上の政府からの独立性の程度とも密接に関連していた。この点について、緒方四十郎元日銀理事は、つぎのような証言を残している。すなわち、86年1月から87年2月までの連続5回におよぶ公定歩合の引き下げのうち、「最後の2回の引き下げは当時の宮沢蔵相が本来財政で景気浮揚を図るべきでありながら、財政赤字を減らすことに熱中してやらなかったために金融政策に過度に負担がかかってしまった。本来ならあの2回は下げるべきではなかった」[2]、と。

　それはともかく、1996年2月の中央銀行研究会の報告書「中央銀行制度の改

革——開かれた独立性を求めて——」，ならびに，97年2月の金融制度調査会の「日本銀行法の改正に関する答申」を経て，金融監督庁設置法案とともに，日本銀行法改正法案は，国会で成立する運びとなった。

ただ，改正法にたいする評価はさまざまである。「一歩前進」と評価する向きもあれば，「改悪にすぎない」と評価する向きもある。おそらく，こうした立場の違いは，中央銀行ないし日本銀行の理念およびあるべき姿について，それぞれのイメージが異なるところから生ずるのであろう。

こうして，本章の課題は，中央銀行ないし日本銀行の役割を考えるにあたっての，筆者なりの基本的な視点を提示し，それを基準にしながら，改正日銀法が内包する問題点を整理することに求められる。

1 中央銀行をみる基本的視点

筆者によれば，中央銀行の理念を考察するにあたり，以下の基本的視点が堅持されなければならない。

第1は，中央銀行の金融政策は，誰のために，何を目的として遂行されるべきかという問題である。

この側面については，なによりもまず，第二次世界大戦後のドイツ・レンダーバンク（現在のブンデスバンクの前身）の総裁の地位にあったW.フォッケの，つぎのような明快きわまる論述が参照されるべきであろう。

「いったい通貨問題はだれのために重要なのであろうか。国家の財政が健全通貨に依拠していることもたしかであり，商工業が健全通貨を必要としていることもたしかである。しかし通貨問題がもっとも重要なのは，庶民階級の利益に関してである。インフレーションはつねに庶民階級の犠牲において進行する。……私はこれこそ通貨の社会的機能であり，安定通貨の社会的機能であるといってよいと思う」[3]。

「諸君，われわれはあれこれの産業部門の価格を支えてやるために存在

しているのではない。……われわれは社会全体のために，すべての人々のために存在しているのである。……われわれが責任を負っているのは，通貨価値の安定に対してであり，ドイツマルクの実質購買力と，各家庭の主婦のささやかな予算と，労働者の賃金の実質購買力と，そしてまた一般大衆預金者とに対してである。これらのものはあらゆる特定の要求と利益とに優先する」[4]。

われわれは，ここに，第一次世界大戦後のドイツにおける天文学的な規模におよぶインフレーションの経験に虚心に学んだ，中央銀行の社会的責務についての，すなわち，「中央銀行は工業界〔これに金融界をも追加することができるであろう——引用者〕の利益擁護のために存在しているのではなく，……中央銀行は国民全体の利益擁護のために存在しているのであり」[5]，中央銀行は，とりわけ，「通貨価値の安定」に責任を負うべきだとする，高らかな宣言を読みとることができる。

そして，中央銀行の政府からの独立性の確保の必要性が説かれる場合，その要求の原点もまた，この論点と深くかかわっているものと考えられなければならない。

第2は，中央銀行の最大の特質は，「市場の外から」干渉する政府と異なり，「市場の中の」銀行にほかならないという点に求められるということである。

この問題について，元日銀調査局長の西川元彦氏は，つぎのような論定を与えている。

「現代的な中央銀行の本質，具体的には，その制度，機能および目的の特質は何か，一言でいえば次のようになろう。中央銀行とは，金融の市場や通貨の流通の中心にあって毎日毎日さまざまな銀行業務を営み，それらを通じて，健全な通貨を供給し健全な市場メカニズムを維持しようと努める各国にただ1つの中枢的な銀行である。その意味で公共的であり，人体の心臓にも相当する。政府の経済政策は通常，『市場の外から』市場に干

渉したり手術を加えたりするものだとすれば、『市場の中にあって』市場のメカニズムに即して機能する中央銀行とは峻別されてよい。むろん中央銀行は公共の目的を持つ以上、政府と無縁ではありえない、しかし、その最大の特質は市場の中の銀行という点にある」6)。

「この『銀行業務と金融政策の表裏一体』だというところにも中央銀行の市場性という本質が現われている。中央銀行の行動は、実務の面からみれば市場の中の銀行業務だし、目的の見地からいえば金融政策というわけである」7)。

じっさい、中央銀行は、「銀行の銀行」としての機能を果たすうえで、一般の銀行とのあいだで、当座預金取引、貸出取引、債券・手形の売買取引(「公開市場操作」)、その他の取引を行うが、これらは、一般に強制をともなうものではなく、債券・手形の売買取引についても、個別の金融機関を対象とする相対取引としてではなく、多数の市場参加者を対象とする市場取引として行われ、それに応ずるか否かは、金融機関の自主的な判断に委ねられている。

第3は、上の論点の必然的な帰結として、中央銀行当事者の立場からは、金融政策の遂行は、かならずしも、「行政権の行使」に相当するものとは認識されていないという問題である。

この側面について、たとえば、1997年1月の金融制度調査会総会の席上、委員の一人である福井俊彦日銀副総裁が、「中央銀行は、銀行というマーケットの一員であって、行政機関ではない」などと述べ、大蔵大臣の日本銀行にたいする一般的監督権を残す方向となっていたそれまでの小委員会の論議に強い反発を示したことが伝えられている8)。また、1980年当時、前川春雄日銀総裁が、「何ら行政的権限を持たずに政策を運営する日本銀行にとっては、国民の通貨価値安定への願いと日本銀行に対する常日頃からの信頼なくしては、厳しい政策を実行することはできない」、と強調してやまなかったことも伝えられている9)。

ついでながら、ここで、中央銀行の政府からの独立性という点について、諸

外国の例に徴するならば，現行のドイツ・ブンデスバンク法の第12条は，ブンデスバンクの連邦政府にたいする関係について，「ドイツ・ブンデスバンクは，その任務を妨げられない限り，連邦政府の一般的経済政策を支持する義務を負う。ドイツ・ブンデスバンクは，本法により賦与された権限の行使につき，連邦政府の指示を受けない」，と定め，また，EUの欧州中央銀行法の第7条は，ECBおよび各国中央銀行の加盟国政府にたいする関係について，「条約及び本法によって付与された権限を行使し，使命及び責務を遂行するに当たっては，ECB並びに各国中央銀行およびそれらの意思決定機関の構成員は，いずれも，共同体の機構若しくは機関，加盟国政府又はその他いかなる者にも指示を求め，又はこれらの者からの指図を受けてはならない」，と定め，中央銀行の政府からの独立性を保障している。

　これにたいして，ドイツのブンデスバンクとならんで，政府からの高い独立性が確保されているとみられている，アメリカの連邦準備制度の場合には，その公式出版物の言明にしたがって，つぎのように説明されるのが通例である。すなわち，連邦準備制度は，中央銀行として金融政策の意思決定について政府からの独立性を有しているが，それらの政策にかんしては議会にたいして報告する義務を負っている。ただ，連邦準備制度が，政府によって設定された経済政策の大枠のなかで金融政策の運営を行っていることを考慮するならば，中央銀行としての独立性は，「政府内での独立」であるといえる，と。

　第4は，日本銀行に政府からの独立性を付与するうえで，憲法上の制約があるか否かという問題である。周知のように，憲法第65条は，「行政権は，内閣に属する」という旨を明言している。はたして，金融政策の遂行は，行政権の一部を構成することになるのであろうか。また，かりに，金融政策の遂行が行政権の一部を構成すると認定された場合に，日本銀行の政府からの独立性はどの範囲まで許容されることになるのであろうか。新日銀法の改正過程ではこうしたことがらも議論の中心のひとつになった。

　この点について，中央銀行研究会第4回議事要旨は，同研究会の席上，つぎのような意見が表明されたことを記録している。

「憲法65条との関係では，内閣から独立した行政機関を設けることが違憲とならないかの問題があるが，物価の安定という専門的判断を有する分野においては，政府からの独立性を認める相当の理由があり，人事権等を通じた政府のコントロールが留保されていれば，中央銀行に内閣から独立した行政権限を付与したとしても，必ずしも違憲とはいえないとの意見があった」。

ここから，前記の中央銀行研究会報告書は，以下のような結論を導き出すにいたった。

「日本銀行の独立性と憲法との関係については，物価の安定のための金融政策という専門的判断を要する分野においては，政府からの独立性を認める相当の理由があり，人事権等を通じた政府のコントロールが留保されていれば，日本銀行に内閣から独立した行政的色彩を有する機能を付与したとしても，憲法65条との関係では，違憲とはいえない」。

もっとも，同報告書は，これにつづけて，つぎのような指摘を行うことも忘れてはいない。

「日本銀行が金融政策を遂行していくには，強い独立性・中立性を付与することが必要であるが，国会が主権者たる国民を代表し，その国会の信任を得て内閣が存立するという我が国の制度の下では，日本銀行は国会や内閣から完全に独立した存在ではありえない」。

ちなみに，緒方氏にみられる，「中央銀行の独立といっても，民主制のもとでは，主権者は国民であるから，法律的・政治的に絶対的な独立ということはありえない。金融政策は，広い意味での行政権の行使の一部であるから，国

会，国民等に対しては，行政府である内閣が最終責任を負わなければならない。このため，ほとんどの国で，中央銀行の総裁は内閣が任命することになっている」[10]，という見解は，これらの意見や報告書に即した考え方であるとみることができるであろう。

しかしながら，すでにふれたように，中央銀行は「市場の中の」銀行にほかならず，中央銀行の金融政策は，国民全体の利益擁護を目指して，通貨価値の安定に責任を負いつつ，市場取引メカニズムに則って実行されるのだとするならば，いいかえれば，中央銀行の行動は，実務の面からみれば，市場のなかの銀行業務であり，目的の面からみれば，金融政策であるとするならば，いったい，金融政策の遂行は，いかなる意味において，「行政権限の付与」，「行政的色彩を有する機能の付与」を含意するということになるであろうか。あるいは，通貨価値の安定を目的とする，公定歩合の決定・変更，公開市場操作の方針の決定・変更，準備率の設定・変更・廃止と，それらに即した通貨及び金融の調節の実施が，はたしていかなる意味において，行政権の行使の一部を構成するということになるのであろうか。筆者には，行政権をめぐる憲法上の解釈じたいも，中央銀行の行動のこうした内実に照らして，見直される必要があるように思われてならない。

それはともかく，中央銀行研究会報告書そのものも，たとえ，金融政策の遂行が，憲法解釈上，行政権の一部を構成すると考えられる場合にも，「人事権等を通じた政府のコントロールが留保されていれば，日本銀行に内閣から独立した行政的色彩を有する権限を付与したとしても，憲法65条との関係では，違憲といえない」，として，日本銀行の独立性にそれなりの配慮を示したことは，おおいに注目されてよい事実であろう。

他方，前述のように，「中央銀行は国民全体の利益擁護のために存在する」以上，国会への報告，役員（総裁，副総裁，審議委員）の任命にあたっての両議院の同意を義務づけることもやむをえざる措置であると考えられる。

以上を要するに，中央銀行は行政権を有するか否かという問題と国会および内閣によるシビリアン・コントロールの必要性という問題とは，次元を異にす

るそれということになる。

　第5に，それでは，中央銀行は国家から完全に独立した存在であるかといえば，けっしてそうした存在ではありえないというやっかいな問題が最後に残されている。

　この点を考える手がかりとして，K.マルクスは，『資本論』のなかの，つぎのような文章をとりあげることにしよう。

　　「たいていの国では，銀行券を発行する主要銀行は，国家的銀行と私営銀行との奇妙な混合物として実際にはその背後に国家信用（Nationalkredit）をもち，その銀行券は，多かれ少なかれ法定の支払手段である」[11]。

　ここで，「実際にはその背後に国家信用をもつ」といわれている「信用」とは，信用貨幣という場合の信用——兌換銀行券の場合には金支払約束という意味での信用——とは異なり，不換銀行券の場合にも同様に必要とされる信用，いいかえれば，「法定の支払手段である」ことを指しているのであろう。というのは，マルクスは，他の個所で，兌換が停止されていたナポレオン戦争時代のイングランド銀行券について，「1797年から1817年までのイングランド銀行券は，もっぱら国家によってのみ信用を有していた」[12]，と記しているからである。

　このように，兌換制下であれ不換制下であれ，中央銀行が発行する銀行券については，国法をつうじた法貨規定ないし強制通用力の付与——兌換制下のイングランド銀行券にそれが認められたのは1833年である——が，無制限流通のための必要条件（兌換制下）ないし必要十分条件（不換制下）をなすのであり，その意味において，マルクスのいうように，中央銀行は「国家的銀行と私営銀行との奇妙な混合物」，したがって「国家の保護を受け国家から特権を与えられている公的施設」[13]としての性格を帯びざるを得ないことになる。吉田暁氏が指摘するように，「要すれば中央銀行は国家的機関ではあるが政府機関ではない。銀行という意味では私的ですらある『あいまいな』存在という点にその

特徴がある」[14]，というわけである。

　ちなみに，このような整理にたいしては，ここで，あるいは，国家による中央銀行券にたいする法貨規定ないし強制通用力の付与は，政府の造幣大権の行使，したがって，政府の行政権の行使そのものではないかとの疑念が提示されることもありえよう。

　この点については，さしあたり，西川氏のつぎの論定が参照されるべきである。

　　「次に重要なことは，シーニョアレジ（seigniorage）の論議についてである。直訳すれば領主特権という意味だが，領主や政府が貨幣に権力を持つと財源に利用できるという含蓄で使われたことが多い。造幣大権（coinage prerogative）を用い，たとえば貨幣を悪鋳すれば差額が儲かるとか，貨幣の鋳造に手数料を取るなどである。政府紙幣もその例に数えられることがある。これに対し，……中央銀行券には本来そういう意味でのシーニョアレジはない。法貨性が付与されている点で制度の法的な基盤として一種の国家的な特権を持つが，その具体的な発行は全く市場的な授受信の原則に基づいているからである」[15]。

　ここでは，中央銀行券についての政府による造幣大権の行使の可能性，ならびに，中央銀行券からのシーニョアレジの発生の可能性が，2つながら同時に否定されている。じっさい，兌換制下では，法貨規定ないし強制通用力を付与された兌換銀行券とならんで金鋳貨が流通していたが，造幣大権やシーニョアレジが問題とされたのは金鋳貨についてだけであり，兌換銀行券についてはそれらは問題とされなかった。われわれは，造幣大権やシーニョアレジの拡大解釈を厳にいましめるべきであろう。

　つまり，政府が現行の日本銀行券に法貨規定ないし強制通用力を付与したからといって，それは，政府による日本銀行への行政権の移譲に帰結する性格のものではないということである。

2 改正日銀法の問題点
　　──物価の安定を中心に──

　前節では，中央銀行の理念を考えるにあたっての基本的な視点が提示された。そこで，本節と次節においては，この視点を基準にしながら，改正日銀法が抱える問題点を整理することにしよう。ただ，物価の安定と日本銀行の独立性という2つの論点は，けっして切り離しえない不即不離の関係にあるが，ここでは，便宜上，前者を本節において，後者を次節において考察することにしたい。

　第1に，改正日銀法は，第2条において，「日本銀行は，通貨及び金融の調節を行うに当たっては，物価の安定を図ることを通じて国民経済の健全な発展に資することをもって，その理念とする」，として，「物価の安定を図ること」を「通貨及び金融の調節の理念」に掲げている。ところが，他方では，第4条において，「日本銀行は，その行う通貨及び金融の調節が経済政策の一環をなすものであることを踏まえ，それが政府の基本方針と整合的なものとなるよう，常に政府と連絡を密にし，十分な意思疎通を図らなければならない」，と謳っている。周知のように，政府の経済政策は，①不況の克服，②雇用の安定ないし経済成長の維持，③国際収支の均衡，がその目標となりがちであり，しかも，経験に徴するならば，これらの目標とりわけ①と②のそれの追求は，物価の安定の追求と矛盾する関係に陥ることが多かった。上記の条文にしたがうならば，はたして，「物価の安定を図る」ための「通貨及び金融の調節」が，「政府の経済政策の基本方針」との「整合性」という枠組みのなかに閉じこめられることになりはしないであろうか。

　筆者の基本的見地によれば，「物価の安定を図るため」の「通貨及び金融の調節」は，中央銀行の国民的責務や「市場の中の」銀行としての中央銀行の役割から要請されるものであって──物価の安定すなわち通貨価値の安定が確保されなければ，「信用秩序の維持」（第1条）も図ることができない──，なんら，政府の「経済政策の一環」をなすものではない。

第2に，金融制度調査会の「日本銀行法の改正に関する答申理由書」によれば，金融政策の目標が，通貨価値の安定にではなく，物価の安定に置かれたことの理由を，つぎのように説明している。すなわち，「通貨価値には，対内的価値である物価と対外的価値である為替レートの2つの側面があり，こうした2つの目標を，金融政策という1つの経済手段で追求する場合，利益相反が生じることは，理論や過去の経験が示すところである。従って，金融政策の目標は，通貨価値の安定とせず，物価の安定とすることが適当と判断したところである」，と。なるほど，通貨の対外的価値である為替相場は，諸外国の物価・為替政策とも関連しており，一国だけで決定することには困難がともなうから，通貨の対内価値である物価を金融政策の目標に選んだことじたいは，その限りでは誤りであるとはいえないであろう。

　しかしながら，おそらく，この点に関連した措置であると思われるが，改正日銀法の第40条において，「日本銀行は，その行う外国為替の売買であって本邦通貨の外国為替相場の安定を目的とするものについては，……国の事務の取扱いをする者として行うものとする」，として，外国為替市場への介入権が，現行日銀法と同様に，大蔵大臣の手に残された点は，疑問であるといわなければならない。というのは，1972〜73年のハイパー・インフレーションの事例をもちだすまでもなく，円高・ドル安の阻止のための政府が調達した円資金による外国為替市場へのドル買い介入は，インフレ資金の散布につながりかねない性質を有しているからである（付記——為替市場介入資金の調達手段としての外国為替資金証券の政府短期証券への統合と，同時点すなわち1999年4月時点での後者の公募入札制への移行にともない，それ以降，ドル買い介入にともなう円資金の散布はつねに政府によって「不胎化」されるようになった）。あるいは，外国為替市場への介入権を日本銀行に移管し，そのうえで，日本銀行に介入資金の「不胎化」策を義務づける方向も，ひとつの選択肢として考えることはできなかったのであろうか。

　第3に，改正日銀法は，第34条において，日本銀行が，わが国の中央銀行として，国とのあいだで行うことができる業務のなかに，財政法第5条——「す

べて，公債の発行については，日本銀行にこれを引き受けさせ，又，借入金の借入については，日本銀行からこれを借り入れてはならない。但し，特別の事由がある場合において，国会の議決を経た金額の範囲内ではこの限りでない」——ただし書の規定による国会の議決を経た範囲内における，「担保を徴求することなく行う貸付け」，「国債の応募又は引受け」を掲げ，さらに，財政法第5条関係とは別に，「大蔵省証券その他の融通証券の応募又は引受け」を掲げている。

しかしながら，加盟中央銀行による政府への信用供与を当座貸越その他のいかなる形態であろうと無条件に禁止するEUの事例——「共同体の機構または機関，中央政府，地域・地方その他の公的当局および公法によって運営されるその他の機関，または加盟国の公的企業に対して，ECBまたは各国中央銀行は，これらの者から直接的に債務を購入してはならない」(マーストリヒト条約第104条)——に照らして，前二者の例外規定は，およそ，ガードが甘すぎるというべきであろう。他方，後者にいう融通証券としては，現在，大蔵省証券，外国為替資金証券，食糧証券の3種類が償還期限を60日として発行されている。ただ，こうした融通証券の割引歩合は，つねに公定歩合を下回る水準に設定されているため，市中での応募がほとんどみられず，発行額のほぼ全額を日本銀行が引き受けるかたちとなっている。このうち，とくに問題になるのは，外国為替資金証券である。というのは，円高・ドル安を阻止するための円資金調達手段として利用され，相次ぐ市場介入の結果，つぎつぎと借り換えが繰りかえされ，その「底溜まり」による発行残高は，1996年8月には27兆7630億円にも達しているからである。これらは，日本銀行による国債の事実上の直接引き受けに等しいとみなしてよいであろう (付記——融通債は，1999年3月までは，大蔵省証券，食糧証券，外国為替資金証券の3種類が発行されていたが，同年4月から政府短期証券に統合されると同時に，公募入札制が導入されるようになった)。

最後に，改正日銀法は，第38条において，「大蔵大臣は，……信用秩序の維持に重大な支障が生ずるおそれがあると認めるとき，その他の信用秩序の維持のため特に必要と認めるときは，日本銀行に対し，……金融機関への資金の貸

付けその他の信用秩序の維持のために必要と認められる業務を行うことを要請することができる」，と謳っている。しかし，ここでいわれる，「信用秩序の維持に資するための業務」と，第1条の「日本銀行は，……銀行その他の金融機関の間で行われる資金決済の円滑の確保を図り，もって信用秩序の維持に資することを目的とする」，という規定にいわれる「信用秩序の維持に資すること」とは，その内容がまったく異なるものである点が留意されなければならない。というのは，後者は，金融機関への日常的な資金供給にくわえて，いわゆるほんらいの意味での「最後の貸し手」機能——他行の破綻にともなう金融的混乱のなかで，経営の健全な銀行が一時的な流動性不足に直面したときに，そうした銀行の連鎖的破綻の阻止を狙いとして実行される中央銀行の緊急貸出——にかかわるのにたいして，前者は，いわゆる日本銀行「特融（特別融通）」——日本銀行は，この「特融」をもまた，同行による「最後の貸し手」機能のなかに含めて理解しているのであるが——にかかわり，破綻金融機関やその処理機関等への無担保融資や出資をも含むことが予想されるばかりではなく，大銀行は倒産させることができないという"too big to fail"ドクトリンが適用される場合には，大銀行の救済手段としてさえ利用されかねない性質を有しているからである。

　端的に言うならば，前者の意味での信用秩序の維持は，もっぱら，金融機関にたいする免許・監督権をもつ政府の責任においてなされるべき性格のものであるとみなされるべきであろう。

3　改正日銀法の問題点
——日本銀行の独立性を中心に——

　第1に，改正日銀法は，外部の審議委員6名，日銀総裁および副総裁2名からなり，日本銀行の最高意思決定機関である政策委員会にたいして，政府代表の出席権，発言権，議案提出権ならびに議決延期請求権を認めている。第19条の，「大蔵大臣又は経済企画庁長官は，必要に応じ，金融調節事項を議事とする会議に出席して意見を述べ，又はそれぞれの指名するその職員を当該会議に

出席させて意見を述べさせることができる」,「金融調節事項を議事とする会議に出席した大蔵大臣又はその指名する大蔵省の職員及び経済企画庁長官又はその指名する経済企画庁の職員は,当該会議において,金融調節事項に関する議案を提出し,又は当該会議で議事とされた金融調節事項についての委員会の議決を次回の金融調節事項を議事とする会議まで延期することを求めることができる」,という規定がそれである。

なるほど,政策委員会にたいしては,政府代表からの「議決の延期の求めがあったときは,……議事の議決の例により,その求めについての採否を決定」(同条)する権限が与えられているし,また,政策委員会の議事概要や議事録の公表をつうじて,政府の要求内容や政府と日本銀行とのあいだの政策調整の経過があきらかになり,そこから,政府代表の行動にたいする一定の歯止めが期待されるであろうことも事実である。しかし,こうした規定が設けられていることじたいが,政策委員会にたいする政府の有形無形の圧力を生み出すことになり,日本銀行の独立性を空洞化させる危険性をはらむ結果につながることになりはしないであろうか。疑問の残るところである。

ちなみに,ドイツについては,従来,ブンデスバンクは,政府からの要求があった場合,理事会の決定を2週間を限度に延期しなければならないとしてきたが,欧州通貨機構(EMI)のコンバージェンス・レポート(1996年11月)をつうじて,目下,「政府による中央銀行理事会の議決に対する延期権の改正」の必要性が,要改善事項としての指示を受けるにいたっている。他方,1997年1月22日付の『日本経済新聞』は,来日中のアメリカのA.グリーンスパン連邦準備制度理事会議長が,「理事会への政府代表の参加は1930年代の米国でもあった。しかし,これでは明らかに独立性が損なわれるため中止した」,と語った旨を報じている。

第2に,改正日銀法は,第43条において,「日本銀行は,この法律の規定により日本銀行の業務とされた業務以外の業務を行ってはならない。ただし,この法律に規定する日本銀行の目的達成上必要がある場合において,大蔵大臣の認可を受けたときは,この限りでない」,と謳っている。しかし,「日本銀行

は，我が国の中央銀行として，銀行券を発行するとともに，通貨及び金融の調節を行うことを目的とする」（第1条），「日本銀行は，……銀行その他の金融機関の間で行われる資金決済の円滑を図り，もって信用秩序の維持に資することを目的とする」（同条）とされ，また，「日本銀行の通貨及び金融の調節における自主性は，尊重されなければならない」（第3条），とされているのであるから，「日本銀行の目的達成上必要がある場合」の「他業」についてまで，その都度，大蔵大臣の認可を受けなければならないとするのは，あきらかに行き過ぎた規制であるといわなければならない。この側面については，政策委員会の自主的な判断に委ねるのが筋であるといえよう。

第3に，改正日銀法は，第51条において，「日本銀行は，毎事業年度，経費（通貨及び金融の調節に支障を生じさせないものとして，政令で定める経費に限る）に関する予算を作成し，当該事業年度開始前に，大蔵大臣に提出して，その認可を受けなければならない。これを変更するときも，同様とする」，と謳っている。

しかしながら，金融制度調査会の「答申理由書」によるこの措置の根拠づけが，シーニョアレジ論（中央銀行の利益の大宗は，国が中央銀行に銀行券の発行権を独占的に与えたことから反射的に生じる，という考え方）に偏したものであるという問題は措くにしても，中央銀行の独立性は財務上の独立性と不即不離の関係にあることが留意されなければならない。じっさい，この点をめぐって，EMIのコンバージェンス・レポートは，「各国中央銀行が組織や機能の観点からみて完全な独立性を付与されている場合でも，その責務（mandate）を果たす上で必要な財務的資源（economic means）を自由に利用できなければ，全体としての独立性は侵害される可能性がある。EMIの見解としては，各国中央銀行は，ESCB関連業務が適切に遂行されるよう，財務面での独立性（financial independence）を保護された立場になければならない。……各国中央銀行にたいする事前の影響力（ex ante influence）の行使は，中央銀行の独立性を侵害する可能性がある」[16]，と断じている。

たとえ，「通貨及び金融の調節に支障を生じさせない経費に限る」という条

件つきとはいえ，日本銀行にたいする大蔵大臣の予算認可権は無用の規定であり，事後的に日銀監事および会計検査院の監査・検査を受けることで足りるとすべきであろう。

　最後に，改正日銀法は，第56条において，「大蔵大臣は，日本銀行又はその役員若しくは職員の行為がこの法律若しくは他の法令若しくは定款に違反し，又は違反するおそれがあると認めるときは，日本銀行に対し，当該行為の是正のため必要な措置を講ずることを求めることができる」，「日本銀行は，前項の規定による大蔵大臣の求めがあったときは，速やかに当該行為の是正その他の政策委員会が必要と認める措置を講ずるとともに，当該措置の内容を大蔵大臣に報告しなければならない」，と謳っている。

　この規定は，現行日銀法の日本銀行にたいする大蔵大臣の一般的監督権の制限されたかたちでの復活とみなしてよいであろう。前記の金融制度調査会の「答申理由書」が，業務命令権および日本銀行監理官制度の廃止，大蔵大臣の立入検査権の廃止にふれながら，一般的監督権については，これを全面的には否定していないことからも，こうした推定が可能である。

おわりに

　改正日銀法は，現行日銀法に比較して，目的，理念，公開市場操作の基本方針の政策委員会決定事項化，準備率操作についての大蔵大臣（財務大臣）の認可制の廃止，政策委員会の議事録などの公表，総裁・副総裁・審議委員の任命にあたっての衆参両議院の同意の義務づけ，役員の身分保障（第43条「日本銀行の役員は，……在任中，その意に反して解任されることがない」），国会への報告，金融機関考査の明文化，業務命令権および日本銀行監理官制度の廃止，大蔵大臣の立入検査権の廃止，などの点で，一定の改善がなされたことは否定しがたい事実である。しかし，同時に，物価の安定の追求という点でも，政府からの独立性の確保という点でも，「グローバル・スタンダード」に照らして，多くの弱点を有していることもまた否定しがたい事実である。

否，むしろ，重大なすべての条項において改正が不十分なものにとどまったというのが，おそらく，ことの真相であろう。しかも，日本銀行の政府からの独立性ばかりではなく，同行の大企業・大銀行からの独立性についても，政策委員中の審議委員の選出方法（第23条「経済又は金融に関して高い識見を有する者その他の学識経験のある者のうちから，両議院の同意を得て，内閣が任命する」）を含めて，何らの保障も与えられていない。

こうして，われわれとしては，第1節において提示した，中央銀行の理念ないし役割を考えるにあたっての基本的な視点，とりわけ，国民全体の利益擁護という視点を基準にしながら，インフレ的な政策運営を求める政府や大企業の圧力への日本銀行の安易な妥協，ならびに，同行による大銀行奉仕型の金融政策の選択の可能性にたいして，油断なく不断の監視の眼を注ぐことがなによりも肝要であるといえるであろう。それというのも，1995年4月の0.75％と，同年9月の0.5％という公定歩合の引き下げ措置にたいしては，田尻嗣夫氏によるつぎのような証言が残されているからである。

「経済界や金融市場では『極めて低い水準にあった公定歩合をそれ以上下げてみても景気を拡大させる効果はほとんどなく，銀行の収益を拡大させ，それによって不良債権の償却を促すことを主眼とした異例の金利操作である』との見方が支配的であった。ある日本銀行幹部も，『93年7月に公定歩合を0.75％下げて年1.75％にした第7次引き下げまでは景気対策としての説明がついたが，それ以降の下げは金融理論上の意味を見出しがたい』と著者に述べている」[17]。

注
1) 三重野康『日本経済と中央銀行』東洋経済新報社，1995年，26-27頁。
2) 鈴木正俊『誰が「日銀」を殺したか』講談社，1992年，58頁，参照。
3) ヴィルヘルム・フォッケ『健全通貨』（吉野俊彦訳）至誠堂，1958年，29頁。
4) 同上，67頁。
5) 同，150頁。
6) 7) 西川元彦『中央銀行——セントラル・バンキングの歴史と理論——』東洋

経済新報社，1984年，2頁。
8）　真渕勝『大蔵省はなぜ追いつめられたか』中央公論社，1997年，312頁，参照。
9）　田尻嗣夫『中央銀行──危機の時代──』日本経済新聞社，1997年，439頁，参照。
10）　緒方四十郎『円と日銀』中央公論社，1996年，83頁。
11）　カール・マルクス『資本論』（社会科学研究所監修・資本論翻訳委員会訳），新日本出版社，第3巻第3分冊，1987年，688頁。
12）　同前書，第3巻第4分冊，1988年，943頁。
13）　同上，946頁。
14）　吉田暁「金融システムの安定性と制度改革の視点」『銀行通信』1996年9月9日号，5頁。
15）　西川前掲書，43頁。
16）　日本銀行国際局「欧州経済通貨統合（EMU）を巡る最近の動きについて」『日本銀行月報』1997年3月号，144頁。
17）　田尻前掲書，269頁。

第2章

デフレ問題と日銀の量的緩和政策

1 金利コントロールから量的コントロールへ

　竹中平蔵経済財政担当相は，2001年6月15日の日本銀行政策委員会・金融政策決定会合において，日本銀行法にもとづく政府代表としての出席権を行使した。あたかも，同相の責任で14日の関係閣僚会議に提出された6月の月例経済報告が，景気の基調判断を，「さらに弱含んでいる」から「悪化しつつある」へと下方修正した直後の時点であっただけに，竹中経済財政担当相の同会合への出席は，世間の耳目を集める結果となった。新聞報道によれば，さしあたり，席上，政府が進める構造改革と日本銀行の金融政策との調和を要請する――この点については，日本銀行の側でも特段の異存はないであろう――にとどまったようであるが，諸般の事情から判断するかぎり，今後，量的緩和政策のより一層の推進やインフレ・ターゲティングの導入などに向けて，日本銀行の金融政策にたいする政治的圧力がさらに高進するであろうことは容易に推察されるところである。

　それはともかく，日本銀行は，政策委員会・金融政策決定会合の決定にしたがい，3月19日，金融市場調節方式の変更と一段の金融緩和措置について，下記のような声明を公表するにいたった。

(1) 金融市場調節の操作目標の変更
　　金融市場調節に当たり，主たる操作目標を，これまでの無担保コール

レート（オーバーナイト物）から，日本銀行当座預金残高に変更する。この結果，無担保コールレート（オーバーナイト物）の変動は，日本銀行による潤沢な資金供給と補完貸付制度〔日本銀行が予め明確に定めた条件に基づき，取引先からの借入申し込みを受けて公定歩合で受動的に貸出を実行するいわゆる「ロンバード型貸出」制度のこと。2月9日の政策委員会・金融政策決定会合においてその導入が決定された〕による金利上限のもとで，市場に委ねられることになる。

(2) 実施期間の目処として消費者物価を採用

新しい金融市場調節方式は，消費者物価指数（全国，除く生鮮食品）の前年比上昇率が安定的にゼロ％以上となるまで，継続することとする。

(3) 日本銀行当座預金残高の増額と市場金利の一段の低下

当面，日本銀行当座預金残高を，5兆円程度に増額する（最近の残高4兆円強から1兆円程度積み増し）。この結果，無担保コールレート（オーバーナイト物）は，これまでの誘導目標である0.15％〔2月28日の政策委員会・金融政策決定会合において決定〕からさらに大きく低下し，通常はゼロ％近辺で推移するものと予想される。

(4) 長期国債の買い入れ増額

日本銀行当座預金を円滑に供給するうえで必要と判断される場合には，現在，月4000億円ペース〔これは，日本銀行券の増発にみあういわゆる「成長通貨」の供給分に相当する〕で行っている長期国債の買い入れを増額する。ただし，日本銀行が保有する長期国債の残高（支配玉〈現先売買を調整した実質保有分〉ベース）は，銀行券発行残高を上限とする。

他方，この決定を受けるかたちで，同日以降，当面の金融市場調節方針も，つぎのように変更されることになった。

「日本銀行当座預金残高が5兆円程度となるよう金融市場調節を行う。なお，資金需要が急激に増大するなど金融市場が不安定化するおそれが

ある場合には，上記目標にかかわらず，一層潤沢な資金供給を行う」。

これらは，まさに，日本銀行の声明もいうように，「通常では行われえないような，思いきった緩和」措置であると考えてよいであろう。

日本銀行が「これまでに前例のない政策を採る決断をした」[1]背景には，日本経済の現状にたいする同行の以下のような危機意識が伏在している。

「日本経済の状況をみると，昨年末以降，海外経済の急激な減速の影響などから景気回復テンポが鈍化し，このところ足踏み状態となっている。物価は弱含みの動きを続けており，今後，需要の弱さを反映した物価下落圧力が強まる懸念がある。

顧みると，わが国では，過去10年間にわたり，金融・財政の両面から大規模な政策対応が採られてきた。財政面からは，度重なる景気支援策が講じられた一方，日本銀行は，内外の中央銀行の歴史に例のない低金利政策を継続し，潤沢な資金供給を行ってきた。それにもかかわらず，日本経済は持続的な成長軌道に復するに至らず，ここにきて，再び経済情勢の悪化に見舞われるという困難な局面に立ち至った」[2]。

「上記措置は，日本銀行として，物価が継続的に下落することを防止し，持続的な経済成長のための基盤を整備する観点から，断固たる決意をもって実施に踏み切るものである」[3]。

日本銀行の「断固たる決意」はともかくとして，ここで問題とされるべきは，同行による今次の金融市場調節方式の変更と一段の金融緩和措置，ならびに，そうした決定にいたる経過が，金融理論，各国の中央銀行の金融政策上の歴史的経験，中央銀行の独立性の維持という観点に照らして，はたして，正当化されうるか否かという側面でなければならない。結論的にいうならば，筆者としては，残念ながら，これらのいずれの側面にたいしても否定的な答えを提示せざるをえない。次節以降において，これらの問題に，順次，検討をくわえ

ることにしよう。

2 金融政策をめぐる2つの理論的潮流

　日本銀行による今次の金融市場調節方式の変更と一段の金融緩和措置は，筆者のみるところ，そのいずれの内容も重大な問題をはらむものであるが，なかでも，とりわけ，操作目標の金利指標から量的指標への変更が注目に値する。すなわち，操作目標のこれまでの無担保コールレート（オーバーナイト物）から日本銀行当座預金残高（いわゆるハイパワードマネーないしベースマネー）への変更がそれである。

　今回の措置と1999年2月から2000年8月までの間に採用されたゼロ金利政策との相違については，さしあたり，武富將日本銀行審議委員による，つぎの説明が参照されるべきであろう。

　　「今次措置は一昨年2月に採用したゼロ金利政策とは異なります。金利を固定すれば量は可変となりますし，量を固定すれば金利は可変となります。今次措置は量を固定しているので，金利はあくまでも市場実勢に任せています。潤沢な資金供給の結果，ゼロ金利となる機会は多くなりますが，金利をゼロに固定したゼロ金利政策とは，本来，性格が異なることをご認識願います」[4]。

　ここで，ゼロ金利政策とは，無担保コールレート（オーバーナイト物）をゼロ％に誘導する金融市場調節方式のことにほかならない。

　じつは，管理通貨制度下の貨幣供給の基本的メカニズム，したがって，ハイパワードマネーないしベースマネー（そのうちの中央銀行当座預金）とマネーサプライ（そのうちの市中銀行預金）との因果関係，さらには，中央銀行の金融政策の効果波及経路，などの論点をめぐっては，金融論研究者のあいだで，相互にあいいれない2つの考え方が，対立状態を保ったままで併存しているという

のが実状である。

　一方は，内生的貨幣供給説の見地にたちつつ，借り手の口座に預金を貸記するかたちでの市中銀行による民間への貸出の先行→準備預金制度のもとでの市中銀行による中央銀行当座預金にたいする準備需要の発生→中央銀行による市中銀行にたいする中央銀行当座預金の受動的供給→操作目標としての短期金融市場金利のコントロールをつうじた金融政策の遂行の可能性，という理論系列を重視する考え方であり，筆者や日本銀行関係者がこの立場を堅持してきた。

　たとえば，翁邦雄現日本銀行金融研究所所長は，かつて，岩田規久男前上智大学（現学習院大学）教授の「『日銀理論』を放棄せよ」に反論するかたちで，「『日銀理論』は間違っていない」において，大略，以下のような主張を展開された[5]。

　　①ベースマネーとは，日銀が供給する日本銀行券と準備（預金）の合計をいう。準備とは，市中銀行が銀行間の決済のために，日銀に預けている当座預金である。準備には利子はつかず，「準備預金制度に関する法律」に基づき，銀行はある月〔1日から月末まで〕の預金の一定割合（預金準備率）をその月の16日から翌月の15日までの一カ月間の平均残高で維持するように求められている。このため，わが国の預金準備制度は，達観すれば，前月の預金量に応じて準備預金を積む「後積み方式」と考えることができる。②いま，分かりやすい例として，月初に日銀が準備供給を増やしたとする。このとき，後積みの世界では，前月（1日から月末まで）の預金量に対応する準備需要（前月の16日から今月の15日までの）は増加しない点が注意されるべきである。所要準備比多めの準備供給が維持されたまま，積み期間の末期に近づき，各銀行の所要準備達成が確実になると，各銀行は所要準備を超える部分（超過準備）を銀行間市場で運用しようとする。しかし，マクロ的な超過準備を吸収できるのは日銀だけであり，民間銀行部門は準備総額を減らすことはできないこと，銀行間市場金利が正である限り，無利子の超過準備を持つよりは，銀行間市場で運用するほうが，各

銀行の収益上望ましいこと，の2つの理由から，日銀が超過準備を吸収しない限り，オーバーナイトの銀行間金利は確実にゼロないしその近傍にまで低下してしまう。また，後積み方式の下では，金利が上昇しても準備需要が所要準備を下回ることがないので，以上のケースとは逆に，準備供給を所要準備以下に抑えこむような場合には，金利は暴騰する。③オーバーナイト金利を乱高下させるのが適当でないという判断に基づき，日銀は積み期中における所要準備平残を過不足なく供給している。前月の預金量と準備率からすでに決まっている所要準備を積ませる，ということは，マネーサプライの大宗をなす預金が準備量を決めているということであり，岩田教授の想定とは逆の因果関係を意味している。マネーサプライをベースマネーで割った比率である貨幣乗数が安定しているといっても，それは，マネーサプライに占める銀行券〔したがって，市中銀行預金〕と準備の比率の安定性を反映しているにすぎない。④だからといって，日銀は金融政策の手段を持たないというわけではない。現実には，準備に対する需要は前月の預金量と準備率から先に決まり，準備需要曲線が概ね垂直に立つ形となっている。したがって，準備をネットで供給できる唯一の主体である中央銀行は，需要量に等しい供給を行いつつ，その価格であるオーバーナイト金利を目標とするリーズナブルなレンジに向けて誘導することが可能になる。市場参加者はこうした中央銀行の金利誘導力を経験的に熟知しているために，中央銀行の金利感に対して敏感に反応する。先ほどの例のように，日銀が積み期間の初めに準備供給を多めにしたとき，実際に銀行間金利が低下することが多いのは，市場参加者は前倒しの準備供給を日銀の金利先安容認のシグナルと解釈するためである。⑤こうした枠組みのなかで，公定歩合は日銀の短期金利誘導方針のシグナルとして機能している。

　これが，管理通貨制度下の貨幣供給の基本的メカニズム，したがって，ハイパワードマネーないしベースマネーとマネーサプライとの因果関係，さらに

第2章　デフレ問題と日銀の量的緩和政策　　　27

は，中央銀行の金融政策の効果波及経路についての正しい説明である。そして，日本銀行ばかりではなく，主要な先進国の中央銀行は，こうした理論および金融政策上の歴史的経験を踏まえて，操作目標として，ハイパワードマネーないしベースマネーという量的指標ではなく，短期金融市場金利という金利指標を選択しつつ，金融市場調節を実施してきたというのが，まさに，現実の金融政策の真の姿にほかならない。

　筆者は，つねづね，同じ問題を，管理通貨制度下の貨幣供給の基本的メカニズムという視点から，たとえば，つぎのように整理してきた[6]。

　①まずはじめに，借り手の口座に預金を貸記するというかたちでの，銀行による企業や家計にたいする信用創造活動をつうじて，預金貨幣が創出される（預金にたいする貸出，受信にたいする与信の先行），②借り手は何らかの支払いを予定して借り入れるのであるから，この預金貨幣は支払いをつうじて借り手の口座から受取人の口座に振り替えられることになるが，預金貨幣そのものは銀行システムのなかにとどまりつづけるであろう，③ところが，一般に，銀行は，準備預金制度のもとで，創出した預金貨幣額（これがいわゆるマネーサプライに相当する）に基づいて，その一定比率を中央銀行に準備預金として預入することを義務づけられている，④この準備預金を積むために必要な準備の供給は，銀行システム全体としてみれば，中央銀行信用の供与に依存する以外に方途はない，⑤他方，マクロ的には，準備をネットで供給することのできる唯一の主体である中央銀行の側でも，短期金融市場の混乱回避という観点から，銀行によるこうした準備需要にたいして，貸出政策や債権・手形の売買操作といった金融調節手段を活用しつつ，銀行が保有する中央銀行預金（これがいわゆるハイパワードマネーないしベースマネーに相当する）の創出というかたちで受動的に対応する以外に選択の余地はない（中央銀行による準備供給の受動性），⑥ただ，中央銀行としては，銀行からの準備需要にたいして受動的に対応しながらも，その供給条件，具体的には，公定歩合をアンカーと位置づけ，それを

基準に操作目標としての短期金融市場金利（たとえば，インターバンク市場金利など）を変化させることによって，コスト面から銀行の預金創造したがって信用創造活動を間接的にコントロールすることは可能であり，これが中央銀行の金融政策の当の内容をなす，と。

こうした考え方にたいして，他方は，外生的貨幣供給説の見地にたちつつ，中央銀行による市中銀行にたいするハイパワードマネーないしベースマネーの供給の先行→ハイパワードマネーないしベースマネーからマネーサプライへの因果的波及関係→操作目標としてのハイパワードマネーないしベースマネーのコントロールをつうじた金融政策の遂行の可能性，という理論系列を重視する考え方であり，アメリカおよびわが国の主流的研究者がこの立場を堅持してきた。

たとえば，岩田教授は，「『日銀理論』を放棄せよ」において，大略，以下のような主張を展開される[7]。

①日銀の金融政策の基本的手段である公定歩合操作は，物価対策としても景気対策としても有効ではなく，したがって，株価対策にもなりえない。②貨幣乗数あるいは信用乗数が比較的安定していることは，日銀はベースマネーをコントロールすることによってマネーサプライをコントロールすることができることを示している。③日銀が，日銀はベースマネーをコントロールできないと主張することは，「私たちは金融政策の手段を持っておりません」と自ら告白するに等しく，日銀自身がその存在意義を否定する自殺行為である。日銀はベースマネーをコントロールできないという「日銀理論」を直ちに放棄して，ベースマネーを手形や国債の買オペなどによって積極的に増やすべきである。④金融緩和政策とは，「日銀理論」とはちがって，公定歩合を引き下げることではなく，ベースマネーの供給を増やすことによってマネーサプライの増加率を引き上げることをいう。今後は，金融政策の是非を判断するうえでは，公定歩合ではな

く，ベースマネーに着目すべきである。

　これは，管理通貨制度下の貨幣供給の基本的メカニズム，したがって，ハイパワードマネーないしベースマネーとマネーサプライとの因果関係，さらには，中央銀行の金融政策の効果波及経路についての誤った説明である。
　ただ，困ったことには，この誤った理論潮流が，アメリカの経済学研究者のあいだで主流を占め——もっとも，連邦準備制度理事会の多数派がこの見解にくみしているわけではない——，それがわが国の研究者，エコノミスト，政治家にたいしていちじるしい悪影響を与えていることである。おそらく，そのひとつの理由は，この理論がもつ単純かつ外見上の明確さに求めることができるであろう。
　たとえば，マネタリストの総帥，M.フリードマンは，『政府からの自由』において，つぎのように論定する。

　　「連邦準備制度が採用すべき新しいやり方とは，すべての金利を市場の決定に任せ……，代りに金融機関の支払準備金を通じて貨幣供給量〔マネーサプライ〕を管理する方法である。支払準備金なら連邦準備制度にも管理できる。そして，支払準備金の増減は，フェデラルファンド金利などよりよほど密接に貨幣供給量の増減とつながっているのである」[8]。

　否，そればかりではない。マネタリストと対立関係にあるアメリカ・ケインジアンの総帥，P. A. サムエルソンでさえ，『経済学（第13版）』において，以下のような記述を与えている。

　　「貨幣供給〔マネーサプライ〕は，窮極的には連邦準備制度の政策によって決定される。連邦準備制度は，準備金所要額および割引率〔公定歩合のこと〕を決めることにより，わけても公開市場操作を通じて，準備金の水準および貨幣供給を決定する。

銀行と公衆は，この過程においてお互いに協力し合うパートナーである。銀行は，準備金の倍数拡張によって〔つまり，C. A. フィリップス流の信用創造過程をつうじて〕準備金をもとにした貨幣を創出し，公衆は，預金諸機関において貨幣を保持することに同意する。

この両者を合わせて，連邦準備制度は（わずかばかりの誤差範囲内で）貨幣供給を中期的狙いをもって決定する」[9)]。

「金融政策の最も重要な手段は公開市場操作である。公開市場において連邦準備制度が政府証券を売れば，連邦準備制度の資産と負債が減り，かくして銀行の準備金が削減される。その効果は，預金のための銀行の準備金基盤を減らすことであり，人びとは，貨幣をより少なく政府債券をより多く保持するという事態にいたる。公開市場での購入は逆のプロセスを生むわけで，最終的には銀行の準備金を増やすことにより貨幣供給を拡張させる」[10)]。

もって，アメリカ経済学ないし金融論のわが国への悪影響の大きさを推して測るべきであろう。

3　日銀の独立性と量的緩和政策の帰結

それでは，日本銀行による今次の金融市場調節方式の変更と一段の金融緩和措置の政策的帰結は，いったい，いかなるものであったであろうか。

まず，第1に目につくのは，日本銀行当座預金残高を従来の4兆円強から1兆円程度積み増して5兆円程度にまで増額する努力がなされたにもかかわらず，量的緩和論者ないしマネタリストが期待したようなマネーサプライの増加効果は認められず，増額された日本銀行当座預金が超過準備すなわち市中銀行にとって金利を生まないいわゆる「ブタ積み」の状態にとどまっていることである。

もっとも，こうした帰結は，管理通貨制度下の貨幣供給の基本的メカニズム

などの論点に照らして，当然予想されていたことがらである。たとえば，翁所長は，ゼロ金利政策下での執筆にかかる「ゼロ・インフレ下の金融政策について──金融政策への疑問・批判にどう答えるか──」のなかで，すでに，以下のような論述を残されていた。

「そこでまず，どのような座標軸で，デフレ的な圧力が働いている経済のもとでの金融政策運営について整理するかを考えておく必要がある。一般的に言って，エコノミストがこうした経済状況下の政策運営の枠組みを選ぶ際，一番，自然な発想は，マネタリストの立場に立つことであろう。マネタリストであれば，デフレ的な圧力下では，物価安定を達成するためにマネーサプライを増加させる必要があり，そのために潤沢なリザーブを供給すべき，というかたちでほんの2～3行で『骨太な総論』が示せるからである。デフレ懸念が強い経済状況のもとでは，マネタリストのこのシンプルな処方箋に共感するマクロ経済学者は少なくないと思われる」[11]。

「これだけ大胆な金融緩和政策をとっているにもかかわらず，各種通貨集計量〔マネーサプライ〕指標は過去の平均的な伸び率に比べればかなり低いものであることも否めない。このことは，中央銀行がコントロールする短期金利やリザーブ以外の要素が，大きな制約としてマネーの伸びを抑えていることを反映していると考えられる」[12]。

「第1に，中央銀行の当座預金にとどまっている限りは，何のリターンも生まない超過準備にどのような働きを期待し得るのか，という点である。超過準備が生きるかどうかは，運用機会の有無にかかっている。この点，金融論の教科書にある最もシンプルな信用乗数論の世界では，銀行にとって貸出機会が無限にあるにもかかわらず，準備預金の制約で十分資金が貸せない，ということを想定しているので，中央銀行が準備を供給するとすぐ貸出が増え，結果として所要準備額が増えて超過準備がゼロになる。しかし，超過準備が恒常的に発生し，準備預金の量や銀行の調達金利が銀行行動の制約でなくなっている状況，あるいは，準備預金でなく銀行

の自己資本や企業の健全性が銀行与信の制約になっている状況では，超過準備の積み上げが貸出を増やすというメカニズムは担保されていない」[13]。

　第2は，その結果として，マネーサプライの伸び率をハイパワードマネーないしベースマネーの伸び率で割った比率である貨幣乗数ないし信用乗数が顕著な低下を示すにいたっている。これは，量的緩和論者ないしネタリストの期待とは異なり，貨幣乗数ないし信用乗数の不安定化を意味している。
　第3に，日本銀行が今次の金融市場調節方式の変更と一段の金融緩和措置を発表して以降，同行による債券・手形の売買操作（この場合は買操作）にあたり，金融機関の応札額がオペ予定額に達しない，いわゆる「札割れ」という事態が続出している。これは，同行当座預金の供給額が予定額に届かないことを意味する。ここから，日本銀行は，5月18日の政策委員会・金融政策決定会合において，①国債買入オペの対象に2，3，5，6年債を追加する，②オペ入札金利の刻み幅をより細分化し，0.001％に統一する，③手形買入オペの期間を3ヵ月以内から6ヵ月以内に延長する，④手形買入オペの対象金融機関を10金融機関だけ増加して40金融機関に拡大する，などのオペ種およびオペ対象先等の拡充策を講じることを決定した。このうち，②の措置は，5月15日付の『日本経済新聞』に見出される下記のような報道内容に対応するものと考えられる。

　　「日銀が14日実施した公開市場操作（オペ）にゼロ％で応札，資金を調達しようとした金融機関が現れた。量的緩和策で短期の市場金利はゼロ％に近づいているが，日銀は『オペでゼロ％の調達を認めることは市場原理に反する』（金融市場局）として落札を拒み，幻の提示金利となった。
　　問題のオペは，日銀が短期国債を一定期間買い取って，資金を供給する『現先買いオペ』。日銀の予定額5000億円に対して，応札は6671億円に達した。だがこのうち2500億円はゼロ％での応札，結局，落札額は4171億円

と，実質的なオペの未達（札割れ）となった」。

　ところで，日本銀行による今次の金融市場調節方式の変更にあたっては，公表された金融政策決定会合議事要旨に照らすかぎり，多数意見をとりまとめるかたちで，議長である速水優日本銀行総裁が議案を提出し，その決定をみたとの由であるが，この決定にいたる過程で，政府サイドから速水総裁にたいして，陰に陽に大きな圧力がくわえられたであろうことは想像に難くない。じっさい，4月28日付の『朝日新聞』は，「速水日銀総裁が辞意」，「中央銀の独立性，正念場」，「『退任圧力』政界から」，「政治介入，近年露骨に」，との見出しのもとに，この間の消息を，つぎのように伝えている。

　「速水優日銀総裁は98年3月の総裁就任以来，日本経済の悪化が続くなか厳しい金融政策運営を迫られた。世界でも例のない『ゼロ金利政策』を導入し，その後解除。3月末には，『金融の量的緩和』を実施，再び実質ゼロ金利に戻した。この間，98年4月には，日銀の独立性を強化した改正日銀法が施行されたが，常に政治の圧力とのせめぎ合いが続いた。
　速水氏は経済の危機に，大胆な金融政策で対応したと高く評価する見方もある。
　政府の国債大量発行で需給関係が崩れた99年2月初め，国債相場が急落して長期金利が急上昇し，景気に深刻な事態を招く危機に直面した。
　当時，自民党は日銀に対して国債の直接引き受けを求めたが，速水総裁は財務の健全性の観点から拒絶。その代わりに，長期金利の低下を促す目的で，99年2月『ゼロ金利政策』に踏みきった。
　その後，金融システム不安が緩和され，00年8月11日の決定会合でゼロ金利政策を解除した。これに対し，政府・与党は『解除は時期尚早』と反対，決定会合で政府側の出席者が議決延期請求権を行使した。だが，同会合はこれを拒否。
　当時，景気が回復しなかった場合の速水氏の責任論もくすぶってい

た」。

　速水総裁の辞任問題そのものは，5月の小泉純一郎首相の誕生とともに話が立ち消えとなったが，もし，日本銀行による今次の金融市場調節方式の変更に際し，政府サイドからの圧力がなんらかのかたちで働き，それが速水総裁の辞意表明につながったとするならば——同じ記事のなかで，竹内宏元長銀総研理事長は，「結果的には，日銀が政府の圧力で政策を変更した格好になり，日銀の独立性に関して問題を残したのは残念だ」，と発言されている——，中央銀行の政府からの独立性という観点にかんがみて，今回の決定は重大な禍根を将来に残す結果となったとみなすべきであろう。

4　デフレ理論は正当か

　内閣府は，2001年3月，デフレーションを「持続的な物価下落」と定義し，消費者物価指数を主要な物差しとしつつ，2年程度その下落が続く状態を判断基準と定め，日本経済の現状を「緩やかなデフレにある」と認定した。
　はたして，われわれは，内閣府にしたがい，日本経済の現状をデフレと認識するべきであろうか。
　周知のように，インフレーションとは，諸商品の金価格総額（今日においてもなお金が商品世界にたいして価値の尺度を提供しているものと前提して）によって規定された流通に必要な貨幣量を超える不換通貨（今日では預金貨幣に銀行券をくわえたもの）の過剰発行にもとづく名目的な物価騰貴のことを指す。そうであるとすれば，デフレーションは，そのアナロジーとして，諸商品の金価格総額によって規定された流通必要貨幣量を下回る不換通貨の過少発行にもとづく名目的な物価下落のことを指すものと定義されるべきであろう。
　ところが，日本銀行による今次の金融市場調節方式の変更と一段の金融緩和措置は，そうでなくてさえ，すでに市中銀行の所要準備額を超えている，最近の日本銀行当座預金残高4兆円強にたいし，さらに1兆円程度積み増して，5

第2章　デフレ問題と日銀の量的緩和政策　　　　　　　　　　35

兆円程度に増額することを意図するものである。なるほど，今日の日本においては，ハイパワードマネーないしベースマネーの増加がマネーサプライの増加につながっていないことは，まぎれもない事実であるが，だからといって，マネーサプライが減少しているわけではない。

　いま，上述のデフレーションの定義に照らして，いったい，こうした状況をはたしてデフレーションと呼ぶことができるであろうか。答えは否であることは多言を要するまでもないであろう。

　ただ，他面において，日本経済の現状をデフレーションと呼べないとしても，現下のわが国において物価下落が持続していることも否定しがたい現実として受けとめなければならない。そこで，この事態をどのように理解するべきかがつぎの問題となる。

　この点については，さしあたり，5月7日の内外情勢調査会における「最近の金融経済情勢と金融政策」と題した速水総裁の講演のなかの以下の説明が手がかりとなる。

　　「現在，国内卸売物価指数，消費者物価指数，企業向けサービス価格指数など各種の物価指数は前年比でマイナスとなっており，先行きも，当面，物価は弱含みで推移するとみています。

　　こうした物価動向の背景には，当然のことながら，需要，供給の両面の要因が作用しています。まず，需要面では，……現在でも，なお，かなり大きな需給ギャップが残っていることも事実です。さらに，このところ景気の回復テンポが一段と鈍化していることから，今後，需要の弱さを反映した物価低下圧力が再び強まる懸念があります。一方，供給面では，技術革新や流通合理化，規制緩和など，様々な要因が，引き続き物価下落方向に作用しています。例えば，国内卸売物価では，技術進歩が著しい電気機器などの機械類の価格下落が目立っています。また，消費者物価の下落については，衣料品に代表されるような輸入品や輸入競合品価格の低下の寄与が大きくなっています」[14]。

つまり，わが国における現在の物価下落の要因は，需要面では需給ギャップ，供給面では技術革新や流通合理化，規制緩和などに求められるというわけである。もし，そうであるとするならば，国民的立場からみた流通合理化，規制緩和の当否は措くとして，わが国における現在の物価下落の原因は，デフレ的な名目的要因にではなく，景気循環的側面，労働生産性の上昇，輸入品や輸入競合品価格の低下などの実物的な要因に見だされることになるであろう。

　ちなみに，こうした理解にたつ場合，日本銀行による今次の金融市場調節方式の変更と一段の金融緩和措置に照らして，つぎのような問題点が残されることもあわせて留意されなければならない。

　すなわち，今回の決定が，「新しい金融市場調節方式は，消費者物価指数（全国，除く生鮮食品）の前年比上昇率が安定的にゼロ％以上となるまで，継続することとする」，と提唱していることである。これは，景気循環的側面は別として，その他の要因にもとづく現在のわが国の物価下落分だけは，日本銀行が，インフレが生ずることもやむをえないものとして，それを暗黙のうちに認容したことにつながりはしないであろうか。

5　長期国債買切りオペが含む問題点

　日本銀行による今次の金融市場調節方式の変更と一段の金融緩和措置のなかには，「日本銀行当座預金を円滑に供給するうえで必要と判断される場合には，現在，月4000億円ペースで行っている長期国債の買い入れを増額する」，という内容が含まれている。

　日本銀行は，従来，長期国債の買切オペについては，政府による財政節度の喪失という問題にくわえて，同行のバランスシートの毀損という視点から，これに反対する態度を表明してきた。

　たとえば，「ゼロ・インフレ下の金融政策について」における，翁所長による下記のような主張がそれに相当する。

「国債が最高の安全資産と考える立場からは，……国債は最も信用度の高い優良な債券であり，企業のCPなどよりずっと安全であるから，中央銀行がいくら購入してもバランスシートを毀損しないのではないか，という意見になる。

　確かに，発行主体の信用度という観点から見れば，国債は最も安全であろう。しかし，資産保有に伴うリスクは信用リスクだけではない。債券の値上がり・値下がりに伴う価格変動リスクも重要である。今，金利１％の10年債を100円で購入したとしよう。その後で金利が５％に上昇すれば，買った国債の理論価格は70円に下がってしまう。こうしたリスクを指摘すると，それでは国債を持ちきることを前提に会計基準を原価法にし，金融調節上，資金吸収の必要があれば，売出手形や短期国債を利用すればよいではないか，という反論があり得る。なるほど，日本銀行はこれまでも，大まかにみて銀行券の趨勢的伸び率に見合う程度という名目で国債の買い切りオペを実施しており，売却はしていない。しかし，それを超えて国債を大量に保有し，リザーブを供給するとすれば，必要な時には売却してリザーブを吸収できることが望ましいということになろう。売る可能性がある以上，それを前提とした会計基準で評価するのが当然で，長年続けてきた国債の会計基準を変えてまで損失の表面化を避けるのは透明性に欠けるであろう。また，事実上売れない，という場合には，国債は土地のように極めて流動性の低い資産，ということになってしまい，中央銀行にとって最も優良な資産とは言いにくくなってくる。

　むろん，国債が売れないからといって金融調節ができないわけではない。例えば，国債を抱えたままでも，売出手形を売って資金を吸収することはできる。しかし，この場合，日本銀行のバランスシートは両建てで水膨れしてしまう。売出手形の使用などによる日本銀行のバランスシート膨張が財務の健全性などに対する内外市場からの強い懸念につながり易いことは，近年，日本銀行が度々経験したことである」[15]。

「日本経済にとって重要な点は，国債の買い切りオペの大幅な増額などにより，日本銀行のバランスシートの健全性が大きく毀損された場合，内外の市場参加者がこの事態をどう判断し，それにより日本経済の信認がどのような影響を受けるか，という点にある。現実問題として，日本銀行のバランスシートの健全性が内外の市場参加者の大きな関心を呼んでいる以上，日本銀行はバランスシートが大きく毀損されることによる信認の低下が『日本経済の信認への悪影響』としてハネ返るリスクを十分に念頭に置きながら国債との関わり方を検討せざるを得ないはずである」[16]。

日本銀行のバランスシートの毀損にともなう財務の健全性という問題——長期国債の買入れ増額にあたり，「日本銀行が保有する長期国債の残高は，銀行券発行残高を上限とする」，というただし書きが付されたのも，おそらく，この問題にたいする歯止め策としてであろう——もさることながら，筆者は，今回の長期国債買切りオペの導入にたいして，別の観点から大きな懸念をいだいている。それは，この措置が，日本銀行による近い将来の国債の直接引受けに向けて途を拓きかねないという問題をはらんでいることである。少なくとも外堀は確実に埋められたとみなすべきであろう。

戦前・戦中の日本銀行による国債の直接引受けが，戦後の破滅的なインフレーションにつながったことは記憶に新しい。われわれは，いまこそ，財政法第5条の，「すべて，公債の発行については，日本銀行にこれを引き受けさせ，又，借入金の借入については，日本銀行からこれを借り入れてはならない。但し，特別の事由がある場合において，国会の議決を経た金額の範囲内ではこの限りでない」，という規定の含意にかんして，想いを新たにいたすべきであろう。

6　金融政策がなしうることとなしえないこと

筆者には，量的緩和論に固執する政治家，エコノミスト，研究者のあいだに

は，金融政策のマクロ経済上の効果について，強い思い入れが共有されているように考えられてならない。

しかし，金融政策がマクロ経済上で果たしうる役割は，特別な場合を除いて，主役ではなく脇役にとどまる（とりわけ不況時にはこの傾向がいちじるしい）というのが，ことの真相である。この点については，武富審議委員も，「私は，金融政策だけで現在の日本経済を覆っている閉塞感を打破することは難しいとの思いを強くしています」[17]，というかたちで確認されるとおりである。

もし，筆者が主張するように，管理通貨制度下の金融政策の効果波及経路が，ハイパワードマネーないしベースマネーという量的指標を経由するものではなく，短期金融市場金利という金利指標を経由するものであるとするならば，金融緩和措置の景気刺激効果も，企業や家計などの民間投資・支出活動にたいする金利面からの影響にとどまることになるであろう。具体的には，市中銀行の貸出・預金金利の低下→民間の投資・支出活動の活発化という波及経路がそれである。

しかし，現下の日本経済におけるように，一方で，市中銀行も企業もバブルの崩壊にともなうバランスシートの毀損問題に悩み，ここから，市中銀行がリスクテイクに慎重になり，企業が投資面を含めてリストラを進展させるもとでは，また，労働者が雇用不安から支出を切り詰めるもとでは，たとえ貸出・預金金利が低下したとしても，民間の投資・支出活動が活発化しようがないことは火を見るよりもあきらかである。

こうしたなかでは，金融政策に過大な期待をいだくことはできず，また，政府が巨額の国債残高をかかえるなかでは，公共事業を中心とする財政政策に多くを期待することもできず，結局のところ，景気対策の王道は，需給ギャップを埋めるための各種の消費拡大策に見出す以外に方途はないという結論に行きつくことになるであろう。

こうして，金融政策の是非をめぐる議論においては，金融政策のなしうることとなしえないことを冷静に区別する能力の涵養が不可欠の条件となるというわけである。

まことに，金融政策のマクロ経済上の役割は，人は馬を水辺に連れていくことはできるが，馬に水を飲ませることまではできない，ということわざになぞらえることができるであろう。

注
1） 2001年4月26日の山梨県金融経済懇談会における武富將審議委員冒頭挨拶要旨。
2）3） 2001年3月19日の日本銀行「金融市場調節方式の変更と一段の金融緩和措置について」。
4） 前掲武富挨拶要旨。
5） 翁邦雄「『日銀理論』は間違っていない」『週刊東洋経済』1992年10月10日号，106-110頁，参照。
6） 建部正義「科学的金融論の再構築をめざして」『経済』2000年10月号，189-190頁，参照。
7） 岩田規久男「『日銀理論』を放棄せよ」『週刊東洋経済』1992年9月12日号，148-149頁，参照。
8） ミルトン・フリードマン『政府からの自由』（西山千明監修・土屋政雄訳）中央公論社，1984年，244頁。
9） ポール・A・サムエルソン『経済学〔第13版〕』（都留重人訳）岩波書店，上巻，1992年，267-268頁。
10） 同上，269頁。
11） 翁「ゼロ・インフレ下の金融政策について——金融政策への疑問・批判にどう答えるか——」『金融研究』1999年8月号，126-127頁。
12） 同上，127頁。
13） 同，147頁。
14） 2001年5月7日の内外情勢調査会における速見総裁の講演「最近の金融経済情勢と金融政策」。
15） 前掲『金融研究』，142-143頁。
16） 同上，143ページ。
17） 前掲武富挨拶要旨。

第3章
インフレーション・ターゲティング論の虚妄性

1 問題の限定

　日本銀行によるインフレーション・ターゲティングの採用が，現下の我が国の「デフレ」克服策の切り札となりうるか否かをめぐって，内外の議論が盛んである。
　たとえば，2002年6月24日付の『朝日新聞』において，A.ポーゼン氏は，つぎのように主張する。

>　「デフレ対策で真っ先に動くべきは日銀だ」。「日銀が長期国債を大量に買い入れ，紙幣を増刷することを約束すれば，国民は『インフレになるぞ』と思い始める。これでみんながお金を使うようになれば，日本がデフレから脱却できる。／日銀はインフレ目標を設定し，どの程度のインフレを望んでいるのか国民に知らせるべきだ。日銀は，その目標が達成できなければ信用に傷がつく，と抵抗している。／だが，物価の安定こそが中央銀行の最大の使命ではないか。デフレを放置していることのほうが，はるかに信用に響く」。

　また，2002年3月23日付の『朝日新聞』において，内閣府経済社会総合研究所所長の浜田宏一氏も，つぎのように主張する。

「日本銀行は，金融緩和政策を推し進める際，当該の政策がデフレ解消に有効であることを積極的にアピールしてほしい。／デフレ下では，経済主体が通貨保有を有利と考え，供給された通貨を退蔵し，財や証券に支出しようとしない。このため量的緩和政策がなかなか効きにくい。それを断ち切るには，日本銀行も徹底的に対処しており，デフレもそうは続かないことを明白に示すことで，国民にデフレ感を改めてもらい，購買意欲を回復してもらう必要がある。／そのためにはインフレ目標も有効である。金融政策はあまりデフレ解消に効かないが……，と渋々量的緩和するのでは効く政策も効かなくなってしまう。薬を渡すとき，『これは効く』といって渡すほうが医療でも有効なのではないだろうか」。

こうした外部の議論を反映して，日本銀行政策委員のあいだでも，インフレーション・ターゲティングをめぐって，賛否両様の意見が併存する状態にある。たとえば，2002年3月まで審議委員を務められた中原伸之氏はつぎのように主張する。

「現在私が考えている日本銀行の金融政策は，①インフレーション・ターゲティングあるいはプライスレベル・ターゲティングを導入し，金融政策として何時までにどの程度の物価安定を図ってデフレからの脱却を図る予定なのか，数値をもって明確に目標を示し，②その実現のために，マネタリーベースの伸び率を年率15％程度に維持し，様子を見て必要があればさらに伸び率を高めるような，思い切ったさらなる量的緩和を2年間くらい実施することです」。「私は，物価安定目標を掲げ，踏み込んだ量的緩和政策を行えば，多少の不確実性はあっても，人々の期待を変えることはできると思っています」[1]。

これにたいして，日本銀行副総裁の山口泰氏は，つぎのように主張する。

「現在我が国で行われているインフレーション・ターゲティングの議論は，本来は経済活動の結果であるはずの物価からスタートし，その物価を上げるためにあらゆる政策の発動を求めるという点に特色があるように思いますが，私は経済活動を活発化させるための方法をまず出発点に据えるべきであると考えています。日本銀行が，現時点におけるインフレーション・ターゲティングの採用に慎重であるのも，こうした物価情勢や金融政策を巡る環境に関する認識に基づくものです。／また，そもそも，インフレーション・ターゲティングは，短期的な政策手段ではなく，あくまでも金融政策運営の透明性を向上させるための枠組みとして理解すべきものです。日本銀行は，そうした透明性向上の枠組みとしてのインフレーション・ターゲティングについては，検討課題の１つであると位置づけています。しかし，現在は，短期金利が既にゼロ％に達しており，これ以上の金融政策手段が限られているうえに，不良債権問題等が金融緩和の効果を制約しています。このような状況の下で，達成が困難な目標を設定することが，金融政策運営に対する信認を高めるとは考えにくいように思います。／このように言うと，たとえ，金融緩和政策の効果が限られていても，インフレーション・ターゲティングを採用すること自体が企業や家計の『期待』に直接働きかけ，インフレ期待を生み出す筈であるという反論も聞かれます。確かに金融政策の効果が浸透する１つのチャネルとして『期待』が重要な役割を果たすことは事実です。しかしながら，『期待』を言葉だけで操作することは極めて困難であり，実効性のある政策手段が裏付けとしてあって初めて人々の期待形成に影響を与えられるのではないでしょうか。また，『期待』という点では，……日本銀行は現在の金融緩和の枠組みを消費者物価の前年比上昇率が安定的にゼロ％を上回るまで続けることを約束し，『期待』に強力に働きかけています。……しかし，現在のところ，現実の物価上昇率も予想物価上昇率も変化する兆しは窺われません」[2]。

はたして,インフレーション・ターゲティングの採用は,現下のわが国の「デフレ」克服策の切り札となりうるのであろうか。本章の課題は,この問題について,いわば第三者の立場から,公平な判断を下す点に求められる。

2 内生的貨幣供給論対外生的貨幣供給論

インフレーション・ターゲティングの当否を考察するにあたっては,なによりもまず,以下の2つの論点に留意することが肝要である。

第1に,外生的貨幣供給論の見地にではなく,内生的貨幣供給論の見地にたって,市中銀行および中央銀行による信用創造,したがって,貨幣供給の基本的メカニズムを理解する必要がある。いま,この点を管理通貨制度下のそれに即して要約するならば,以下のようになる。①まずはじめに,企業や個人からの借り入れ需要が出発点になる,②つぎに,借り手の口座に預金を貸記するというかたちでの,市中銀行による企業や個人にたいする信用創造活動をつうじて,決済機能を有する預金貨幣(これがいわゆるマネーサプライに相当する)が創出される,③借り手は何らかの支払いを予定して借り入れるのであるから,支払いの結果としてこの預金貨幣は借り手の口座から受取人の口座に振り替えられることになるが,預金貨幣そのものは,さしあたり,受取人名義の要求払預金というかたちをとって銀行システムのなかにとどまりつづけるであろう(受取人がそれを自己の支払いに充当する場合には,今度はその受取人名義の預金となる),④ところが,銀行は,一般に,準備預金制度のもとで,創出した預金貨幣額にもとづき,その一定比率を準備預金として中央銀行に預入することを義務づけられている,⑤インターバンク市場をつうじた個々の市中銀行間の既存の準備の貸借は,いわばゼロサム・ゲームであって,準備のネットでの増加をともなうものではないから,この準備預金を積むために必要な追加的貨幣の供給は,銀行システム全体としてみれば,中央銀行信用の供与に依存するほかに方途は見だせない,⑥他方,マクロ的には準備をネットで増加させることのできる唯一の主体である中央銀行の側でも,銀行によるこうした準備需要にたいして,イ

ンターバンク市場を混乱させ，そこでの金利を異常に高騰させないためにも，貸出政策や債券・手形の売買操作といった金融調節手段を介しつつ，銀行が保有する中央銀行当座預金（これがいわゆるベースマネーないしハイパワードマネーに相当する）すなわち信用貨幣の創出というかたちで，受動的に対応する以外に選択の余地はない，⑦ただ，中央銀行としては，銀行からの準備預金需要に対して受動的に対応しながらも，その供給条件，具体的には，公定歩合をアンカーとしつつ，操作目標としての市場金利（インターバンク市場金利）を変化させることによって，コスト面から銀行の預金創造＝信用創造活動を間接的にコントロールすることが可能であり，これが中央銀行の金融政策の起点をなすことになる，⑧最後に，貸出をつうじて最初の銀行によって創出されたそれであれ，借り手から支払いを受けた受取人による事後的なそれであれ，企業や家計が銀行から預金を銀行券で引き出す際には，準備預金の一部が取り崩されて，まず銀行の手で中央銀行から銀行券が引き出され，つぎにその銀行券が銀行の窓口を経て企業や家計に手渡されることになる（こうした事態が，銀行券流通量の増大，したがって，銀行システム全体としての準備預金の減少につながることになれば，中央銀行は，この場合にも，それに応えて準備預金の受動的で追加的な創出を行わざるをえない）。

　第2に，「市場の外から」の「政府の経済政策」と比べた中央銀行の「最大の特質」を「市場の中の」銀行に求めると同時に，中央銀行の「銀行業務と金融政策の表裏一体」的な関係を理解する必要がある。この点にかんしては，西川元彦氏が，以下のように論定されるとおりである。

　　「現代的な中央銀行の本質，具体的には，その制度，機能および目的の特質は何か，一言でいえば次のようになろう。中央銀行とは，金融の市場や通貨の流通の中心にあって毎日毎日さまざまな銀行業務を営み，それらを通じて，健全な通貨を供給し健全な市場メカニズムを維持しようと努める各国にただ1つの中枢的な銀行である。その意味で公共的であり，人体の心臓にも相当する。政府の経済政策は通常，『市場の外から』市場に干

渉したり手術を加えたりするものだとすれば,『市場の中にあって』市場のメカニズムに即して機能する中央銀行とは峻別されてよい。むろん中央銀行は公共の目的を持つ以上,政府と無縁ではあり得ない。しかし,その最大の特質は市場の中の銀行という点にある」。「この本の題を英語で表現するとすれば,セントラル・バンクではなくセントラル・バンキングだということは,『はしがき』で述べておいた。直訳すれば中央銀行業務だが,同時にその金融政策をも意味している。この『銀行業務と金融政策の表裏一体』だというところにも中央銀行の市場性という本質が現れている。中央銀行の行動は,実務の面から見れば市場の中の銀行業務だし,目的の見地からいえば,金融政策というわけである」[3]。

じっさい,中央銀行は,「発券銀行」や「銀行の銀行」としての機能を果たすにあたって,市中銀行とのあいだで,当座預金取引,貸出取引,債券・手形の売買取引を行うが,これらはいずれも強制をともなうものではない。個々の銀行を対象として相対で行われる貸出取引の場合には,それは銀行からの申し出を受けて実施されるものであるし,多数の参加者を対象として市場取引で行われる債券・手形の売買取引の場合にも,それに応札するか否かは銀行の自主的な判断に委ねられている（だからこそ,中央銀行のオファー額に銀行の応札額が達しない「札割れ」といった事態も生じうるわけである）。また,「政府の銀行」としての機能にかんしても,政府への信用供与が禁止されている条件下では,中央銀行が政府に提供しうる業務は,おのずから,国庫金の出納,資金計理,計算整理事務などといった純然たる事務的な銀行サービスに限られざるをえないことになる。

これらの点から,インフレーション・ターゲティング論との関連について,さしあたり,つぎのことがらがあきらかになる。

第1に,マネーサプライとベースマネーとの因果関係は,マネーサプライからベースマネーへであって,その逆に,ベースマネーからマネーサプライへではないということ。したがって,中央銀行はベースマネーの供給にかんしては

第3章 インフレーション・ターゲティング論の虚妄性　　　　47

基本的に受動的であるということ。第2に，預金貨幣（中央銀行が創出するそれであれ，市中銀行が創出するそれであれ）と銀行券との因果関係は，預金貨幣から銀行券へであって，その逆に，銀行券から預金貨幣へではないということ。したがって，ボーゼン氏が主張する「紙幣の増刷」は，インフレーションの原因ではなく，たとえそれが生じたとしても，インフレーションの結果にすぎないということ。第3に，金融政策の王道は金利操作であって，量的操作ではないということ。ただし，操作目標としてのインターバンク市場金利がすでに限りなくゼロ近傍にまで引き下げられた例外時には，金利政策にたいしてそれ以上の効果を期待することはできなくなる。というのは，市場金利をゼロ以下に引き下げることはできないからである。ここから，非正統的手段であるにもかかわらず，2001年3月以来の日本銀行による市中銀行の日本銀行当座預金残高を操作目標とする量的緩和政策が金融政策として登場することになった。

　以上のような，内生的貨幣供給論に依拠した論点整理にたいして，外生的貨幣供給論者は，つぎのような観点を対置する。

　第1に，インフレーションもデフレーションも貨幣的現象であって，ベースマネー，マネーサプライ，物価のあいだにはベースマネー→マネーサプライ→物価という因果関係が認められる。すなわち，ベースマネーの増加は，その貨幣乗数ないし信用乗数倍のマネーサプライの増加をもたらし，このマネーサプライの増加は，1～2年後の物価の上昇をもたらす。第2に，したがって，金融政策の王道は，中央銀行によるベースマネーの直接的なコントロールという，量的操作に求められるべきである。

　ちなみに，こうした観点の代表をなすものが，いうところのマネタリストの貨幣数量説にほかならない。

　それでは，内生的貨幣供給論に依拠する見解と，外生的貨幣供給論に依拠する見解とを比較して，いったい，どちらが正当であると判断すべきであろうか。

　すべての学問に通用することであるが，真理の基準は，あくまでも，現実との照応関係に求められる。最近の日本のマネー量とインフレ率との関係がマネ

タリストの主張とかけ離れたものであることは，植田和男日本銀行審議委員の以下の説明にかんがみて，いかんとも否定しがたい事実であるといわなければならない。

「日本銀行はここ数年潤沢な流動性供給を続けてきている。そのペースは，2001年3月以降，いわゆる『量的緩和策』の下で高まり，足許では，日本銀行が供給するベースマネーの対前年比伸び率は，30％を超える高い値となっている。30％どころか10％を大幅に超える伸び率は，1970年代初め以来である。当時は，いわゆる『過剰流動性インフレーション』が発生した。他方，現在の物価変化率を見ると，デフレが加速する気配はないものの，デフレが目立って縮小するという傾向もこれまでのところ見えていない。

より視覚的には図1〔ここでは，割愛〕をご覧頂こう。これはベースマネーの名目GDPに対する比率〔いわゆるマーシャルのK，マネタリズムの主張が妥当するための大前提はKが安定していることである〕を過去30年程度について示している。1995年頃までは，短期的な乖離，若干の長期的な上昇トレンドはあるものの，両者がかなり密接な関係を持って動いていたことが分かる。しかし，1990年代半ば以降，こうした関係は失われている。ベースマネーの名目GDP比は，どんどん上昇し，過去には見られないような水準に達している。

経済学にはマネタリズムという考え方がある。そのポイントは，マネーの伸びを高く保てば，いずれインフレになるというものである。マネタリストが図1を見れば，日本経済には尋常でないインフレのリスクがあると指摘するだろう。ところが，こうしたマネーの名目GDPを上回る高い伸びは，ここ1年どころか既に5年以上続いているにもかかわらず，経済はインフレではなく，緩やかなデフレ状態にある。

もちろん，マネー供給の経済への効果発現には時間がかかるので，もう少し待てばはっきりしたデフレ解消への動きが出てくるという主張は可能

である。また，日本銀行もこうした可能性を期待しているわけである。しかし，通常マネーから経済への影響発現までのラグの長さは半年から3年程度と言われており，こうした経験法則から大きく外れた現象が現在の日本で起こっていることも事実である」[4]。

なお，植田氏は触れておられないが，足許のマネーサプライ（M2＋CD）の対前年比伸び率は3％台後半となっている。この事実は，企業や家計の市中銀行からの借入需要が伸び悩むところでは，中央銀行がたとえベースマネーの伸び率を増加させたとしても，それは貨幣乗数の低下に吸収されるだけで，マネーサプライの増加につながるわけではないという事実を如実に示している。

3　デフレは貨幣的現象と呼べるか

マネタリズムの考え方によれば，インフレーションもデフレーションもともに貨幣的現象であるということになる。しかし，インフレーションはともかくとして——内生的貨幣供給論の見地にたつとしても，企業や家計の借入需要の増加速度がその国の財・サービスの生産能力の増加速度を超過し，しかも，市中銀行がそれに貸し応じ，さらに，中央銀行がこれを追認する場合には，貨幣的現象としてのインフレーションが生じうる——，デフレーションをもはたして貨幣的現象であるとみなしうるであろうか。

マネタリストは，ベースマネー，マネーサプライ，物価のあいだには，ベースマネー→マネーサプライ→物価という因果関係が認められると主張する。したがって，ここでいう貨幣とは，なによりもまず，ベースマネーを指すものと理解して誤りはないであろう。ところが，植田氏によれば，「日本銀行はここ数年潤沢な流動性供給を続けてきている」，「他方，現在の物価変化率を見ると，デフレが加速する気配はないものの，デフレ率が目立って縮小するという傾向もこれまでのところ見えていない」，ということであった。そうであるとすれば，この現実を踏まえて，われわれが，マネタリストは，なぜ，たとえ一

時的にせよ，上記の因果関係が妥当しなくなったのかを説得的に挙証する責務を負わされていると考えたとしても，それはけっして不当であるとはいえないであろう。ところが，不幸なことに，筆者は，これまでのところ，マネタリストないしインフレーション・ターゲット論者がこの問題にたいする解答を与えている実例を見だすことができない。

　ところで，物価を変動させる要因には，貨幣的なそればかりではなく，需給ギャップ，輸入品価格，技術革新，規制緩和など，多くの要因を数えることができる。じっさい，日本銀行「経済・物価の将来展望とリスク評価（2002年4月）」も，2002年度のわが国の物価動向にかんして，つぎのような記述を残している。

　　「物価動向については，過去1年間，需給ギャップが拡大したとみられるもとでも，消費者物価の対前年比下落幅に大きな変化がみられなかったことに表れているように，必ずしも需給ギャップの動きのみで規定されるわけではないが，この面からの物価低下圧力は引き続き根強いとみられる。……一方，昨年秋以降の円安や国際商品市況の上昇傾向は物価上昇要因として働くが，賃金の弱さを反映して，その影響を受けやすいサービス価格には下落圧力が加わると考えられる。この間，安価輸入品の流入や技術革新，規制緩和などの供給サイドの要因は，引き続き物価低下方向に作用する公算が大きい」[5]。

　ここからもうかがいうるように，もし，現下のわが国の物価下落が，需給ギャップという需要サイドの要因，ならびに，安価輸入品の流入や技術革新，規制緩和などの供給サイドの要因にもとづくとするならば，この点においても，因果関係は，マネタリストが想定するように，マネーサプライ→物価ではなく，内生的貨幣供給論が想定するように，物価→マネーサプライということにならざるをえない。

　そもそも，内生的貨幣供給論の見地にたつ場合には，中央銀行のベースマ

ネーは市中銀行の企業や家計にたいする預金創造＝信用創造額に順応して受動的に供給されると考えるから，貨幣供給量の不足を原因とする物価下落すなわち「デフレーション」は，最初から，その理論的枠組みの埒外に排除されるわけである。

つまり，インフレーションと「デフレーション」のあいだには，非対称性が存在するのであり，われわれは，「デフレーション」を安易に貨幣的現象であると呼ぶことにたいして，慎重を期するべきであろう。それと同時に，もし，「デフレーション」が貨幣的現象でないということになれば，その解消をもっぱら日本銀行の金融政策の果断な発動に期待する姿勢は，はなはだしい見当ちがいを犯すものであると断じなければならない。

4　金融政策か財政政策か

わが国の金融政策のあり方をめぐるインフレーション・ターゲティング論の弱点の1つは，それが，日本銀行が長期国債の買い切りを増加させるならば，インフレについての人びとの期待を変化させることができると強調しながら，なぜインフレ期待が生まれるのか，その論拠と波及経路を誰もが納得のいくかたちで示しえない点に求められる。それにくわえて，前節では，ここ数年来の日本の経験に照らして，少なくとも現下のわが国においては，ベースマネー→マネーサプライ→物価という因果関係が機能しなくなっていることがあきらかにされた。

ここから，インフレーション・ターゲット論者は，一歩立ちいって，「日本銀行はどのような資産でも購入し，目標インフレ率を達成すべきである」，という主張を提示するにいたっている。これらの資産のなかには，長期国債，外貨資産，株式，不動産，不良債権などが含まれる。もっとも，日本銀行法第15条によれば，同行は金融政策の手段として株式や不動産，不良債権を購入することは禁じられているのであるが。

この問題については，山口氏による以下のような指摘が注目に値する。

「株式や社債を購入する場合，どの企業の株式や社債を購入するかを決定しなければなりません」，「中央銀行がアグレッシブに色々な資産を購入するというのは，金融政策というかたちはとりながらもロス負担，つまりは納税者の負担を覚悟したり，ミクロ的な資源配分に関わるという意味で，実質的には中央銀行が財政政策の領域に近いことを行うことを意味しています」[6]。

　つまり，「中央銀行がアグレッシブに色々な資産を購入するというのは……ミクロ的な資源配分に関わるという意味で」，「実質的には中央銀行が財政政策の領域に近いことを行うことを意味する」，というわけである。

　なるほど，現在の日本銀行の資金供給のためのオペレーションの手段は，「成長通貨」の供給のための国債買入オペを除くならば，いずれも，西川氏が言われるように，「市場の中の銀行業務」に相当するものばかりである。ここで，銀行業務とは，日本銀行と市中銀行とのあいだの預貸関係の意にほかならない。じっさい，短期国債現先オペ（期間6ヵ月以内），短期国債買入オペ（6ヵ月以内），CP買現先オペ（3ヵ月以内），社債等担保手形買入オペ（3ヵ月以内）は，債券・手形を利用した，日本銀行による市中銀行にたいする貸出であるとみなすことも可能である。また，短期国債買入オペは短期国債売却オペと対をなしている。これにたいして，株式の購入は，預貸関係という意味での銀行業務とはみなしがたく，むしろ，内容的には，「『市場の外から』市場に干渉したり手術を加えたりする」，「政府の経済政策」に限りなく近いものと考えるべきであろう。この点に照らして，山口氏が，「中央銀行がアグレッシブに色々な資産を購入するというのは，……ミクロ的な資源配分に関わるという意味で」，「実質的には中央銀行が財政政策の領域に近いことを行うことを意味」すると断じられるのも，けっしてゆえなしとしない。

　それでは，つぎに，日本銀行が，「成長通貨」の供給の範囲を超えて長期国債の買切オペを増額したり（量的緩和政策のなかでこの措置はすでに実施されてい

るが，市中銀行はこうして入手した資金をふたたび長期国債の購入に充当しているのが実状である），さらにすすんで，長期国債の直接引受にのりだす（財政法第５条はこの措置を原則として禁止している）場合はどうであろうか。これらの場合には，ことはより明瞭である。前者の場合には市中銀行を経由して，後者の場合には直接に，政府にとって利用可能な日本銀行当座預金が創出されることにつながる。しかも，こうして創出される資金は，政府が自ら政府紙幣を印刷して入手する資金と，その実体において，いったいどこが異なるといえるのであろうか。これは，まさに，金融政策ではなく「財政政策の領域」に属するとみなすことができる。ちなみに，マネタリストのいわゆるヘリコプター・マネー――中央銀行が銀行券をヘリコプターから撒きちらし，購買力を創出するという――なる思考実験は，この関係を戯画的に表現したものと位置づけられるべきであろう。

5 金融資産課税によるマイナス金利

　インフレーション・ターゲティング論者が最後に持ちだす方策は，金融資産にたいする課税によるマイナス金利の実現という構想である。
　たとえば，深尾光洋氏は以下のように主張する。

　　「日銀が……強力な実物資産オペを行っても不十分な場合，あるいはこの機会を逸し，さらに深刻なデフレスパイラルに陥った場合には，マイナス金利政策を導入する必要がある。／金融政策だけではマイナス金利の実現は不可能である」。「そこで，政府が実質的に価値を保証しているあらゆる金融資産を対象に，その残高に対して，たとえば年２％の課税を行えば，マイナス金利を実現できる。課税すべき金融資産は，国債，政府保証債，郵便貯金，郵便振替，簡易保険，預金，現金である。預金保険対象預金とそれ以外の預金は分別管理されていないので，すべての預金に課税する必要がある。／安全資産金利がマイナスになると，株式，不動産，外貨

建資産などへの資金シフトが発生する。また，貯蓄を抑制し，消費を刺激するため，デフレから脱却できる。課税率によっては膨大な税収が入るため，財政赤字も大幅に削減できる」。「この課税方法は，ケインズが『雇用・利子および貨幣の一般理論』の第23章で，シルビオ・ゲゼルの銀行券印刷課税として紹介している」[7]。

政府による金融資産への課税というわけであるから，ここでもまた，金融政策ではなく財政政策の登場である。それにつけても，インフレーション・ターゲティング論者は，どこまで議論をエスカレートさせれば満足するというのであろうか。

いま，この施策の実施にともなう「大混乱」[8]は描くとしても，その帰結はつぎの2つのうちのいずれかであろう。ひとつは，株式，不動産，外貨建資産，消費財などは預金または現金で購入されることになるが，受けとられた預金または現金じたいも課税対象になるのであるから，それらはふたたび株式，不動産，外貨建資産，消費財の購入に支出されることになる。以下，同様の過程が繰りかえされ，個々の行動は合理的であるとしても，合成の誤謬の結果，貨幣の流通速度は大幅に加速されることになるであろう。その行き着く先にはデフレ・スパイラルならぬインフレ・スパイラルが待ち受けているというわけである。この場合には，インフレーション・ターゲティングじたいもいつのまにか雲散霧消することになるであろう。いまひとつは，資金の海外への大規模な流出である。金融資産課税の実施は，必然的にそれに相応した厳しい資本流出規制の実施をともなわざるをえないことになるであろう。

6　1930年代のスウェーデンの経験

インフレーション・ターゲティング論者は，高インフレ状態からの脱却策としてばかりではなく，その反対に，「デフレ」状態からの脱出策としても，インフレーション・ターゲティングが有効である実例として，1930年代のスウ

ェーデンの実験をとりあげることが多い。

　しかし，この問題についても，山口氏による以下の言及が参照されるべきであろう。

　　「デフレ克服のための政策手段としてのインフレーション・ターゲティングの成功例として，時折，1930年代前半のスウェーデンにおける物価水準目標政策の例が引用されることがあります。私達も当時のスウェーデンの経験について興味があり勉強もしましたが，時折主張されることとは逆に，むしろ，現在の日本銀行の政策運営の考えとの共通性の方に驚かされます。
　　最も重要な共通点は，当時のスウェーデンの政策当局も日本銀行も共に物価下落の防止に向けて断固たる意見を表明している一方，数値で表されるようなターゲットを採用していないということです。スウェーデン議会が定めた物価安定策の包括的プログラムでは，『金融政策は特定の物価指数の値と機械的に結びつけられるべきではなく，公式的で単純なルールによる政策運営が実行可能とは考えられない』と明言しています。実際，スウェーデンの中央銀行も，政策運営にあたって，消費者物価指数など特定の指数のみに依存することなく，在庫，生産性などの状況も考慮しながら，様々な物価指数を幅広く検討することが重要と強調していました。そういう意味で，スウェーデンの例は，特定の物価指数による物価目標を設定することでデフレを克服しようという議論とは全く別のものと言うべきだと思います。
　　また，当時のスウェーデンと今日の日本を対比する場合には，置かれた経済や金融の環境に重要な違いが存在することに着目しなければなりません。最大の違いは，当時のスウェーデンでは，名目金利の水準が高く，十分な引き下げ余地があったこと，金融システムの面で現在わが国が直面しているような問題は抱えていなかったこと，さらに，相対的に経済規模が小さな開放経済国として為替相場の減価が物価下落阻止に寄与したこと等

が挙げられます。要するに，1930年代のスウェーデンの物価安定策の具体的方法論を，現在のわが国に適用しようという発想には無理があるということです」9)。

筆者には，以上の記述はこの問題にたいするきわめてバランスのとれた評価であるように思われてならない。

注
1) 中原伸之「デフレ下の日本経済と金融政策」『日本銀行調査月報』2002年1月号，31頁。
2) 山口泰「日本経済と金融政策」『日本銀行調査月報』2001年12月号，6-7頁。
3) 西川元彦『中央銀行──セントラル・バンキングの歴史と理論──』東洋経済新報杜，1984年，2頁。
4) 植田和男「群馬県金融経済懇談会における基調説明要旨──構造問題と金融政策の有効性──」『日本銀行調査月報』2002年5月号，1-2頁。
5) 日本銀行「経済・物価の将来展望とリスク評価（2002年4月）」『日本銀行調査月報』2002年5月号，66頁。
6) 山口泰「JCIF 国際金融セミナー講演」『日本銀行調査月報』2001年11月号，10-11頁。
7) 深尾光洋『日本破綻──デフレと財政インフレを断て──』講談社現代新書，2001年，164-165頁。
8) 同上，165頁。
9) 前掲『日本銀行調査月報』2001年11月号，7頁。

第4章

デフレ対策と金融政策の課題

はじめに

　筆者は，5月31日（土），6月1日（日）に一橋大学記念講堂において開催された，2003年度日本金融学会春季大会の中央銀行パネルの席上，「デフレ対策と金融政策の課題」をテーマとする報告の機会を与えられた。ちなみに，他の報告者は，「日本銀行金融政策史（1990年以前）の回顧——今次金融緩和との対比——」をテーマとする桃山学院大学の一ノ瀬篤氏，「コミットメントが期待形成に与える効果——時間軸効果の検討——」をテーマとする日本銀行金融研究所の翁邦雄氏であり，また，コメンテーターは，拓殖大学の武田哲夫氏，神戸大学の地主敏樹氏であった。

　なお，本年は日本金融学会（旧金融学会）創立60周年に相当するところから，同大会には，2つの特別講演，すなわち，「日本における金融政策についての若干の考察」と題する，B.S.バーナンキ連邦準備制度理事会理事によるそれ，ならびに，「金融政策運営の課題」と題する，福井俊彦日本銀行総裁のそれが用意された。

　以下は，日本金融学会における筆者の上記の報告に加筆したものである。

1　中央銀行の銀行業務と金融政策の表裏一体性

　一般には，中央銀行の金融政策は，その銀行業務から内容的に区別されるべ

きものであり，両者は質的に異なるものであると考えられがちである。はたして，そうであろうか。

この点については，さしあたり，日本銀行調査局長・監事を歴任された，西川元彦氏の以下の指摘が参照されるべきである。

「この本の題を表現するとすれば，セントラル・バンクではなくセントラル・バンキングだということは，『はしがき』で述べておいた。直訳すれば中央銀行業務だが，同時にその金融政策をも意味している。この『銀行業務と金融政策の表裏一体』だというところにも中央銀行の市場性という本質が現れている。中央銀行の行動は，実務の面から見れば市場の中の銀行業務だし，目的の見地からいえば，金融政策というわけである」[1]。

中央銀行の機能としては，「銀行の銀行」，「発券銀行」，「政府の銀行」という三者があげられることが多い。順にその内容をみていくことにしよう。

中央銀行は，「銀行の銀行」としての機能を果たすにあたって，市中銀行とのあいだで，当座預金取引，貸出取引，債券・手形のオペレーションを行うが，これらはいずれも強制をともなうものではない。個々の銀行を対象として相対取引で行われる貸出取引の場合（この際に適用されるのが公定歩合にほかならない）には，それは，銀行からの申し出を受けて実施されるものであるし，他方，多数の参加者を対象として市場取引で行われる債券・手形のオペレーションの場合にも，それに応札するか否かは銀行の自主的な判断に委ねられている（だからこそ，中央銀行のオファー額に銀行の応札額が達しない「札割れ」という事態も生じうるわけである）。しかも，短期国債買入オペ（期間1年以内），国債買現先オペ（6ヵ月以内），CP買現先オペ（3ヵ月以内），手形買入オペ（1年以内）は，債券・手形のオペレーションを装った，日本銀行による銀行にたいする短期貸出とみなすことも可能である。そして，銀行の側からみれば，こうして生み出された当座預金を，相互間の決済手段に利用することになるが，そのための振替サービスを提供するのも中央銀行の役割にほかならない。ついでなが

ら，中央銀行の金融政策手段としては，公定歩合操作，債券・手形のオペレーションの他に預金準備率操作があり，なるほど，これは強制力をともなうものであるが，内生的貨幣供給論の見地にたつかぎり，中央銀行は，たとえ，預金準備率を引き上げたとしても，銀行が必要とする追加的な準備を引上げ幅に見合うかたちで受動的に供給せざるをえないから，この手段の銀行に与える効果は，無利子の当座預金の法的預入額の増減にともなう，コスト面でのそれにとどまらざるをえないことになる。そうしたことの反映であろう。今日では，金融政策手段として中央銀行が預金準備率操作を活用するのは，例外的なケースにかぎられているというのが実情である。

　つぎに，中央銀行の「発券銀行」としての役割についてみれば，現在，銀行券が中央銀行の手で直接に民間に発行されることはなく，じっさいには，金融政策の結果として生み出された当座預金の一部が，企業や家計からの現金需要を受け入れるかたちで，銀行の手で銀行券という姿で中央銀行から引き出されるだけの話である。この意味で，銀行券の発行は，中央銀行にとってつねに受動的である。日本銀行についていえば，2001年3月以来のいわゆる量的緩和政策を採用する以前は，この銀行券需要の増勢への対応を「成長通貨」の供給と位置づけ，長期利付国債の無条件買入（債券無条件オペ）によって処理してきた。

　最後に，中央銀行の「政府の銀行」としての機能にかんしても，先進資本主義国の中央銀行がそうであるように，一般に政府への信用供与が禁止されている条件下では，中央銀行が政府に提供しうる業務は，たとえば，わが国にみられるように，おのずから，政府預金の受入れにともなう，国庫金の出納，資金計理，計算整理業務などといった純然たる事務的な銀行サービスに制限されざるをえないことになる。ちなみに，現行の日本銀行法第34条は，「国に対する貸付け等」として，「財政法第5条のただし書の規定による国会の議決を経た金額の範囲内において担保を徴求することなく行う貸付け」（第1号）および同じ条件下での「国債の応募又は引受け」（第3号）などとならんで，「財務省証券その他の融通証券の応募又は引受け」（第4号）をあげているが，後者——現

在は，政府短期証券に統合されている——は，1999年4月以降，それまでの定率公募・残額日銀引受（あらかじめ公示された発行条件で募集が行われ，募集残額が生じた場合に日本銀行が引き受ける方式）から市中公募（価格入札方式）に移行するにいたっている——もっとも，日本銀行は，この入札において募集残額などが生じた場合や，国庫に予期せざる資金需要が生じた場合には，例外的に政府短期証券を引き受けることがあるが，これらの証券は，国が次回以降の政府短期証券の市中公募をつうじて得た資金により可及的速やかに償還されることとされている——。また，ここでいう財政法第5条とは，「すべて，公債の発行については，日本銀行にこれを引き受けさせ，又，借入金の借入については，日本銀行からこれを借り入れてはならない。但し，特別の事由がある場合において，国会の議決を経た金額の範囲内ではこの限りではない」，という規定を指している——目下のところ，この「特別の事由」とは，日本銀行が金融政策の結果として保有している国債の政府による償還に際して，その借換えのために同行が国債を引き受ける場合が，それに相当するものとされている——。

以上から，われわれは，中央銀行の機能とは，「銀行の銀行」としての機能を中心としたそれであり，西川氏の指摘，すなわち，「銀行業務と金融政策の表裏一体」性，「中央銀行の行動は，実務の面から見れば市場の中の銀行業務だし，目的の見地からいえば，金融政策である」というそれが，きわめて正当なものであることを十分に理解することができるであろう。

なお，中央銀行の銀行業務と金融政策の表裏一体性という問題に関連して，中央銀行の「最後の貸手」機能の位置づけが疑問として残るかもしれない。この点については，日本銀行法の改正に際しての，中央銀行研究会や金融制度調査会のつぎの文章が想起されるべきであろう。

「信用不安が生じた場合の対応については，金融機関の破綻処理等には行政的手法を要することから，最終的責任は政府にあるが，日本銀行は『最後の貸手』として重要な役割を担う必要がある。／その際の日本銀行の役割は，基本的には，信用秩序維持の観点から，適切な流動性を供給し

ていくことであり，明白に回収不能なケースについての損失補塡は，金融機関のモラルハザードを避けるためにも行うべきではない」（中央銀行研究会「中央銀行制度の改革――開かれた独立性を求めて――」，1996年11月）。

「これまで，日本銀行は，現行日本銀行法第25条の規定に基づき，大蔵大臣の認可を得て，無担保の貸出等を実施してきた。信用不安が生じた場合の対応については，金融機関の破綻処理等の行政的手法を要することから，最終的な責任は政府にある。しかしながら，日本銀行も，『最後の貸手』として重要な役割を担っており，信用秩序維持の観点から適切な流動性供給を行うことが求められる。ただし，明白に回収不能なケースについての損失補塡は，金融機関のモラルハザードを避けるためにも行うべきではない」（金融制度調査会「日本銀行法の改正に関する答申」，1997年2月）。

つまり，中央銀行研究会や金融制度調査会によれば，日本銀行の「最後の貸手」機能とは，「信用不安が生じた場合」の「回収」を前提とした金融機関にたいする「適切な流動性の供給」をその内容としながらも，その実態は，政府が主導する「信用秩序の維持という観点」からの施策であって，日本銀行が主導する「金融政策の運営という観点」からの施策ではないというわけである。じっさい，これを受けるかたちで，日本銀行の「信用秩序の維持に資するための業務」（いわゆる日銀「特融」のこと）を定めた，現行の日本銀行法第38条の第1・2項は，以下のように表現されることになった。

「内閣総理大臣及び財務大臣は，……信用秩序の維持に重大な支障が生じるおそれがあると認めるとき，その他の信用秩序の維持のため特に必要があると認めるときは，日本銀行に対し，……金融機関への資金の貸付けその他の信用秩序の維持のために必要と認められる業務を要請することができる」。「日本銀行は，……内閣総理大臣及び財務大臣の要請があったときは，……〔通常〕業務のほか，当該要請に応じて特別の条件による資金の貸付けその他の信用秩序の維持のために必要と認められる業務を行うこ

とができる」。

ちなみに、日本金融学会の当日、翁氏に確認したところでは、日銀「特融」の発動は、金融政策の遂行ではないということで、日本銀行政策委員会・金融政策決定会合の席上においてではなく、政策委員会・通常会合の席上において決定されるとのことであった。

2 「市場の中」で機能する中央銀行と「市場の外」から干渉する政府

「デフレ」対策上の金融政策の有効性の有無を判断するうえで、西川氏の『中央銀行』のなかには、いまひとつの注目すべき記述が見だされる。

> 「現代的な中央銀行の本質、具体的には、その制度、機能および目的の性質は何か、一言でいえば次のようになろう。中央銀行とは、金融の市場や通貨の流通の中心にあって毎日毎日さまざまな銀行業務を営み、それらを通じて、健全な通貨を供給し健全な市場メカニズムを維持しようと努める各国にただ1つの中枢的な銀行である。その意味で公共的であり、人体の心臓にも相当する。政府の経済政策は通常、『市場の外から』市場に干渉したり手術を加えたりするものだとすれば、『市場の中にあって』市場のメカニズムに即して機能する中央銀行とは峻別されてよい。むろん中央銀行は公共の目的を持つ以上、政府とは無縁でありえない。しかし、その最大の特質は市場の中の銀行という点にある」[2]。

ここに示された、政府の経済政策は通常、「市場の外から」市場に干渉したり手術を加えたりするものであるのにたいして、中央銀行は、「市場の中にあって」市場のメカニズムに即して機能するものであるという論点は、十分に首肯されうるものである。

ところが、周知のように、K.マルクスには、「たいていの国では、銀行券を

第4章 デフレ対策と金融政策の課題

発行する主要銀行は，国家的銀行と私営銀行との奇妙な混合物として実際にはその背後に国家信用をもち，その銀行券は多かれ少なかれ法定の支払手段である」[3]という論定が存在する。はたして，西川氏の論点とマルクスのこの論定とは，どのように関連づけて理解すればよいのであろうか。いったい，両者は共存しうるものであろうか。

じつは，上のマルクスの論定，とりわけ，「国家信用」の意味について，三宅義夫氏は，以下のような解釈を残されている。

「地方銀行券と中央銀行券とのもっとも大きな差異は，中央銀行券は，法律によってまたは事実において，法貨たる地位を与えられていることである。『たいていの国では，銀行券を発行する主要銀行は……事実上，ナチオナールな信用（Nationalkredit）を背景にもち，その銀行券は多かれ少なかれ法定支払手段（gesetzliches Zahlungsmittel）である』。ここで事実上〈ナチオナールな信用〉を背後にもっているといっているこの〈信用〉は，信用貨幣――これは……，中央銀行券であれば金で支払われるという信頼にもとづくものであるが――の〈信用〉とは異なるものであって，不換紙幣でも必要とされるような〈信用〉のことである。たとえば，……『1797年～1817年のイングランド銀行券は，国家によってのみ信用を有していた』といっているそれと同じものであって，いいかえれば強制通用力をもっているということにほかならない。（イングランド銀行券についていうと，同銀行券は兌換停止中は別として，法定支払手段，つまり法貨たることを法制上認められたのは……，やっと1833年にいたってからであったが，しかし同行券はこのように法制上認められていなくても，事実上，法貨たる地位を与えられていたのであり，そして法制上認められたのちにはよりたしかに法貨たることとなった）」[4]。

同じ個所で三宅氏も引用されているが，マルクスには，「イングランド銀行が不換銀行券を発行する機能を法律上あたえられていた期間」[5]という表現も存在する。

マルクスの言う「国家信用」の意味についての解釈という点では，三宅氏のそれはおそらく的を射たものであると考えてよいであろう。そして，「国家的銀行と私営銀行との奇妙な混合物」という論定の含意がそれだけのものにすぎないということであれば，西川氏の論点とマルクスのこの論定とのあいだに，中央銀行は「『市場の中にあって』市場のメカニズムに即して機能する」銀行であるという意味において，さほど大きな隔たりを認める必要もないということになる。

　しかし，マルクスは，同時に，イングランド銀行について，「国家の保護を受け国家から特権を与えられている公的施設」[6]という論定も行っている。したがって，「国家的銀行と私営銀行との奇妙な混合物」という性格にかんしては，それが発行する銀行券が「国家信用」いいかえれば法貨規定ないし強制通用力を背後にもっているという側面にとどまらず，マルクスは，①「イングランド銀行は，……租税などとして政府にはいってきて，使用されるまでは同行に預金されなければならないすべての貨幣を，自由に使用している」[7]，②「たとえば，1797年から1817年までのイングランド銀行以上にばかげたものがあるであろうか？　同行の銀行券は，もっぱら国家のおかげで信用を得ているのであり，さらにまた同行は，この同じ銀行券を紙から貨幣に転化させ，次いでそれを国家に貸し付けるという国家から与えられた権能にたいして，国債の利子という形態で，国家から，したがって公衆から支払ってもらうからである」[8]，③1844年の銀行法のもとで，「イングランド銀行が，その地下室にある金属準備によって保証されていない銀行券を発行する限りでは，同行は，価値章標を創造するのであり，この価値章標は，流通手段ばかりでなく，同行にとっては，この無準備銀行券の名目額だけの追加の——架空のであるとはいえ——資本をも形成する。そしてこの追加資本は，同行に追加利潤をもたらす」[9]，といった側面をも総合的に視野に入れていたものと考えるべきであろう。あるいは，さらに，三宅氏が指摘される，イングランド銀行のつぎのような特権，すなわち，「イングランド銀行はもともと，イングランドにおいては同行以外には銀行券を発行する6人以上の出資者からなるいかなる銀行の出現

第4章　デフレ対策と金融政策の課題

も許さないという特権会社として，17世紀末に設立されたものであった。そして当時は銀行業は銀行券の発行と切離しては考えられなかったので，以後約1世紀以上にわたってイングランドでは株式銀行はイングランド銀行だけということになった。その後1826年にはロンドンから65マイル以上離れている地域では6人以上の出資者をもつ発券銀行の設立が認められるようになったが，したがってそれまではイングランドでは，銀行券を発行していたのはイングランド銀行を除いてはすべて個人銀行業者（private banker）であり，このあとで地方に銀行券を発行する株式銀行（joint stock bank）が設立されるようになった。一方また1770年ごろから，ロンドンの銀行業者は銀行券発行をやめて，貸付にさいし借手の預金口座にそれだけの金額を設定し，これにあてて小切手を振出させるという方法を一般に採るようになった。1844年のイングランド銀行法では発券の既得権をもつ私営の銀行にはこの権利をひきつづき与えるが……，その発行額を既往の発行額の限度で割当て，既得権をもたなかったこれ以外の銀行業者の新規発行はこれを禁止した。そして既得権をもつ銀行業者のひとつが発券をやめれば，その銀行の割当額の2/3だけイングランド銀行は〈無準備銀行券〉の発行額を増加しうることとした。このようにして銀行券の発行のイングランド銀行への集中がはかられたのである。そしてようやく1921年にいたり，銀行券発行権をもつ銀行はイングランド銀行だけということになった」[10]，というそれを付け加えることができるかもしれない。

　ただ，『資本論』の発刊以降の，中央銀行システムの確立と中央銀行による金融政策の展開，金本位制度から管理通貨制度への移行という歴史的な発展のなかで，発券の中央銀行への集中と中央銀行が発行する銀行券への法貨規定の付与という側面を除くならば，マルクスが例示したその他の側面については，もはや，現実的妥当性を喪失しつつあることも，けだし否定しがたい事実であるといわなければならない。

　たとえば，現行の日本銀行法に照らすと，発券の日本銀行への集中と日本銀行券への法貨規定の付与という側面は，第46条第1・2項において，「日本銀行は，銀行券を発行する」（銀行法には，「銀行は，銀行券を発行する」という規定

は存在しない)，「前項の規定により日本銀行が発行する銀行券は，法貨として無制限に通用する」，というかたちで規定されているが，①の日本銀行による国庫金の運用という側面は法文上見出すことができず，②の日本銀行による政府への貸付けという側面は，すでにみたように，原則として禁止され，また，③の私的利潤の追求という側面は，「その業務及び財産の公共性にかんがみ」(日本銀行法第5条第1項)，否定されるにいたっている。ここで，③の問題について，若干補足するならば，日本銀行の日々の銀行業務したがって金融政策の遂行は，その貸借対照表上に，有利子の資産(貸出金，債券・手形)と無利子の負債(市中銀行の日銀当座預金)を同時に生み出す結果となるところから，一般に，日本銀行には企業の利益に相当する剰余金が生まれることになるが，この剰余金から準備金および出資者(資本金は1億円で，そのうち，政府の出資金が5500万円，民間の出資金が4500万円)への配当金を除いた残額は，日本銀行法第53条第4項の規定にもとづき，すべて国庫に納付することとされている。ちなみに，巷間では，シニョレッジ(通貨発行益)の名称のもとに，日本銀行券の製造費とその額面金額との差額に日本銀行の剰余金の源泉を求める見解が多数であるが，こうした考え方は誤りである。銀行券の発行は，日本銀行の貸借対照表上では，たんに，無利子の日銀当座預金という負債が同様に無利子の銀行券という負債に置き換えられるだけの話にすぎない。

　以上を要するに，発券の集中と銀行券への法貨規定の付与という側面を除くならば，今日の中央銀行には，「国家の保護を受け国家から特権を与えられている公的施設」という側面は，事実上見だしがたくなっているというわけである。

　さて，『資本論』の記述に認められるマルクスの中央銀行観とその後の歴史的な発展との関係をこのように整理するならば，いまや，われわれは，政府の経済政策は通常，「市場の外から」市場に干渉したり手術を加えたりするものであるのにたいして，中央銀行は，「市場の中にあって」市場のメカニズムに即して機能するものであるという西川氏の中央銀行観と，「国家銀行と私営銀行との奇妙な混合物」というマルクスの中央銀行観とのあいだに，すくなくと

も現状に即して整理するかぎり，さしたる齟齬が認められるわけではないと，結論づけることが許されるであろう。

3　金融政策と財政政策の差異性

前2節における考察から，金融政策および財政政策のそれぞれの内容と，したがって，両者の差異性がおのずからあきらかになる。つまり，前者は，「流動性の供給」を内容としているのにたいして，後者は，「所得の移転」，「資源配分」，「需要の創出」をその内容とするものである。

この論旨にかぎっていえば，新旧の日本銀行政策委員会委員による多くの先行発言を確認することができる。いくつかの例を以下に紹介することにしよう。

　　須田美矢子審議委員――「では，マネタリーベースの供給はどのような性格を持っているのでしょうか。／1つの考え方は，マネタリーベースの供給は金融市場に対する『流動性の供給』であるというものです。中央銀行は，相対的に流動性の低い金融資産と等価交換することによりマネタリーベースを供給している，という考え方です。こうした見方は，中央銀行のみならず，広く一般にも受け入れられています。これに対して，『マネタリーベースの供給』は，『流動性の供給』に止まらず，『所得の移転』さえも排除しないという考え方もみられます。中央銀行から民間部門への所得の移転という，財政政策の範疇に近い機能を伴う場合であっても，『中央銀行が行う限り，それは金融政策である』という考え方です」[11]。「最後に，経済学者の間で古くからある1つの思考実験を取り上げることに致します。それは，『ヘリコプターから，ただで銀行券をばら撒く』というヘリコプターマネー政策です。これは，『流動性の供給』という範囲を越えて『所得の移転』の域にまで踏み込む金融政策の，1つの究極のアイディアです」[12]。「ヘリコプターマネー政策は，表向きは金融調節手段を

使いますが，実質的には所得分配という財政政策の機能を通じて経済に影響を与えることになります。つまり，財政政策的な所得移転という性格を持つと考えられます。こうした政策のあり方については，議会制民主主義のルールに則って判断することが適当であると思います」[13]。「最近でも，『日本銀行は，長期国債を大量に購入して，日銀当座預金残高を大幅に増加させ，マネタリーベースの高い伸び率を維持，ないしは高めるべきである』という意見をしばしば耳にします。皆様は，こうした日銀当座預金の積み上げを追求するという論議を見る時に，『一見すると「流動性の供給」の延長線上にあるようにみえるが，その実は，ヘリコプターマネー政策の性格を有している可能性があるのではないか』と認識できるようになることが必要です」[14]。

　山口泰前副総裁――「株式や社債を購入する場合，どの企業の株式や社債を購入するかを決定しなければなりません。中央銀行が民間の銀行に比べそうした個別企業の判断に優れているわけではないことを考えますと，中央銀行のオペは，資源配分に対し極力中立的である方が望ましいという判断が生まれてくるように思います。／逆に，中央銀行がアグレッシブに色々な資産を購入するというのは，金融政策というかたちはとりながらもロス負担，つまり納税者の負担を覚悟したり，ミクロ的な資源配分に関わるという意味で，実質的には中央銀行が財政政策の領域に近いことを行うことを意味しています。しかし，中央銀行がそうしたことを許されるかどうかという問題があります。／民主主義国家における一般的なルールは，流動性の供給という機能は金融政策というかたちで独立した中央銀行に委ね，他方，国民の税金の使途は選挙民から選ばれた議員から構成される国会における予算承認のプロセスを通して，財政政策というかたちで行うということであると思います」[15]。

　中原真審議委員――「第3番目の選択は，マネーの供給の手段として外債や株式 ETF などの非伝統的手段を採用するものです。……購入対象資産としてどのようなものを考えるか，一般的にいって市場規模が十分か，

第 4 章　デフレ対策と金融政策の課題　　　　　　　　　　　　　69

流動性に問題はないか，中央銀行の購入する資産として市場に対し中立的
であるか，中央銀行の資産の健全性としてどうか，などの判断が必要で
す。その意味では，一部で言われている不良債権や不動産の購入は論外で
すが，外債や ETF は必ずしも全面的に最初から排除されるものではない
と思います。しかし，それぞれ法律的に，あるいは技術的にまた国際的な
立場から多くの困難な問題を抱えていることは確かであります。先ず中央
銀行が金融政策として行うのであれば，あくまで流動性供給の手段として
行うべきです。価格を動かすのであれば，そもそもそれが可能かどうかは
別としても，株や ETF であれば PKO として財政資金により行い，政府保
証のついた形で日銀が資金供給するというのが筋です。外債であれば，為
替に影響するということは，そもそも為替介入と変わらぬことになり法律
的に日銀の行いえないところです」[16]。「凍りつき萎縮している経済に前向
きのモーメンタムを与えるには，基本は需要をつける方法を考えるしかあ
りませんが，金融政策は直接需要を作り出すことはできません」[17]。

　みられるように，新旧の委員により，あるいは「所得の移転」，あるいは
「資源配分」，あるいは「需要の創出」と言い換えられているが，それらが同じ
内容を指すものであることは，あらためて指摘するまでもないであろう。
　金融政策と財政政策の差異性という問題にかんして，筆者としては，上述の
論点にくわえて，さらに2つの側面を強調しておきたい。
　第1は，須田氏のいわゆる「議会制民主主義のルール」，山口氏のいわゆる
「民主主義国家における一般的なルール」にかかわるものである。
　財政政策については，いうまでもなく，政府によって予算が編成され，国民
の手で選出された議員からなる国会による承認という民主主義的手続きを経
て，はじめてじっさいにそれが発動される。決算もまた国会の承認事項であ
る。これにたいして，近代における政府の中央銀行にたいする圧力ないし干渉
が，しばしばインフレーションを発現させたことから，今日では，先進資本主
義国においては，中央銀行の政府からの独立性が保障されるにいたっている。

たとえば，日本銀行法に照らすならば，「この法律の運用に当たっては，日本銀行の業務運営における自主性は，十分配慮されなければならない」（第5条第2項），としたうえで，日本銀行と政府ならびに国会との関係は，「総裁及び副総裁」，「審議委員」の，「両議院の同意」を前提とする内閣による任命権（第23条第1・2項），日本銀行による約6ヵ月ごとの「通貨及び金融に関する報告書」の国会への提出義務（第54条第1項），「日本銀行総裁若しくは政策委員会の議長又はそれらの指定する代理者」による，「日本銀行の業務及び財産の状況について各議院又はその委員会から説明を求められたとき」の出席義務（同条第3項）に限定されているのがそれである。もっとも，これらとは別に，「財務大臣又はその指名する財務省の職員及び経済財政政策担当大臣又はその指名する内閣府の職員」の，日本銀行政策委員会・金融政策決定会合への出席権，発言権，議案提出権，議決延期請求権（第19条第1・2項），日本銀行の「経費（通貨及び金融の調節に支障を生じさせないものとして政令で定める経費に限る。）に関する予算」についての，財務大臣による認可権（第51条第1項）が同時に規定されているが，これらにかんしては，中央銀行の政府からの独立性という観点にかんがみて，疑問とする意見が多い。もちろん，筆者もそのうちの一人である。

　要するに，金融政策と財政政策は，その政策ルールをまったく異にするのである。まことに，「議会制民主主義のルール」，「民主主義国家における一般的ルール」が厳格に遵守されるべきであって，両者は，作為的にも無作為的にも，けっして混同されることがあってはならない性格のものである。

　第2は，政策当局の手をつうじた貨幣の供給が，市場の外から政府によって政府紙幣のかたちで行われるのではなく，市場の中から中央銀行によって中央銀行貨幣のかたちで行われるにいたったことの歴史的意義にかかわるものである。

　政府紙幣の創出は，貨幣の創出であると同時に購買力の創出でもある。それが政府によって市場の外から経済に干渉を加えることを目的に経済内部に直接に投入されるわけであるから，その創出は，古典的な意味でのインフレーショ

ンを不可避的に誘発せざるをえないことは容易に理解されるであろう。これにたいして，中央銀行当座預金の創出は，市中銀行の求めに応じて，その支払準備を供給することを目的とするものであって，直接に購買力を創出するものではない。銀行によってこの当座預金の一部が取り崩されて，銀行券で引き出される場合であっても，銀行は企業や家計の求めに応じてそうするのであって，しかも，企業や家計は既存の預金を取り崩すことによってはじめて銀行券を入手することができるにすぎない。つまり，この場合には，預金という既存の購買力が銀行券という新たな購買力に転換されるだけの話である。

　なるほど，そうであるとはいえ，管理通貨制度下の中央銀行の金融政策の遂行のもとで，しばしばインフレーションが発現したことは否定しがたい事実である。しかし，そうしたなかで，中央銀行の金融政策の第1の目的が物価の安定にしだいに収斂してきたことの意味はけっして軽視されてはならない。物価の安定が中央銀行の目的に据えられる以上，そこには，金融政策をつうじたインフレーションの抑制の可能性が背景に秘められている。その可能性が現実性に転化するか否かは，中央銀行の決意とその行動を監視する国民の姿勢いかんにかかっているといえよう。

　中央銀行の成立のプロセスは，イギリスのように，市場の中から自然発生的に銀行業者が生まれ，そのうち，「国家の保護を受け国家から特権を与えられた」有力な銀行が，中央銀行に進化をとげるケース，わが国のように，先進国の中央銀行をモデルとしつつ，日本銀行が設立され，それを政府が許可するケースなど，各国ごとにさまざまである。ちなみに，日本銀行金融研究所『〈新版〉わが国の金融制度』によれば，日本銀行の設立の経緯は，つぎのとおりである。すなわち，「明治10年に西南戦争が起こり，軍備調達のため不換〔政府〕紙幣が増発されたため，それを契機として明治10年から12年にかけて，紙幣減価・物価騰貴・正貨流出・金利の高騰といった古典的なインフレーションの様相を示すにいたった。そこで，紙幣整理を行ってインフレーションを収束させるとともに，兌換制を確立する必要性が深刻に認識されるようになったが，この紙幣整理策の中核となったものが日本銀行の設立である」[18]，と。

しかし，そうした事情にもかかわらず，中央銀行システムの確立と中央銀行による金融政策の展開，金本位制度から管理通貨制度への移行という歴史的な発展のなかで，いずれの国においても，政府の手中から貨幣の発行権が剥奪され（もっとも，日本においては，硬貨の発行権は，依然として政府の手中にある），それが中央銀行の手中に帰納するにいたったこと，また，そのうえにたって，金融政策と財政政策のそれぞれの内容と担い手の区別が明確になったこと，さらに，管理通貨制度下でのインフレーションの苦い経験のなかで，金融政策の第1の目的がしだいに物価の安定に収斂するにいたったこと，これらの意義はいくら強調されても強調されすぎることはないであろう。いわば，その根底には，「歴史全体の知恵」[19]が作用しつづけてきたといってもけっして過言ではない。

第1の側面をも含めて，問題をこのように整理するならば，いまや，事態は明白である。中央銀行の政府からの独立性を叫ぶ声は多い。しかし，今日では，その逆の財政政策の金融政策からの独立性も同時に声を大にして叫ばれるべきである。

4 「デフレーション」と金融政策の課題

外生的貨幣供給論は，貨幣供給の外生性（中央銀行は，企業や家計の資金需要とは独立に，ベースマネーしたがってマネーサプライの供給を自由にコントロールすることができる）と貨幣から物価への因果関係を承認するわけであるから，それは，必然的に貨幣数量説に結びつくことになる。ここから，外生的貨幣供給論者は，インフレーションもデフレーションもともに貨幣的現象であると主張する。なるほど，内生的貨幣供給論者も，インフレーションは貨幣的現象であると考える。というのは，管理通貨制度下において，金融緩和のなかで，企業や家計の借入需要の増加速度がその国の財・サービスの生産ないし供給の増加速度を上回り，しかも，市中銀行がそれに貸し応じ，さらに，中央銀行が流動性の供給というかたちでこれを追認する場合には，貨幣的現象としてのインフ

第4章　デフレ対策と金融政策の課題　　　　　　　　　　73

レーションが十分に生じうるからである。だからといって，インフレーションと同様にデフレーションをも貨幣的現象とみなしてよいであろうか。ここには一考の余地がある。

　外生的貨幣供給論者にたいして，内生的貨幣供給論者は，管理通貨制度下の貨幣供給の基本的メカニズムに即しつつ，中央銀行の市中銀行にたいする流動性の供給はほんらい受動的であると位置づける。このメカニズムのなかで，もし，貨幣的現象としてのデフレーションが生じるとすれば，それは，中央銀行の市中銀行にたいする流動性が，何らかの理由で必要額に比べて過少に供給されるケース以外にその例を想定することはできない。このケースでは，どのような事態が引き起こされるであろうか。流動性の供給が過少であるから，インターバンク市場においては，流動性をめぐって銀行相互間で激しいその奪い合いが展開されるにちがいない。その帰結は，インターバンク市場金利の異常な高騰である。

　はたして，これは，現実と照応するといえるであろうか。ここでは，日本銀行は，この間，量的緩和政策のもとで，市中銀行にたいしていわばジャブジャブといえるほどの流動性の供給を実行してきたこと，その結果，インターバンク市場金利は，異常な高騰を示すどころか，かぎりなくゼロ％に近い水準にはりついてきたことを想起するだけで十分であろう。

　このように，現下のわが国の物価下落が貨幣的要因にもとづくものでないとするならば，その原因は，実物的要因に求める以外に途はないということになる。すなわち，需給ギャップの存在，生産コストの低下，技術革新や規制緩和，安値輸入品の影響などがそれである。じっさい，日本銀行「経済・物価の将来展望とリスク評価（2003年4月）」は，つぎのような評価をくだしている。

　　「物価の動きにはさまざまな要因が影響するが，基調的な要因であるマクロ的な需給バランスの動きを展望すると，本年度，日本経済の短期的な供給能力の伸びは年率1％台とみられる一方，……需要の伸びは緩やかなものに止まるとみられる。このため，需給ギャップが明確に縮小するには

至らず，需給面からは物価低下圧力がかかり続けると考えられる。／これに加えて，賃金も基調的には減少を続けると見込まれるほか，技術革新や規制緩和，安値輸入品の影響など，供給サイドからの物価低下圧力も作用し続けると考えられる」[20]。

デフレーションは貨幣的現象であるか否かという論点については，また，山口前日本銀行副総裁，ならびに，速水優前同行総裁による，以下の論述もあわせて考慮に入れられるべきであろう。

「昨年来のデフレに関する議論を振返りますと，重要な論点は，物価と景気の関係をどのように理解するかということであるように思います。すなわち，需要が不足し景気が悪化すれば，物価が下落することは言うまでもありませんが，物価の下落自体が原因となって景気の悪化を引き起こすことがあるかどうかが問題となります。これは，物価の下落がいわゆるデフレ・スパイラルを誘発する可能性如何という問題として，過去1～2年間活発に議論されました。しかし，現実のデータに基づいて，こうした議論を冷静に振返ってみますと，デフレ・スパイラル論の想定するような世界は起きなかったように思います。／私には，物価を出発点に景気の動向を考えるというより，物価は景気の結果であると捉えた方が良いように思われます」[21]。

「現在のインフレーション・ターゲティングを巡る議論の第3の問題点は，『デフレは貨幣的な現象である』という議論に基づいている点です。インフレーション・ターゲティングを主張する論者は，『経済学の教科書にも載っている』として，こうした議論を現在の日本にもそのままあてはめようとしますが，ゼロ金利制約や不良債権問題に直面するわが国経済の現状を踏まえた上で理論を適用することが必要であると思います。経済学の教科書についても，現在の日本やその他の国々で経験されつつあることを踏まえて，デフレやその下での金融政策について重要な数章が書き足さ

れることになるだろうと思っています」[22]。

　つまり，こういうことである。インフレーションとデフレーションとのあいだには，非対称性が存在するのであり，われわれは，デフレーションを安易に貨幣的現象であると呼ぶことにたいして，慎重を期すべきである。そして，もし，デフレーションが貨幣的現象ではなく，現下のわが国の物価下落が需給ギャップを中心とする実物的要因にもとづくものであるとするならば，その解決策をもっぱらあるいは主として日本銀行の金融政策に見出そうとすることは，はなはだしい見当ちがいであるといわなければならない，と。

　金融政策は，しばしば紐にたとえられる。これは，引くことはできるが，その逆に，押すことはできないという意味である。金融政策は，インフレーションや景気の過熱にたいしては，必要なだけ金利を引き上げることにより，それなりに対応が可能であるが，それは，その逆に，「デフレーション」や不況の深化にたいしては，ゼロ金利に到達した段階で打つ手がおのずから限られたものになる。すなわち，インフレーションと「デフレーション」が非対称的であるように，金融政策の効果も，インフレーションと「デフレーション」にたいして非対称的なのである。

　最後に，以上の議論を踏まえつつ，現在のわが国における金融政策の課題を整理するならば，それは，つぎのようなものになるであろう。
　第1に，現下の不況の主要な原因は需要面からの需給ギャップに求められるのであるから，政府にたいして需要増大策，それも，構造改革の推進——これは，供給面に働きかける政策である——によるそれではなく，個人需要の喚起によるそれを強く要求すること（「金融政策は直接需要を作り出すことはできません」），第2に，財政政策と金融政策の差異性をよりいっそう明らかにし，金融政策が安易に財政政策の領域を侵害することのないよう，万全の配慮をはらうこと，第3に，景気の回復を俟って，量的コントロールにではなく，金利コントロールに依拠した，金融政策の正統的な姿に1日も早く復帰すること，これらのことがらである。

現状では，不況や「デフレーション」の克服という点で，金融政策に多くを期待することはできない。

5　インフレーション・ターゲティング論の問題点

外生的貨幣供給論者は，貨幣数量説論者であるとともに，一般に，インフレーション・ターゲティング論者でもある。これは，インフレーションもデフレーションもともに貨幣的現象として捉えるところから，両者は通貨当局である中央銀行によって意のままにコントロールされうると考えるためである。

たとえば，岩田規久男氏は，つぎのように主張する。

「『インフレ・ターゲット付の量的緩和政策』とは，日銀当座預金の供給量の増加を通じてマネーサプライを増加させ，目標とするインフレ率を達成し，それを安定的に維持しようとする政策である。その最も重要な点は，日本銀行が人々の予想形成に絶えず働きかけることであり，そのためには，『量的緩和は目標とされるインフレ率が達成され，それが安定的に維持されるようになるまで将来にわたって必ず続ける』という日本銀行の強いコミットメントが必要である。そうした『強いコミットメントのない量的緩和』はいくら続けても，人々に高い確率でインフレ予想の形成を可能にすることがないので，ほとんど効果はない」[23]。

これにたいして，池尾和人氏は，暗に上記の岩田氏の主張を念頭におきつつ，この考え方をつぎのように批判する。

「すると，貨幣数量説を支持する論者からは，日本銀行がデフレと徹底して戦うという断固とした姿勢を示さず，日銀総裁が自ら『金融政策はあまり効果がない』と言っているようだから，国民のデフレ期待が払拭されないのだといった議論がされるようになっている。だからこそ，インフレ

第4章　デフレ対策と金融政策の課題　　　　　　　　　　77

目標を掲げることが重要なのだというわけである。／しかし，人々がデフレ期待をもっている限り，貨幣を増やしてもインフレにはならないということであれば，『インフレ・デフレは貨幣的現象である』という命題は正しくないということになってしまうのではないか。デフレは貨幣的現象だということで，貨幣数量説的な考え方をとる立場からは，貨幣の流通速度の低下を相殺してあまりあるほどの貨幣供給量の増加を図れば物価は上昇するはずだということになる。この立場からは，長期国債の買いオペ……を無制限に続けていけば，十分だということになるはずである。／ところが他方で，インフレを起こすためには，期待を変える必要があるといわれる。そして，期待を変えるためには，レジーム（体制）が変わったと認識させることが重要だとされる」[24]。

　岩田氏にたいする池尾氏のこの批判は全面的に正しい。
　ただ，筆者じしんは，インフレーション・ターゲティング論の最大の問題点は，提唱者じたいが，それを実現するための有効な政策手段と基本的なトランスミッション・メカニズムを提示しえていない側面に求められると考えている。たとえば，速水前日本銀行総裁は，適切にも，「インフレ期待を変えることが実質金利を低下させる有効な道筋であることは事実です。しかし，有効な政策手段とかメカニズムを欠く中で，人々の期待を政策当局の言葉だけで飴細工のように変化させるのは無理であると思います」[25]，という断定を残されている。じっさい，有力なインフレーション・ターゲティング論者の一人である深尾光洋氏でさえ，「中央銀行が期待インフレ率を上昇させるメカニズムを具体的に理論モデルにすることは困難である」[26]，というかたちでこの点をみずから承認されたうえで，日本銀行の意思と政策の転換は，「人々の抱く期待に対して強い影響を与える可能性が高い」（傍点は引用者），と論及されるにとどまっている。すなわち，「しかし，通貨自体には印刷された紙としての価値しかないため，中央銀行が『あらゆる手段でデフレによる通貨価値の上昇を阻止する』という意思を明確にして，国債などの金融資産を大量に購入して通貨を

供給することは，人々の抱く期待に対して強い影響を与える可能性が高い」(同)27)，と。

ちなみに，深尾氏が提示される最後の政策手段は，周知のように，「実質的なマイナス金利政策」であり，それは，つぎのような内容を備えたものである。

> 「政府が実質的に価値を保証しているあらゆる金融資産に対して，デフレ率にほぼ等しいかそれをやや上回る税率で（例えば年2％），デフレが継続する期間だけ金融資産の残高に対する課税を行えば，マイナス金利を実現できる。課税すべき金融資産は，国債，政府保証債，地方債，郵便貯金，郵便振替，簡易保険，預金，現金である。預金保険対象預金とそれ以外の預金が分別管理されていないので，すべての預金に課税する必要がある。／安全資産の金利がマイナスになると，安全資産から株式，不動産，外貨建て資産などへの資金シフトが発生する。……このマイナス金利政策は，円安を引き起こすだけでなく，貯蓄を抑制し，消費や投資を刺激するため，デフレから脱却できる」28)。

いま，「実質的なマイナス金利政策」の政策としての実現可能性，その実施にともなう混乱，効果波及メカニズムの不確実性——物価の上昇にともなう金融資産の実質価値の目減りを考慮するならば，安全資産からの資金シフトが生じても生じなくても，金融資産保有者の負担額は同じである——といった問題を措くとしても，「金融資産の残高に対する課税」という意味において，この政策が，もはや，金融政策ではなく財政政策をその内実としていることは，誰の目にも見やすい道理であろう。

6　日本銀行による金融機関保有株式の買入措置

筆者が本章でふれたかった主題は，前節までの記述で基本的に尽くされている。しかし，ここでは，本章の主題に関連するかぎりにおいて，なお，2つの

第4章　デフレ対策と金融政策の課題　　　　　　　　　79

問題に言及しておきたい。

　ひとつは，日本銀行による金融機関保有株式の買入措置をどのように評価するかというものである。

　日本銀行は，2002年9月に，2兆円を上限とする金融機関保有株式の買入措置の導入を決定したのにつづいて，2003年3月には，この上限を3兆円に引き上げる決定を行った。

　『日本経済新聞』2002年9月25日付は，こうした決断がなされた背景，この措置にかんする日本銀行の認識などについて，山口副総裁（当時）にたいするインタビュー記事という形式で，以下のように報じている。

　　「山口副総裁は中央銀行が株式を購入する手法について，『従来は金融政策の道具と位置づけられ，株価PKO（株価下支え政策）に近い議論が中心だった。日銀が株価形成に介入すべきでないことは今でもそう思う』と指摘。しかし『今回の日銀の措置は株価変動が金融システムを直撃するショックを少しでも和らげる手立て。金融政策ではなく金融システム対策であり，株価下支えではない』と反論した。／決断の背景として『株価の下落が銀行の資本構造をさらにぜい弱にするという日本の特殊な問題がある』と説明。／株価下落でこの点がさらに悪化すれば，『金融システム全体，ひいては景気回復の前途に大きな障害が出てしまうと考えた』。こうした認識から『金融政策の範ちゅうを超えて何か有効な策があるかということでギリギリの判断をした』という」。

　ここで，留意されるべきは，第1に，この措置が，日本銀行法第43条第1項，すなわち，「日本銀行は，この法律の規定により日本銀行の業務とされた以外の業務を行ってはならない。ただし，この法律に規定する日本銀行の目的達成上必要がある場合において，財務大臣及び内閣総理大臣の認可を受けたときは，この限りでない」という規定を適用するかたちで実施されたこと，第2に，したがって，山口氏が言われるように，日本銀行の立場からは，この措置

は，「金融政策ではなく金融システム対策」，「金融政策の範ちゅうを超えた何か有効な対策」として位置づけられていること，第3に，ここから，この措置は，日本銀行政策委員会・金融政策決定会合の席上ではなく，政策委員会・通常会合の席上で決定されたこと，こうしたことがらである。

　なるほど，日本銀行法には，その「目的」のひとつとして，「信用秩序の維持」が謳われていることは事実である。第1条第1項の，「日本銀行は，我が国の中央銀行として，銀行券を発行するとともに，通貨及び金融の調節を行うことを目的とする」を受けた，第2項の，「日本銀行は，前項に規定するもののほか，銀行その他の金融機関の間で行われる資金決済の円滑の確保を図り，もって信用秩序の維持に資することを目的とする」がそれである。しかし，いみじくも「もって」という言葉が添えられているように，この第2項は，「日本銀行は，……銀行その他の金融機関の間で行われる資金決済の円滑の確保をつうじて，信用秩序の維持に資することを目的とする」という意味に解釈されるべきではなかろうか。くわえて，ここでいう「資金決済の円滑の確保」の内容は，日本銀行法上，日常的な金融調節をつうじたそれ，あるいは，「金融機関……において電子情報処理組織の故障その他の偶発的な事由により予見し難い支払資金の一時的な不足が生じた場合であって，その不足する支払資金が直ちに確保されなければ当該金融機関等の業務の遂行に著しい支障が生じるおそれがある場合において，金融機関の間における資金決済の円滑の確保を図るために必要があると認められるとき」（第37条第1項），ならびに，それらに準じるケースにかぎられるべきである。そして，もし，こうした解釈が正しいとするならば，「金融機関の経営ひいては金融システム全体への信認を確保する」（日本銀行総裁から財務大臣，および，内閣総理大臣から権限を委任された金融庁長官に宛てた認可申請書）という観点にたった日本銀行による金融機関保有株式の買入措置は，明らかに，「銀行その他の金融機関の間で行われる資金決済の円滑の確保」という限度を逸脱したものであると判断せざるをえないことになる。

　要するに，筆者は，金融機関保有株式の買入措置は，たとえ，「株価PKO」ではないにせよ，それが行われるのであれば，その主体は，日本銀行によって

ではなく，政府によって行われるべき性格のものであると勘案する。

7　スティグリッツの「政府紙幣」発行論

　いまひとつは，日本経済の再生に向けた，「政府紙幣」の発行という，J. E. スティグリッツの処方箋をどのように評価するかというものである。『日本経済新聞』2003年4月30日付によれば，日本経済新聞社・日本経済研究センター主催の4月14日の「ノーベル経済学賞受賞者　来日記念シンポジウム」の場において，スティグリッツは，以下のような提言を行ったとのことである。

　　「日本ではさまざまな政策が検討されてきたと思うが，私が提案するのはこれまでしかるべき注意が払われてこなかった政策である。それは『政府紙幣』を発行して赤字支出の一部に充当するというものだ。その発行量を適正水準にすれば，急激なインフレは回避できるはずだ。／日本のように低金利の国で政府紙幣を発行して（国債発行よりも）何かいいことがあるのかと疑問に思われる向きもあろう。政府紙幣は言ってみれば金利ゼロの債券だが大きな強みがある。それは債務として扱われないことだ。日本政府のバランスシートをみると財政赤字は国内総生産（GDP）比130％に達している。政府がさらに5年間GDP比4－5％相当の国債を発行すれば，25％が上乗せされる。だから格付け会社が懸念をつのらせている。／しかし紙幣発行によるマネーサプライは債務としての性質が大幅に違うので財政赤字には含まれない。つまり永久に債務のままで償還はされない点が大きな違いだ。しかも政府紙幣は銀行の資本注入にも使えるから銀行の資本増強戦略の一環として活用でき，銀行は金を貸せるようになる」。

　しかし，この処方箋の含意は，本章の分析に照らして，もはや，あきらかであろう。
　日本銀行が，「長期国債を大量に購入して，日銀当座預金残高を大幅に増加

させ、マネタリーベースの高い伸び率を維持、ないしは高める」場合には、さらにすすんで、長期国債の直接引受に踏み出す場合にも、すでに、それは、金融政策の財政政策への事実上の変質を意味している。この提言では、その手続きさえ飛びこえて、一挙に、政府が直接に「紙幣」を発行しようというわけである。政府が長期国債を発行する場合には、まだしも、債務として、金利支払いという歯止めがかかることになるが、この世界ではそれさえもが揚棄されることになる。

否、そればかりではない。この処方箋は、「歴史全体の知恵」が自己を貫徹するなかで、政府の手中から貨幣の発行権が剥奪され、それが中央銀行の手中に帰納するにいたったこと、また、そのうえにたって、金融政策と財政政策のそれぞれの内容と担い手の区別が明確になったこと、さらに、管理通貨制度下でのインフレーションの苦い経験をつうじて、金融政策の第1の目的がしだいに物価の安定に収斂するにいたったこと、これらのことがらをすべて逆転しようと試みるものにほかならない。そのアナクロニズムたるや、推して知るべきである。

もし、こうした発言をノーベル経済学賞受賞者から聞かされるのでなければ、おそらく、人びとは、これを一笑に付して、一顧だにしないことであろう。

なお、付言するならば、バーナンキ連邦準備制度理事会理事は、「日本における金融政策の考察」と題する日本金融学会創立60周年記念講演の場において、日本銀行による長期国債の買取増額をつうじた、政府による企業・家計減税策を推奨した。しかし、この政策は、須田審議委員が「経済学者の間で古くからある1つの思考実験」として取りあげた、「『ヘリコプターから、ただで銀行券をばら撒く』というヘリコプターマネー政策」の、たんなる政府版以外の何ものでもありえないことを、読者は、いまや、容易に理解されるはずである。

注

1)2) 西川元彦『中央銀行――セントラル・バンキングの歴史と理論――』東洋経済新報社，1984年，2頁。
3) カール・マルクス『資本論』（社会科学研究所監修・資本論翻訳委員会訳）新日本出版社，第3巻第3分冊，1987年，688頁。
4) 三宅義夫「銀行券」，『資本論辞典』青木書店，1966年，所収，117頁。
5) マルクス『1857-58年の経済学草稿』（資本論草稿集翻訳委員会訳）大月書店，第1分冊，1981年，95頁。
6) マルクス前掲『資本論』，第3巻第4分冊，1988年，946頁。
7) 同上，942頁。
8) 同，943-944頁。
9) 同，942頁，この文章は，じっさいには，F. エンゲルスによるそれである。
10) 前掲『資本論辞典』，116頁。
11) 須田美矢子審議委員特別講義録「『量的緩和』政策の暫定的評価と今後の論点」『日本銀行調査月報』2002年12月号，9頁。
12) 同上，10頁。
13) 同，24頁
14) 同，27頁。
15) 山口泰副総裁「ICIF 国際金融セミナー講演」『日本銀行調査月報』2001年11月号，10頁。
16) 中原真審議委員挨拶要旨「最近の金融情勢について」『日本銀行調査月報』2003年5月号，11頁。
17) 同上，12頁。
18) 日本銀行金融研究所『〈新版〉わが国の金融制度』日本信用調査株式会社出版部，1986年，491頁。
19) 西川前掲書，2頁。
20) 日本銀行「経済・物価の将来展望とリスク評価（2003年4月）」『日本銀行調査月報』2003年5月号，70頁。
21) 山口副総裁講演「未踏の領域における中央銀行」『日本銀行調査月報』2002年7月号，6頁。
22) 速水優総裁講演要旨「持続的な経済成長への復帰に向けて」『日本銀行調査月報』2003年3月号，8頁。
23) 岩田規久男「予想形成に働きかける金融政策を」，小宮隆太郎・日本経済研究センター編『金融政策論議の争点』日本経済新聞社，2002年，所収，411-412頁。
24) 池尾和人『銀行はなぜ変われないのか』中央公論新社，2003年，224-225頁。
25) 前掲『日本銀行調査月報』2003年3月号，8頁。
26)27) 深尾光洋「デフレ，不良債権問題と金融政策」，小宮他編前掲書，所収，70頁。
28) 同上，76-77頁。

第5章

量的緩和政策の含意と出口「政策」

1 問題の限定

このところ,日本銀行による量的緩和政策からの出口「政策」が,金融市場関係者,ジャーナリストなどの関心を集めている。その理由として,さしあたり,以下の3点を指摘することができるであろう。

第1は,日本銀行の「経済・物価情勢の展望(2005年4月)」が,「量的緩和政策の枠組みを変更する可能性」に言及したことである。すなわち,同展望レポートは,「経済・物価情勢の見通し」および「金融政策運営」について,つぎのように述べている。「わが国経済は,基調としては回復を続けているが,2004年後半にIT関連分野において生産・在庫面での調整が深まったこともあって,このところ『踊り場』局面となっている」。「先行きについては,IT関連分野の調整の影響が弱まるにつれて,年央以降,回復の動きが次第に明確になり,2005年度は,潜在成長率を若干上まわる成長が実現するとみられる。……2006年度は,現時点においてはかなり幅をもってみる必要があるが,緩やかながら持続性のある成長軌道を辿ると予想される」。「消費者物価についてみると,原材料コストの上昇は企業部門における生産性の上昇によってかなりの程度吸収されるとみられ,目立った上昇は想定していない。前年比では,2005年度は,米価格の下落や電気・電話料金下げの影響がなお暫く残ることもあって,……ゼロ近傍での推移にとどまると予想される。2006年度は,これらの特殊要因の影響が剥落する中で,前年比プラスに転じる可能性が高い」。「金融政

策面では，日本銀行が量的緩和政策を採用してから，4年以上が経過した。この政策の枠組みは，日本銀行が，金融機関が準備預金制度等により預け入れを求められている額を大幅に上回る日本銀行当座預金を供給することと，そうした潤沢な資金供給を消費者物価指数（全国，除く生鮮食品）の前年比上昇率が安定的にゼロ％以上となるまで継続することを約束することから成り立っている」。「今回の展望レポートが対象とする期間において，上記の量的緩和政策の枠組みを変更する時期を迎えるか否かは明らかではないが，今回の経済・物価見通しが実現することを前提とすると，2006年度にかけてその可能性は徐々に高まっていくとみられる」。

　第2は，5月20日の日本銀行政策委員会・金融政策決定会合において，現在の当座預金残高目標（30～35兆円程度）を維持するとしつつも，金融市場調節方針のいわゆる「なお書き」部分に，新たに，「資金供給に対する金融機関の応札状況などから資金需要が極めて弱いと判断される場合には，当座預金残高目標を下回ることがありうる」，という文言を追加する旨を決定したことである。もっとも，福井俊彦日本銀行総裁は，当日の記者会見の席上，「なお書き」に新しい文言が追加されたことにかんして，「金融市場の状況をみると，金融システム不安が後退しているもとで，金融機関の流動性需要が減少しており，資金余剰感が強まってきている。こうしたもとで，短期の資金供給オペにおいて『札割れ』が引き続き発生している。また，目先は，税揚げなど財政資金の動きに伴う極めて大幅な資金不足が見込まれている」，と解説するとともに，金融引締め方向への大きな転換ではないかとの質問にたいしては，「私どもは，量的緩和の骨格はそのまま維持し，消費者物価指数の前年比変化率が安定的にゼロ％以上になるまで堅持すると繰り返し約束している。その点についてはいささかの揺るぎもない。従って，方向転換という解釈は当てはまらない」，と反論している。ちなみに，当日の金融政策決定会合の決定については，賛成意見が7名，少数意見が2名ということであり，少数意見の内容は，当座預金残高目標じたいの引き下げを主張するものであった。

　第3は，福井総裁が，8月2日の衆議院財務金融委員会における「通貨およ

び金融の調節にかんする報告書」概要説明の中で,「消費者物価の前年比は,……本年末から来年初にかけては,米価格の下落や電気・電話料金引き下げといった一時的な要因の影響が剥落していく過程で,……プラスに転じる可能性が高いと考えられます」,との見解を示し,また,8月9日の金融政策決定会合後の記者会見の席上,景気の現状認識について,「踊り場をほぼ脱却したと判断しうるのではないか」,と発言したことである。

こうした事態をうけて,金融市場関係者,ジャーナリストなどのあいだで,2006年夏にも,現在の量的緩和政策が日本銀行の手で解除されるのではないかという内容の観測がひろがることになった。

ここから,本章においては,以下,内生的貨幣供給論の見地にたちつつ,量的緩和政策の総括を試みると同時に,出口「政策」のあり方について考察することが主題となる。

2 内生的貨幣供給論とは何か

まず,内生的貨幣供給論とは何かという問題の説明からはじめることにしよう。

内生的貨幣供給論とは,一言でいえば,今日において,マネーサプライ(銀行および政府以外の一般企業,個人および地方公共団体が保有する預金に流通現金を加えたもの)の動きを決める要因は,銀行の「与信」行為に求められるとする考え方のことを指している。

たとえば,横山昭雄氏は,この点について,以下のように記述する。すなわち,「金融システム全体を考えるとき,まずなによりも市中銀行の対民間与信行為が,システム作動の出発点である」[1],「この経済にあっては,銀行の与信行為が,そしてそれのみが預金すなわちマネーサプライを生み,従って与信残高が,マネーサプライ残高に等しくなる」[2],「よく『銀行の本体は受信業務にあるのか,授信業務にあるのか』という,古くて新しい問題が論じられる。……/……マクロの全銀行組織(信用創造機構全体)をとって考察するときには,

あくまで『銀行が貸せば，というより貸すときにのみ，それと見合いに預金ができる』ということの本質・論理を見失ってはならない」[3]，と。

また，西川元彦氏は，同じことがらについて，より端的に，「貨幣がまずあって，それが貸借されるのではなく，逆に貸借関係から貨幣が生まれてくる」[4]，と表現している。

内生的貨幣供給論に対立するのが外生的貨幣供給論である。

外生的貨幣供給論とは，一言でいえば，中央銀行によるベースマネー（銀行の中央銀行預け金に流通現金を加えたもの）の政策的供給が先行し，それを基礎にした銀行の貸出行動を通じてその貨幣乗数倍ないし信用乗数倍のマネーサプライが生みだされるという考え方を指している。

たとえば，マネタリストの総帥，M. フリードマンは，以下のように論定する。すなわち，「連邦準備制度が採用すべき新しいやり方とは，すべての金利を市場の決定に任せ，代わりに金融機関の支払準備金〔銀行の中央銀行当座預金のこと〕を通じてマネーサプライを管理する方法である。支払準備金なら連邦準備制度にも管理できる。そして，支払準備金の増減は，フェデラルファンド金利〔日本のコールレートに相当〕などよりよほど密接にマネーサプライの増減とつながっているのである」[5]，と。

否，そればかりではない。マネタリストと敵対関係にあるアメリカ・ケインジアンの頭目，P. A. サムエルソンでさえ，「マネーサプライは，究極的には連邦準備制度の政策によって決定される。連邦準備制度は，準備金所要額〔預金準備率〕および割引率〔公定歩合〕を決めることにより，わけても公開市場操作を通じて，準備金の水準およびマネーサプライを決定する。／銀行と公衆は，この過程においてお互いに協力し合うパートナーである。銀行は，準備金の倍数〔貨幣乗数ないし信用乗数倍〕拡張によって準備金をもとにした貨幣を創出し，公衆は，預金諸機関において貨幣を保持することに同意する。／この両者を合わせて，連邦準備制度は（わずかばかりの誤差範囲内で）マネーサプライを中期的狙いをもって決定する」[6]，と論定している。

もって，アメリカ経済学界における外生的貨幣供給論の浸透の深さの度合い

を推測することができるであろう。

つまり，内生的貨幣供給論と外生的貨幣供給論とのあいだには，現代の金融システムの作動の出発点として，市中銀行の対民間与信行為を置くか，あるいは，中央銀行の対市中銀行与信行為を置くか，また，中央銀行による対市中銀行準備供与行為を受動的な（したがって，内生的な）ものとみなすのか，あるいは，それを能動的な（したがって，外生的な）ものとみなすのか，という点で，決定的な見解の差異が存在するというわけである。両者のうち，外生的貨幣供給論に比較して，内生的貨幣供給論が，断然，正しい見地であることは，以下の行論のなかで，おのずから，あきらかになるはずである。

3　管理通貨制度下の貨幣供給の基本的メカニズム

いま，内生的貨幣供給論の見地にたつならば，現下の管理通貨制度下の貨幣供給の基本的メカニズムは，以下のように整理されることになるであろう。

①まずはじめに，企業や家計からの銀行に対する借入需要が出発点になる。

②つぎに，借り手の口座に預金を貸記するというかたちでの銀行による企業や家計に対する預金創造活動したがって信用創造活動をつうじて，決済機能を有する預金貨幣（これが基本的にマネーサプライに相当する）が創出される（すなわち，預金にたいする貸出の先行，受信にたいする与信の先行）。

③借り手は何らかの支払いを予定して借り入れるのであるから，支払いの結果としてこの預金貨幣は借り手の口座から受取人の口座に振り替えられることになるが，預金貨幣そのものは，さしあたり，受取人名義の預金という姿をとって銀行システムの中にとどまりつづける（受取人がそれを自身の支払いに充当する場合には，今度はその受取人名義の預金となる）。

④逆にいえば，預金が減少するのは，後にみる現金での預金の引き出しを別にすると，企業や家計が借入を預金貨幣で銀行に返済する場合にかぎられる。

⑤ところが，銀行は，一般に，準備預金制度のもとで，創出した預金貨幣額を基礎に，その一定比率を準備預金（支払準備金）として中央銀行に預入する

ことを義務づけられている。

⑥インターバンク市場（コール・手形市場）をつうじた個々の銀行間の既存の準備（これじたい，中央銀行によって生みだされたものである）の貸借は，いわばゼロサム・ゲームであって，準備のネットでの増加をともなうものではないから，⑤の準備預金を積むために必要な追加準備の供給は，銀行システム全体としてみれば，中央銀行信用の供与に依存する以外に方途はない。

⑦他方，マクロ的には準備をネットで増加させることのできる唯一の主体である中央銀行の側でも，銀行によるこうした準備需要にたいして，インターバンク市場を混乱させ，そこでの金利を異常に高騰させないためにも，貸出政策や公開市場操作といった金融調節手段を介しつつ，銀行が保有する中央銀行当座預金（これが基本的にベースマネーに相当する）の創出という方式で，受動的に対応する以外に選択の余地はない。

⑧ただ，中央銀行としては，銀行からの準備預金需要にたいして受動的に対応しながらも，その供給条件，具体的には，公定歩合をアンカーとしつつ，操作目標としての市場金利（インターバンク市場金利）を変化させることによって，コスト面から銀行の預金創造活動すなわち信用創造活動をコントロールすることが可能であり，こうした活動が中央銀行の金融政策の効果波及経路の起点をなすことになる。

⑨最後に，銀行による貸出をつうじて最初に創出されたそれであれ，借り手から支払いを受けた受取人による事後的なそれであれ，企業や家計が銀行から預金を銀行券（または硬貨）で引き出す際には，準備預金の一部が取り崩されて，まず銀行の手で中央銀行から銀行券が引き出され，つぎにその銀行券が銀行の窓口を経て企業や家計に手渡されることになる（この事態が，銀行券流通量の増大，したがって，銀行システム全体としての準備預金の減少につながることになれば，中央銀行は，この場合にも，それにこたえて，「成長通貨」の供給の名目のもとに，準備預金の受動的で追加的な創出を行わざるをえない）。

ところで，管理通貨制度下の貨幣供給の基本的メカニズムについてのこのような理解は，筆者に特有なものというわけではない。

たとえば，1990年代初期に，当時の景気対策のあり方をめぐり，『週刊東洋経済』誌上において，岩田規久男氏が「『日銀理論』を放棄せよ」(1992年9月12日号)というかたちで日本銀行の金融政策を批判したのにたいして，翁邦雄氏が「『日銀理論』は間違っていない」(10月10日号)というかたちで日本銀行の金融政策を擁護したことがあったが，ここでいう「日銀理論」と筆者の見解とのあいだに，内容上の本質的な差異を見だすことはできない。なお，この論争での岩田氏と翁氏とのあいだの主要な対立点は，日本銀行はベースマネーを直接にコントロールすることが可能であるか否かというものであった(可能であるとする岩田氏は，新規のベースマネー・コントロール政策の採用を主張し，これにたいして，不可能であるとする翁氏は，既存の金利政策の有効性を強調した)。

　また，日本銀行の「電子決済技術と金融政策運営との関連を考えるフォーラム」中間報告書(1999年5月)は，その中で，「教科書的な銀行行動の理論」を紹介しているが，この理論と筆者の見解とのあいだにも，内容上の本質的な差異を見だすことはむずかしい。すなわち，「教科書的な銀行行動の理論によれば，マネーサプライの動きを決める最も重要な要因は，銀行を始めとする民間金融機関による『与信』である。個人の預金口座間で振替がいくら起きようとも，マクロ的には単なる『トランスファー』であって，銀行部門による与信が行われなければ経済全体の預金量が変化しないことは明らかである。貸出を例にとって与信を考えると，銀行は自らの利潤を最大化するように貸出量を決定するわけであるが，銀行の利潤を左右する変数は，貸出金利とコールレートの差(利鞘)である。つまり，銀行の貸出にとってコストであるコールレートが上昇(低下)すれば，貸出量は減少(増大)する。いずれにせよ，こうしたモデルでは貸出量が決定されれば，預金量ひいてはマネーサプライも決定される。それと同時に必要な準備預金の量も決定されるため，現金通貨に対する需要と合わせ，マネタリーベースに対する需要も決定される。それぞれの時点をとれば，金融市場の混乱を回避するために，中央銀行はマネタリーベースの需要を満たすよう準備の供給を行わなければならない。にもかかわらず，中央銀行はマネタリーベースの供給の『仕方』をつうじて，民間銀行が互いに準備を

供給し合うコール市場でコールレートの水準を決定することができる。通常，コールレートは民間金融機関の与信行動に大きな影響を与えるから，中央銀行は最終的にマネーサプライに影響を与えることができるというのがこの種のモデルの帰結である」[7]，と。もっとも，ここでは，「標準的な銀行行動の理論」を紹介するテキストの例として，岩田規久男・堀内昭義『金融』(東洋経済新報社，1983年)の参照が求められているが，これは，外生的貨幣供給論者である岩田氏にとって，皮肉といえば皮肉な指図というべきであろう。

ちなみに，内生的貨幣供給論の見地にたったこうした管理通貨制度下の貨幣供給の基本的メカニズムの把握にたいして，外生的貨幣供給論の見地にたったそれはきわめて単純なものである。つまり，貨幣乗数ないし信用乗数は安定的なものであるから，中央銀行はベースマネーをコントロールすることによって，その乗数倍のマネーサプライを生み出すことができるというのが，その意味するところにほかならない。

4　金融政策の効果波及経路

管理通貨制度下の貨幣供給の基本的メカニズムにたいするこうした認識の相違を反映して，内生的貨幣供給論者と外生的貨幣供給論者とは，金融政策の効果波及経路についても，まったく異なるイメージを描くことになる。

まず，内生的貨幣供給論者が描く金融政策の効果波及経路についてのイメージは，つぎのようなものである。すなわち，借り手の口座に預金を貸記するかたちでの市中銀行による民間への貸出の先行→準備預金制度のもとでの中央銀行当座預金にたいする準備需要の発生→中央銀行による市中銀行への当座預金の受動的供給→操作目標としてのインターバンク市場金利のコントロールをつうじた金融政策の運営→市中銀行の貸出金利の変化→民間借入需要の変動→物価ないし景気への影響，と。

これが，管理通貨制度下の貨幣供給の基本的メカニズム，したがって，ベースマネーとマネーサプライとの因果関係，さらには，中央銀行の金融政策の効

果波及経路についての正しい説明であり，筆者や多くの日本銀行関係者がこの立場を堅持してきた．くわえて，日本銀行ばかりではなく，欧米の大部分の中央銀行も，関連する金融理論ならびにそれぞれの金融政策上の歴史的経験を踏まえつつ，操作目標として，ベースマネーという量的指標ではなく，インターバンク市場金利という金利指標を選択しながら，金融政策を実施してきたというのが，まさに，ことの真相にほかならない．

ところで，日本銀行は，1999年2月から2000年8月までの期間，ゼロ金利政策なるものを採用したが，この政策は，同時に，市中銀行の必要準備額を超える日本銀行による「より潤沢な資金供給」という側面をともなうものであった．はたして，ゼロ金利政策は，金利政策として位置づけられるべきであろうか，それとも，量的緩和政策として位置づけられるべきであろうか．答えは自明である．まさに，名は体を表している．それでも，なお疑問が残る向きは，さしあたり，速水優日本銀行総裁（当時）の以下の発言に注目するべきであろう．「このように，オーバーナイト・レートがゼロ％に近いところまで低下してきたことを受けて，『日本銀行は量的な緩和に踏み切ったのではないか』といった見方が，市場関係者の一部から聞かれております．……．／現時点で日本銀行政策委員会が決定し，実施してきている措置は，あくまで，『オーバーナイト・レートをできるだけ低めに推移するよう促す』ことです．もちろん，金融政策運営の手法に関して，どのようなものがありうるのかについては，今後とも基礎的な検討を十分に加えていく考えです．ただ，現在の政策運営は，あくまで，従来同様，オーバーナイト・レートをターゲットとするものであり，そうした手法を用いて，これをできるかぎり低下させていこうとするものです」[8]．「ゼロ金利誘導の具体的な内容……．日本銀行は，米国の中央銀行などと同様，インターバンク金利，つまりコールレート・オーバーナイト物の誘導を日々の金融調節の操作目標としています．ゼロ金利誘導を決定した当時，コールレートの誘導目標は，すでに0.25％と，常識的にはほとんど引下げ余地がないところまで低下していました．このため，政策委員会においても，追加的な金融政策を行うとすれば，マネタリーベース〔ベースマネー〕といった量

的指標に目標を置く方が効果的ではないか,といった意見も出されました。しかし,マネタリーベースに対する需要は,金融市場の動向〔ゼロ金利政策採用後,4ヵ月間で,コール市場の規模が,約35兆円から20兆円までほぼ4割ほど減少した〕などによって大きく振れやすく,実体経済との関係も安定的ではない,という見方が大勢でした。こうした検討を経て,結局,コールレートの下限を事実上取り払ってしまうかたちで,残る金利の低下余地を最大限活用しようという結論に至ったのです」[9]。

つぎに,外生的貨幣供給論者が描く金融政策の効果波及経路についてのイメージは,以下のようなものである。すなわち,中央銀行によるベースマネーのコントロールを操作目標とする金融政策の運営→市中銀行にたいするベースマネーの供給の先行→ベースマネーの変化にともなう貨幣乗数(信用乗数)倍のマネーサプライの変動→貨幣数量説的関係をつうじたマネーサプライから物価ないし景気への影響,と。

これは,管理通貨制度下の貨幣供給の基本的メカニズム,したがって,ベースマネーとマネーサプライとの因果関係,さらには,中央銀行の金融政策の効果波及経路についての誤った説明であり,アメリカおよびわが国の主流的な金融論研究者がこの立場を堅持してきた(もっとも,アメリカの中央銀行に相当する連邦準備制度理事会の多数派がこの立場に与しているわけではない)。ちなみに,こうした考え方がインフレーション・ターゲティング論と強い親和性をもつことは,容易にこれを理解することができるであろう。

なお,P. A. ボルカー議長のもとで,連邦準備制度理事会は,1979年10月から1982年9月までの期間,インフレーションの抑制を目標として,それまでのフェデラルファンド・レートにたいするターゲティング方式から新たに非借入準備にたいするターゲティング方式に移行するにいたったが,この「新金融調節方式」は,一般に,金利コントロール方式からベースマネー・コントロール方式への転換として受けとめられている。はたして,そうした理解は正しいのであろうか。じつは,この問題を判断する材料として,ボルカー自身の証言が与えられている。2004年10月に『日本経済新聞』紙上に掲載された「私の履歴

書」の内容がそれである。そこでは，つぎのように記述されている。「金融政策の目標を金利からマネーサプライ（貨幣供給量）へと転換する──。〔金融政策を決める連邦公開市場委員会（FOMC）の〕緊急会議のテーマである。／それまでFRBは金利を上げ下げすることで，金融政策を実施していた。引き締め時には金利を引き上げるのだが，当時のインフレの加速には追いつけなかった。／そこで，マネーの増加目標を定め，その範囲に資金の供給を絞ることで金融を引き締める。結果として，金利がハネ上がることも容認する。FRB議長就任前から練っていたのは，そんな引き締め策だった。大幅な利上げは通常，政治的反発を招くが，マネーに関心を引きつけることで，少ない抵抗で金利を引き上げられるようにしたのである」（10月20日号，傍点は引用者）。「マネーに焦点を当てる引き締めの波及経路は次のようになる。民間銀行は預金の一定額を預金準備としてFRBに積む義務がある。FRBが資金供給を絞ると，銀行は預金準備に見合う資金を市場で調達する必要に迫られる。／資金調達の場がフェデラルファンド（FF）市場だ。FRBが資金供給を絞るとFF金利は上昇する。マネーの増加抑制を狙う新政策でFF金利は上昇するが，上限の目途は年15.5％とする──。〔1979年〕10月6日のFOMCではそんな目標を立てていた」，「資金調達コストに利ザヤを乗せて融資する銀行も，FF金利の上昇にともなってプライムレート（最優遇貸出金利）を引き上げた。紆余曲折を経て，プライムレートは80年12月には21.5％と，過去最高を記録した。／住宅ローンに適用されるモーゲージ金利も同年秋には18％台に上昇した」（10月21日号）。

みられるように，「大幅な利上げは通常，政治的反発を招くが，マネーに関心を引きつけることで，少ない抵抗で金利を引き上げるようにしたのである」と明言されていること，また，その効果波及経路に照らして，この新金融調節方式は，従来の金利政策の延長線上に位置するものであったと判断したとしても，それほど大きな誤りということにはならないであろう。

そういえば，神崎隆氏もまた，つぎのような記述を残されていたことが，あわせて想起されるべきである。「本方式〔新金融調節方式のこと〕は，マネーサプライのターゲットより逆算した非借入準備残高の目標値を達成することに

よってマネーサプライの厳格なコントロールを目指したものである。ただそこで企図されていたのは，非借入準備目標値をつうじてマネーサプライに働きかけることではなく，マネーサプライのオーバーシュートによって準備需要が増加した場合，非借入準備を目標値の水準に維持することによって自動的に連銀貸出の増加，従ってFFレートの上昇を発生させ，これによってマネーサプライの増加を抑制するという『自動調整メカニズム』(automacity) であった」10) (傍点は引用者)。ここで，連銀貸出の増加がFFレートの上昇を発生させるというわけは，連銀貸出が増加すると連銀は銀行にたいするサーベイランス・返済圧力を高め，基本的には翌日に返済するように圧力をかけるようになるが，こうした圧力のもとで，銀行は連銀借入返済のためにFF市場からの資金調達努力を強める結果，FF市場の需給が逼迫することになるからである。

5 量的緩和政策への移行

　1999年2月に導入された日本銀行によるゼロ金利政策は，景気回復にともない，2000年8月に解除されるにいたった。ところが，2000年末以降，ITバブルの崩壊にともなうアメリカ経済の急激な減速などの理由から，わが国の景気回復テンポが鈍化し，先行きの不透明感も強まることになった。また，物価もマイナスを記録し，先行きも需要の弱さを反映した低下圧力が強まることが懸念された。

　ここで登場してきたのが，以下のような内容を備えた量的緩和政策にほかならない。

(1)　金融市場調節の操作目標の変更

　　金融市場調節に当たり，主たる操作目標を，これまでの無担保コールレート（オーバーナイト物）から，日本銀行当座預金残高に変更する。この結果，無担保コールレート（オーバーナイト物）の変動は，日本銀行による潤沢な資金供給と補完貸付制度〔日本銀行が予め明確に定めた条件に基づき，取引先金融機関からの借入申し込みを受けて公定歩合で受動的に貸出を実行する

「ロンバート型」貸出制度のこと〕による上限金利のもとで，市場に委ねられることになる〔つまり，無担保コールレート（オーバーナイト物）は，ゼロ％を下限とし，公定歩合を上限とする範囲内でのみ動くことになる〕。

(2) 実施期間の目処として消費者物価を採用

新しい金融市場調節方式は，消費者物価指数（全国，除く生鮮食品）の前年比上昇率が安定的にゼロ％以上になるまで，継続することとする〔日本銀行は後にこれを「時間軸効果」と呼ぶようになった〕。

(3) 日本銀行当座預金残高の増額と市場金利の一段の低下

当面，日本銀行当座預金残高を，5兆円程度に増額する（最近の残高4兆円強から1兆円程度積み増し）。この結果，無担保コールレート（オーバーナイト物）は，これまでの誘導目標である0.15％からさらに大きく低下し，通常はゼロ％近傍で推移するものと予想される〔結果としてのゼロ金利への復帰〕。

(4) 長期国債の買い入れ増額

日本銀行当座預金を円滑に供給するうえで必要と判断される場合には，現在，月4000億円ペース〔これは，日本銀行券の増発に見合ういわゆる「成長通貨」の供給分に相当する〕で行っている長期国債の買い入れを増額する。ただし，日本銀行が保有する長期国債の残高（支配玉〈現先売買を調整した実質保有分〉ベース）は，銀行券発行残高を上限とする。

以上であるが，ちなみに，その後，日本銀行当座預金残高の目標値は30～35兆円に，長期国債の買い入れ額は月1兆2000億円ペースに，それぞれ増額され，現在にいたっている。

みられるように，金融市場調節にあたっての，操作目標の無担保コールレート（オーバーナイト物）から日本銀行当座預金残高への変更が明示されている。金利政策から量的政策への移行にほかならない。しかも，この政策の枠組みは，日本銀行が，金融機関が準備預金制度などによって預け入れを求められている額を大幅に上回る日本銀行当座預金を供給することと，そうした潤沢な資金供給を消費者物価指数（全国，除く生鮮食品）の前年比上昇率が安定的にゼロ

%以上になるまで継続することを約束することから成り立っている。まさに，量的緩和政策と称されるゆえんである。

ところで，この金融緩和は，「未踏の領域の金融緩和」[11]，「内外の中央銀行の歴史に例のない金融緩和」[12]と称されるにふさわしいそれであるとみなしてなんらさしつかえがないであろう。というのは，中央銀行当座預金残高を操作目標としつつ，銀行が準備預金制度によって預け入れを求められる額をケタはずれに大幅に上回るそれを供給すること，さらに，その措置が「時間軸効果」をともなっていること，こうしたことは，なるほど，内外の中央銀行の歴史に前例を見だすことができない措置だからである。

さて，ひるがえって考えてみると，日本銀行にとっては，この時点で，ゼロ金利政策への復帰という選択肢も残されていたはずである。それにもかかわらず，なぜ，日本銀行はあえて，量的緩和政策に踏み切ったのであろうか。

この点について，速水総裁は，次のように述べるにとどまっている。すなわち，「2001年に入ってからの急速な景気後退は，……ITに牽引された景気循環の特性ともいうべきものであるが，この〔わが国の〕バブル崩壊後の2回目の景気後退局面においても，その前の後退局面同様，経済の構造調整はなお不十分であった。その影響が，再び金融不安として，株価の低落などを通じて現れてきたのである」[13]。「景気が悪くなると循環的に不良債権は増えるので，過去の不良債権処理が完了していないまま景気後退局面に入れば，さらに新たな不良債権も加わり，負担はより過大になってくる。このようにして，調整未了で迎えたバブル崩壊後の2度目の後退局面においては，1度目の後退局面より不良債権の重石は一層重いものとなった。／そのようなより厳しい調整局面において金融緩和を効果的なものとするためには，対応はより劇的である必要がある。2001年以降，単にゼロ金利ではなく，量的緩和の枠組みへともう一歩踏み込んだのは，そうしたことを背景としたものだと考えてほしい」[14]，と。

これにたいして，軽部謙介氏は，「考えられる方策は2つだった。1つはゼロ金利への回帰。もう1つは量的緩和への移行」というかたちで問題を整理したうえで，量的緩和政策への移行を促した要因として，以下の2つをあげてい

る。①「仮に量的緩和に移行した場合は，その後量を増やすことで緩和を実施できる。しかし，ゼロに戻れば，それっきりで，もうなすべき手はない。再び量への移行を迫られるだけだ。ゼロ金利に移行した99年2月は次第に景気が良くなり始めていた。しかし，今は違う。これからしばらくは厳しい時期が続く。先のことを考えれば，ゼロ金利への復帰よりも量的緩和を選択した方がベターに思えた」[15]。②「このころ，国会では日銀法再改正を求める動きが顕在化していた。山本幸三ら一部の動きにとどまってはいたが，ゼロ金利解除以降高まる日銀批判の波とも調和しながら，盛り上がる可能性もまったくないとは言いきれなかった。しかも再改正の私案にはインフレ・ターゲットの義務づけや総裁の解任権などが明記されていた」[16]。

ここから推定すると，ゼロ金利に戻した場合には後がないという日本銀行の懸念，ならびに，「ゼロ金利解除の責任論に縛られた日銀」[17]と国会での日銀法再改正を求める動き，どうやら，これらが，ゼロ金利への復帰ではなく，量的緩和政策への移行を後押しする決め手となったと判断することができそうである。

6 当座預金残高目標が達成できた理由

金融緩和政策の評価に進むまえに，この政策の実行にともない，内生的貨幣供給論が直面するにいたったやっかいな問題をかたづけておくことにしよう。その問題とは，内生的貨幣供給論の見地にたつかぎり，日本銀行は，準備としての日本銀行当座預金を，市中銀行の対民間与信額に法定準備率を乗じた金額（現時点では4兆5000億円程度）だけしか，しかも，受動的にしか供給できないはずであるのに，量的緩和政策のもとで，なぜ，この金額をはるかに超える資金供給（現時点では日本郵政公社分を含めて30〜35兆円）が可能になったのかというそれである。

じつは，この点については，須田美矢子日本銀行審議委員による適切な整理が存在する[18]。以下では，この整理を参照しながら，当面の問題に回答を与

えることにしたい。

　まず,供給側としては,たんに市中銀行からの需要増にこたえていたということではなく,日本銀行による金融調節面からのさまざまな工夫が試みられた。たとえば,①長期国債の買い入れ額の増額(当初の月4000億円ペースから現在の月1兆2000億円ペースへ),②手形買入オペの期間の延長(2001年5月に3ヵ月から6ヵ月へ,2002年12月に6ヵ月から1年へ),③国債現先買入オペの期間の延長(2003年10月に6ヵ月から1年へ),④オペ入札金利の刻みの引き下げ(100分の1％から1000分の1％へ),などの措置がそれに相当する。

　それでは,こうした措置は,どのようにして,日本銀行当座預金残高の増加に結びつくことになるのであろうか。この側面にかんしては,さしあたり,白川方明氏によるつぎの指摘が留意されるべきであろう。すなわち,「2001年12月以降のリザーブ需要の増加は,……出し手金融機関の運用インセンティブの低下,金融システム不安にともなう予備的需要の増加,〔外国銀行にとっての〕マイナスの円転コスト〔これは,外国銀行による日本銀行預け金の増加につながった〕に加え,新たな以下の要因が加わったように思われる。第1に,オペにインプリシットな『補助金』が生まれた可能性が挙げられる。中央銀行が金融機関にとって有利な条件で資産を買い入れると,金融機関は利益を得ることのできるオペに積極的に応じる。この点,短期資産はすでに金利水準が実質ゼロであるために有利な条件は生まれにくいが,1月以降,レポ・オペをはじめ,短期オペの札割れが相次ぐ中で,短期国債の買切りオペについては比較的良好な入札が続いた。これは,同オペに参加する金融機関は,取引のつど,短期国債の売買益を確定することができるので,同オペが頻繁にオファーされる中で,金融機関に僅かながら有利な落札金利が成立していた可能性がある。さらに,長期国債については,金利がゼロでないため,長期国債の買切りオペが増額されたことに伴い,金融機関にとって有利な落札金利が成立する余地は短期国債よりも大きい。このため,金融機関はインプリシットな『補助金』を享受しうる長期国債オペには積極的に応じ,コールマネーの調達は抑制することになる。その結果,出し手金融機関はコールローンの運用先がなくなるため,

第5章 量的緩和政策の含意と出口「政策」 101

日銀当座預金での運用をふやし，全体としてリザーブ需要が増加する」[19]，と。つまり，長期国債の買い入れ額の増額はもちろんのこと，買入オペの期間の延長も，さらには，オペ入札金利の刻みの縮小も，いずれも，白川氏のいう「インプリシットな『補助金』」の発生に有利な方向で作用したというわけである。

　つぎに，市中銀行による需要側のニーズが増えた背景としては，①短期金利がほとんどゼロになってしまったこと（コストを考慮すれば，余資をコール市場で運用するよりも金利ゼロの日本銀行当座預金に積んでおいた方がよいという，消極的な資金需要の増加），②ゼロ金利のもとで，オペによる資金調達にメリットが発生する可能性があったこと，③この間，中間期末や年度末を展望する時期には必ずといってよいほど「金融危機」が叫ばれ，金融システム不安が高まったこと，④金利がゼロ％近傍で低位安定化したため，短期金融市場の機能を低下させてしまったこと，これらの要因をあげることができる。ちなみに，③と④の要因については，須田氏自身による以下のようなコメントが付されている。「以上のような要因のうち，金融システム不安に伴う資金ニーズはわかりやすいと思います。金融システム不安が高まって，預金が流出するかもしれないとか，短期市場から資金が取れないかもしれないといったような懸念を抱きますと，金融機関は主体的に当座預金に資金を積んでおこうとします。市場等で余資を運用しているといざ現金が必要なときに迅速に対応できない可能性があるからです」[20]。「そのほか，短期金融市場の機能の低下を取り上げましたが，それが当座預金需要増に結びついていったのは，日本銀行がその機能を代替していったからです。／……金融システム不安が拭い去れない状況では特に，金融機関は，市場で資金を調達するのではなく，まず日本銀行のオペに参加して，長めの資金をとるようになりました。要するに，コール市場の資金の仲介機能が，日本銀行にシフトしてきているということです」[21]。

　以上をまとめると，量的緩和政策のもとで，日本銀行が，金融機関が準備預金制度によって預け入れを求められている額を大幅に上回る日本銀行当座預金を供給することが可能になったのは，上記のような特殊な要因——とりわけ，

「金融システム不安にともなう予備的需要の増加」ならびに「オペにインプリシットな『補助金』が生まれた可能性」という要因——が積み重なった結果以外のなにものでもなかったということになる。したがって，この事実が，内生的貨幣供給論の理論的な誤りの証明につながることにはけっしてなりえないであろう。

　逆に，このように解釈することによって，現在，金融システム不安が後退するなかで，市中銀行による流動性需要が減少し，日本銀行の資金供給オペにおいて「札割れ」がふたたび頻発しているという事態も，無理なく理解することができるようになる。

7　量的緩和政策の効果と限界

　量的緩和政策の評価にあたり，最初に，ゼロ金利政策下にあった1999年8月の時点で，すでに，翁氏により，マネタリストの立場にたつ金融政策にたいして，以下のような批判が加えられていたことを確認しておきたい。

　　「そこでまず，どのような座標軸で，デフレ的な圧力が働いている経済のもとでの金融政策運営について整理するかを考えておく必要がある。一般的に言って，エコノミストがこうした経済状況下の政策運営の枠組みを選ぶ際，一番，自然な発想は，マネタリストの立場に立つことであろう。マネタリストであれば，デフレ的な圧力下では，物価安定を達成するためにマネーサプライを増加させる必要があり，そのために潤沢なリザーブを供給すべき，というかたちでほんの2～3行で『骨太な総論』が示せるからである。デフレ懸念が強い経済状況のもとでは，マネタリストのこのシンプルな処方箋に共感するマクロ経済学者は少なくないと思われる」[22]。
　　「これだけ大胆な金融緩和政策をとっているにもかかわらず，各種通貨集計量指標は過去の平均的な伸び率に比べればかなり低いものであることも否めない。このことは，中央銀行がコントロールする短期金利やリザーブ

以外の要素が，大きな制約としてマネーの伸びを抑えていることを反映していると考えられる」[23]。「第1に，中央銀行の当座預金にとどまっている限りは，何のリターンも生まない超過準備にどのような働きを期待し得るのか，という点である。この点，金融論の教科書にある最もシンプルな信用乗数論の世界では，銀行にとって貸出機会が無限にあるにもかかわらず，準備預金の制約で十分資金が貸せない，ということを想定しているので，中央銀行が準備を供給するとすぐ貸出が増え，結果として所要準備額が増えて超過準備がゼロになる。しかし，超過準備が恒常的に発生し，準備預金の量や銀行の調達金利が銀行行動の制約でなくなっている状況，あるいは，準備預金でなく銀行の自己資本や企業の健全性が銀行与信の制約になっている状況では，超過準備の積み上げが貸出を増やすというメカニズムは担保されていない」[24]。

ここには，「日銀理論」の見地からの，事実にもとづく，マネタリストの立場にたつ金融政策，したがって，外生的貨幣供給論の見地にたつ金融政策にたいするほぼ余すところのない批判が展開されている。すべての学問に共通することであるが，真理の基準は，現実との照応関係のなかに求められる。これが，弁証法的唯物論の原則にほかならない。

いま，翁氏のこの論定を念頭におきながら，福井総裁による量的緩和政策についてのつぎのような総括を読むならば，われわれは，それがきわめて当を得たものであったことにあらためて気づかされるであろう。

「〔2003年〕4月に私どもが発表した『経済・物価の将来展望とリスクの評価』……でも述べているように，量的緩和は，これまで様々なショックが流動性不安につながるルートを遮断し，金融市場の安定を確保することを通じて，デフレ・スパイラルの防止に寄与してきた，と判断されます。／しかし，同時に，量的緩和政策採用以降，当座預金残高の増加がこれほど巨額になったにもかかわらず，それ自体では経済活動や物価を積極的に

押し上げる力はさほど強くなかったことも事実として受けとめる必要があるように思われます。量的緩和が経済活動や物価を押し上げる効果をさほど強く示さないのは何故でしょうか。／経済全体の調整圧力がなお強いからといえばそれまでですが，量的緩和に期待された効果の1つは，いわゆるポートフォリオ・リバランス効果であったと思います。これは，流動性サービスの限界的価値がゼロになっても，中央銀行が流動性の供給をさらに増やし続ければ，人々がそれを実物資産であれ，金融資産であれ，限界的価値のより高い資産に振り替える，そしていずれは資産価格の上昇などを通じて経済活動に前向きのモメントを与えるだろう，という筋書きですが，これまでのところ，その効果は必ずしも十分には検証されておりません。／他方，量的緩和の下での金融市場，とくに短期金融市場の機能低下にも言及しておくべきかもしれません」[25]。

　筆者は，この総括のなかに，量的緩和政策のメリット（デフレ・スパイラルの防止に寄与した）とデメリット（短期金融市場の機能を低下させた），その限界（銀行貸出の増加を含めてポートフォリオ・リバランス効果は働かなかった）がバランスのとれたかたちでほぼ過不足なく表明されていると考える。筆者としては，これにつけ加えるべきものをほとんど持ちあわせていない。
　ちなみに，ポートフォリオ・リバランス効果と量的緩和政策との関係について，福井総裁は，その後，より厳しい認識を有するにいたったようである。その証左は，以下の発言に示されている。

　「ポートフォリオ・リバランス効果，すなわち流動性を余計に持つとそれを活発に使ってくれるかどうかということについては，学者の世界では，そういうことをクリアにおっしゃっているが，そこのところは，過去に，世界中のどこの中央銀行も経験則は持っていないことである。コミットメントして，流動性の量を多くした場合に，アナウンスメント効果があり，時間軸効果〔ゼロ金利がいつまで続くかについての人々の期待形成を

通じて，イールドカーブ全体を低位安定化させる効果〕が働いて，緩和が先取りできるというところまでは——これについても経験則はなかったわけであるが——他の様々な過去の経験の蓄積のなかから，ある程度確証を持てるところであったし，現実に我々が考えたのに近いような効果は出てきていると思う。しかし，学者の方がおっしゃるようなポートフォリオ・リバランス効果というものが本当にあるのかどうかというのは，我々もやってみなければわからないことである。政策は実験ではないので，ポートフォリオ・リバランス効果だけであったら，我々は政策に踏み切らなかったと思う。しかし，我々は，アナウンスメント効果と時間軸効果については確信を持ってやり，それはきちんと効果があったし，現在もあり続けている」[26]。

8 出口「政策」に向けて

　量的緩和政策からの出口「政策」を考察する際に，まずあきらかにしておかなければならないのは，どういう状態をもって出口と呼ぶかという問題である。すでに記したように，量的緩和政策の枠組みは，日本銀行が，金融機関が準備預金制度などにより預け入れを求められている額を大幅に上回る日本銀行当座預金を供給することと，そうした潤沢な資金供給を消費者物価指数（全国，除く生鮮食品）の前年比上昇率が安定的にゼロ％以上になるまで継続することを約束することから成り立っている。ところで，このうち，前者の枠組みを量的緩和政策の内容，後者の枠組みをその内容が解除されるための条件というかたちで解釈することも可能なはずである。そのように解釈するならば，量的緩和政策の変更（内容の変更）とは，金利政策への復帰以外のなにものをも意味しえないことになる。したがって，2005年5月20日の日本銀行政策委員会・金融政策決定会合以降，金融市場調節方針のいわゆる「なお書き」の部分に，新たに，「資金供給に対する金融機関の応札状況などから資金需要が極めて弱

いと判断される場合には，当座預金残高目標を下回ることがありうる」旨の文言が追加されるようになったからといって，それは，量的緩和政策の変更を意味するものではありえない。この措置は，いわば，量的緩和政策の枠組み内での「微調整」として位置づけられるべき性格のものであろう。同様に，一部の政策委員の主張が受け入れられて，近い将来に当座預金残高目標じたいが引き下げられることになったとしても，それは，量的緩和政策の変更を意味することにはつながらない。

　それでは，どのような条件が整備されるならば，量的緩和政策が解除され，金利政策に復帰するということになるのであろうか。この点については，日本銀行による「金融政策の透明性の強化について」と題する明確な声明（2003年10月）が存在する。すなわち，「日本銀行は，金融政策面から日本経済の持続的な経済成長のための基盤を整備するため，消費者物価指数（全国，除く生鮮食品）の前年比上昇率が安定的にゼロ％になるまで，量的緩和政策を継続することを約束している。日本銀行としては，このコミットメントについては以下のように考えている。第1に，直近公表の消費者物価指数の前年比上昇率が，単月でゼロ％以上となるだけでなく，基調的な動きとしてゼロ％以上であると判断できることが必要である（具体的には数か月均してみて確認する）。第2に，消費者物価指数の前年比上昇率が，先行き再びマイナスになると見込まれないことが必要である。この点は，『展望レポート』における記述や政策委員の見通し等により，明らかにしていくこととする。具体的には，政策委員の多くが，見通し期間において，消費者物価指数の前年比上昇率がゼロ％を超える見通しを有していることが必要である。こうした条件は必要条件であって，これが満たされたとしても，経済・物価情勢によっては，量的緩和政策を継続することが適当であると判断する場合も考えられる」，と。ちなみに，8月2日の衆議院財務金融委員会における「通貨及び金融の調節に関する報告書」概要説明のなかでの，福井総裁による「消費者物価の前年比は，本年末から来年初にかけて，プラスに転じる可能性が高い」という発言に，マスコミが注目した理由はこれらの点にかかわっている。

さて，本年末から来年初にかけて，予想どおり，消費者物価がプラスに転じたとしても，金利政策に復帰するにあたって，日本銀行は，いくつかの困難な課題に直面することになるであろう。その第1は，出口までの過渡的「政策」についてどのようなイメージを描くかという問題である。すでに，水野温審議委員は，「個人的には，『金利を中心とする枠組み』への移行，すなわち，金融市場調節の誘導目標（ターゲット）を『量（当座預金残高）』から『金利（無担保コール翌日物金利）』へ移行する場合，(1) 当座預金残高目標を引き下げるプロセス，(2) 無担保コール翌日物金利をゼロ近傍に維持して短期金融市場の機能回復を待つプロセス，(3) 無担保コール翌日物金利をゼロ近傍から中立的な水準に近づけるプロセス〔その際には，公定歩合（現在は0.1%）の引き上げが必要になる〕，という3つのプロセスを念頭においています」[27]，という考え方を提示している。第2は，政策委員の経済・物価情勢の見通しをいかに集約していくかという問題である。第3は，これらの進行過程において，市場との対話をいかに円滑に行うかという問題である。最後の点は，金融政策の透明性，金融政策についての説明責任のいっそうの向上という側面とかかわっている。

さらに，これらがすべてクリアされたとしても，金利政策への復帰を決定する日本銀行政策委員会・金融政策決定会合において，政府側出席委員が，2000年8月のゼロ金利政策の解除の際にそうであったように，議決延期権をふたたび行使する可能性が残されている。

しかし，これらの課題にひとつひとつ正面から誠実に対応していくことこそ，日本銀行が国民の負託にこたえるゆえんであるといわなければならない。内生的貨幣供給論の見地にたつ筆者としては，金利政策への復帰に向けて，着実な前進が図られることを心から願わずにはおられない。

なお，日本銀行当座預金目標の削減にあたっては，短期買入オペのロールオーバーの停止，ならびに，長期国債買切オペの「成長通貨」の供給の範囲内への再制限化をつうじて対応するのが至当であろう。

注

1) 横山昭雄『現代の金融構造』日本経済新聞社, 1977年, 27頁。
2) 同上, 28頁。
3) 同, 31頁。
4) 西川元彦『中央銀行――セントラル・バンキングの歴史と理論――』東洋経済新報社, 1984年, 94頁。
5) ミルトン・フリードマン『政府からの自由』(西山千明監修・土屋政雄訳) 中央公論社, 1984年, 244頁。
6) ポール・A・サムエルソン『経済学〔第13版〕』(都留重人訳), 岩波書店, 上巻 1992年, 267-268頁。
7) 館龍一郎監修・日本銀行金融研究所編『電子マネー・電子商取引と金融政策』東京大学出版会, 2002年, 38頁。
8) 1999年3月18日の内外経済調査会における速水優日本銀行総裁講演「わが国金融システムの再生に向けて」。
9) 1999年6月22日の日本記者クラブにおける速水総裁講演「ゼロ金利政策について」。
10) 神崎隆「短期市場金利の決定メカニズムについて――日米金融調節方式の比較分析――」『金融研究』1988年8月号, 20頁。
11) 2002年1月29日の経済倶楽部における速水総裁講演「日本経済の再生に向けて」。
12) 2002年7月24日の内外情勢調査会における速水総裁講演「持続的成長に向けた3つの課題」。
13) 速水優『強い円 強い経済』東洋経済新報社, 2005年, 127-128頁。
14) 同上, 129頁。
15) 軽部謙介『ゼロ金利』岩波書店, 2004年, 222-223頁。
16) 同上, 228頁。
17) 藤井良広『縛られた金融政策』日本経済新聞社, 2004年, 222頁。
18) 2003年9月27日の神戸大学金融研究会および12月5日の金融財政事情研究会における須田美矢子審議委員の講演とりまとめ「量的緩和政策について――その暫定的評価と今後の課題――」, 参照。
19) 白川方明「『量的緩和』採用後一年間の経験」, 小宮隆太郎・日本経済研究センター編『金融政策論議の争点』日本経済新聞社, 2002年, 所収, 178-179頁。
20) 21) 須田前掲講演とりまとめ。
22) 翁邦雄「ゼロ・インフレ下の金融政策について――金融政策への疑問・批判にどう答えるか――」『金融研究』1999年8月号, 126-127頁。
23) 同上, 127頁。
24) 同, 147頁。
25) 2003年6月1日の日本金融学会春季大会における福井俊彦日本銀行総裁講演 (日本金融学会創立60周年記念講演) 要旨「金融政策運営の課題」。
26) 2005年2月17日の福井総裁の記者会見要旨。ただ, 時間軸効果や一般的な意味でのアナウンスメント効果についていえば, ゼロ金利政策下においてもそれらが

排除されていたわけではない点に注意が必要である。じっさい，前者にかんして，速水総裁は，前出の講演「ゼロ金利政策について」のなかで，つぎのように述べていた。「第3に，『デフレ懸念の払拭が展望できるような情勢になるまでは，この政策を続ける』という考え方を明らかにしたことです。これは〔1999年〕2月12日の決定そのものではなく政策委員会における大勢の意見を踏まえて，金融政策運営に関する基本的な考え方を現状に適用して述べたものです。……実際，私がこの考え方を述べた4月以降，金利の低下傾向は，より短めのものからより長めのものに一段と浸透していきました」。

27) 2005年6月2日の福島県金融経済懇談会における水野温審議委員挨拶要旨「最近の金融経済情勢と金融政策運営」。

第6章
日銀の量的緩和政策の変更をどう読むか

1 量的緩和政策の解除と金利政策への復帰

　日本銀行政策委員会・金融政策決定会合は，2006年3月9日，金融市場調節にあたっての操作目標を，日本銀行当座預金残高から無担保コールレート（オーバーナイト物）に変更することを決定した。すなわち，金融市場調節方針を，従来の「日本銀行当座預金残高が30〜35兆円となるよう金融市場調節を行う」というものから，次回金融政策決定会合までの「無担保コールレート（オーバーナイト物）を，概ねゼロ％で推移するよう促す」というものに差し替えるというわけである。

　まさに，これが，量的緩和政策の枠組みの解除と短期金利を軸とした金融政策への復帰の意味するところにほかならない。

　日本銀行によれば，量的緩和政策を導入した2001年3月当時，日本経済は，世界的なITバブルの崩壊をきっかけに景気後退局面に突入していた。また，金融機関は多額の不良債権を抱え，金融システムにたいする人々の不安感も強い状況にあった。こうして，景気の悪化にともなう需要の減少が物価の下落を招き，それがさらに需要の減少につながるという悪循環——いわゆるデフレ・スパイラル——に陥る可能性も懸念されるような深刻な情勢にたちいたった。ここから，日本銀行は，物価の継続的な下落を防止し，持続的な成長のための基盤を整備する観点から，「量的緩和政策という内外の中央銀行に例のない思い切った金融緩和政策の枠組み」を採用することになったわけである。

量的緩和政策は、2つの柱から成り立っていた。第1に、日本銀行が、金融機関が準備預金制度などにより預け入れを求められている金額——これを所要準備額と呼び、現時点では約6兆円とみなされている——を上回る日本銀行当座預金を供給すること、第2に、こうした潤沢な資金供給を消費者物価指数（除く生鮮食品）の前年比上昇率が安定的にゼロ％以上になるまで継続することがそれである。ちなみに、後者のいわば「約束」を通じた中短期金利の低位安定化への働きかけは、日本銀行によって「時間軸効果」と称されてきた。

　ところが、同じく日本銀行によれば、現在、一方で、日本経済は着実に回復を遂げつつある。輸出は、海外経済が拡大するなかで増加しており、国内民間需要も、高水準の企業収益を背景に設備投資が増加を続けている。企業部門の好調は家計部門に波及し、個人消費も底堅さを増している。先行きも、息の長い回復が続くと予想される。これに対応して、金融システム面の改善も顕著なものがある。日本経済の重石となってきた不良債権問題はおおむね克服された状態にあり、わが国の金融システムは安定を取り戻しつつある。

　他方で、物価面では、2005年11月以降、消費者物価指数の前年比はプラスに転じている。この間、経済全体の需給ギャップは緩やかな改善が続いている。生産一単位当たりの人件費であるユニット・レーバー・コストの動きをみても、賃金は増加に転じており、賃金の需要下押し圧力は基調として減少しつつある。さらに、企業や家計の物価見通しも上振れてきている。こうしたもとで、消費者物価指数の前年比は、先行きプラス基調が定着していくとみられる。

　これらの結果、日本銀行は、さきほどの「約束」の基礎的条件は満たされたと判断し、今回、5年振りに、量的緩和政策の枠組みを解除し、短期金利を軸としたオーソドックスな金融政策に復帰するにいたったというのがことの次第である。

　日本銀行による今次のこのような政策転換については、その背景にある同行による経済・物価情勢の判断の当否は別として、さしあたり、以下の2点が留意されるべきであろう。

第6章　日銀の量的緩和政策の変更をどう読むか　　　　113

　第1に，この政策転換は，ただちに金融の引き締めを意味するものではないということである。というのは，3月9日の日本銀行政策委員会・金融政策決定会合の「金融市場調節方針の変更について」という公表文は，「当面の金融政策運営の考え方」にかんして，「量的緩和政策の経済・物価に対する効果は，現在，短期金利がゼロであることによる効果が中心になっているため，今回の措置により非連続的な変化が生じるものではない」，「先行きの金融政策運営としては，無担保コールレートを概ねゼロ％とする期間を経た後，経済・物価情勢の変化に応じて，徐々に調整を行うことになる。この場合，……経済がバランスのとれた持続的な成長過程をたどる中にあって，物価の上昇圧力が抑制された状況が続いていくと判断されるのであれば，極めて低い金利水準による緩和的な金融環境が当面維持される可能性が高い」，と表明しているからである。

　このうち，「量的緩和政策の……効果は，現在，短期金利がゼロであることによる効果が中心になっている」，という個所は，2006年3月16日の日本商工会議所会員総会における福井俊彦日本銀行総裁講演要旨「金融政策運営の新たな枠組み」を参照するならば，つぎのような内容を指していることが理解される。すなわち，「量的緩和政策は，日本経済の回復や物価情勢の好転に大きな貢献を果たしましたが，流動性不安を払拭するための量の効果や，『約束』を通じた金利への働きかけである『時間軸効果』は，今日の金融経済情勢のもとでは，既にその役割を終えたものと考えています。金融システムが安定を取り戻す中で，金融機関の流動性需要は減少しており，所要準備額を大幅に上回る潤沢な資金供給を行う必要はもはやなくなっています。また，約束の効果は，物価情勢の改善に伴って量的緩和政策の予想継続期間が短期化するにつれて徐々に縮小し，消費者物価指数の前年比が安定的にゼロ％以上という基準が満たされた時点で消滅する性格のものです。このように，量的緩和政策の経済・物価に対する効果は，今回の枠組み変更に先立って，既に実態としては，短期金利をゼロ％とする金利政策になっていたと言うことができると思います」，と。

　第2に，3月9日の日本銀行政策委員会・金融政策決定会合にもとづく「新

たな金融政策運営の枠組みの導入について」というもう１つの公表文のなかでは，「金融政策運営に当たり，現時点において，政策委員が中長期的にみて物価が安定していると理解する物価上昇率」，いいかえれば，「中長期的な物価安定の理解」が提示されていることである。そこでは，「消費者物価指数〔含む生鮮食品〕の前年比で表現すると，０～２％程度であれば，各委員の『中長期的な物価安定の理解』の範囲と大きく異ならないとの見方で一致した。また，委員の中心値は，大勢として，概ね１％の前後で分散されていた。『中長期的な物価安定の理解』は，……今後原則としてほぼ１年ごとに点検していくこととする」，と説明されている。

　もっとも，これを日本銀行によるインフレーション・ターゲティングの導入というかたちで安易に受けとめることは正しくないであろう。じっさい，福井総裁は，同日の記者会見の席上，「中長期的な物価安定の理解」をめぐって，「それを念頭に置いてこれから金融政策を行っていくが，いわゆるインフレーション・ターゲティングというものと違って，ルール・ベースの金融政策の運営をするわけではない。物価についての理解を念頭に置いて金融政策を行っていくが，金融政策運営そのものはフォワード・ルッキングであり，総合判断でやっていく。その場合に経済・物価情勢をどのような『柱』で判断しながらやっていくかについて，〔『新たな金融政策運営の枠組みの導入について』のなかの〕２つの『柱』でまとめている」，と述べ，「中長期的な物価安定の理解」とインフレーション・ターゲティングとの相違に言及することを忘れていない。

　ここで，２つの「柱」とは，①先行き１年から２年の経済・物価情勢について，最も蓋然性が高いと判断される見通しが，物価安定のもとでの持続的な成長の経路をたどっているかという観点からの点検，②より長期的な視点を踏まえつつ，物価安定のもとでの持続的な経済成長を実現するとの観点からの，金融政策運営に当たって重視すべき様々なリスク（デフレ・スパイラルが発生するリスク，インフレが昂進するリスク，資産バブルが発生するリスクなど）の点検，を指している。

　なお，「金融市場調節方針の変更について」のなかでは，さらに，「金融市場

調節面の措置」が，以下のように整理されていることも注目に値する。すなわち，「当座預金残高については，所要準備額に向けて削減していくことになる。金融機関においては，量的緩和政策採用以降長期間にわたって，多額の当座預金残高や資金供給オペレーションを前提とした資金繰りが行われてきた。このため，当座預金残高の削減は，数カ月程度の期間を目途としつつ，短期金融市場の状況を十分に点検しながら進めていく。当座預金残高の削減は，短期の資金オペレーションにより対応する。長期国債の買入れについては，先行きの日本銀行の資産・負債の状況などを踏まえつつ，当面は，これまでと同じ金額〔月間買入額1兆2000億円〕，頻度〔月4回オファー〕で実施していく。補完貸付〔日本銀行が予め明確に定めた条件に基づき，取引先金融機関からの借入申し込みを受けて受動的に貸出を実行する『ロンバート型』貸出制度のこと〕については，適用金利〔原則として公定歩合相当の0.1%〕を据え置くとともに，2003年3月以降，利用日数に関して上限を設けない臨時措置を実施しているが，この措置は当面継続する」，と。

以上が，この度の日本銀行による量的緩和政策の変更の内容ということになる。

2　量的緩和政策の功罪

本節では，量的緩和政策の功罪について論じることにしたい。

第1に，量的緩和政策が，日本銀行による金融機関に向けた十分な流動性の供給をつうじて，流動性不安につながるルートを遮断し，金融システムの安定を確保することにより，そのかぎりでは，デフレ・スパイラルの防止に寄与することになった側面については，ともかくも，その効果を認めざるをえないように思われる。2002～2003年に典型的にみられたような信用システム不安の進展に際しては，金融機関サイドでは，通常の準備需要にくわえていわゆる予備的準備需要が新たに必要になるから，信用システム不安を信用システム危機に深化させないためにも，日本銀行サイドでは，所要準備額を超えるこの金融機

関サイドのトータルとしての準備需要にたいして，日本銀行当座預金の追加的供給というかたちで応答する以外に方途はなかったはずである。このように考えれば，量的緩和政策の導入は，こうした対応が可能となる枠組みを日本銀行が事前に用意する試みであったと理解することもあながち不可能ではない。これは，逆にいえば，2001年3月の時点で，量的緩和政策に移行することなく，たとえ，かりに，ゼロ金利政策に復帰していたとしても，日本銀行は，量的緩和政策への移行の場合と同様に，ゼロ金利政策の枠組みのなかで所要準備額を超える日本銀行当座預金の金融機関への供給を余儀なくされたにちがいないという想定につながることを意味する。

第2に，この点は，マネタリストが唱えたものであるが，量的緩和政策は，ベースマネー（日本銀行当座預金残高プラス流通現金高）の増加が，マネーサプライ（企業や個人の市中銀行預金残高プラス流通現金高）の増加を導くことになり，最終的には，物価ないし名目GDP（国内総生産）の上昇を引き起こすことが期待されると主張された。そして，その延長線上で，デフレの克服を目的として，特定の物価上昇率を金融政策の目標として明示的に掲げようとするのが，インフレーション・ターゲティング論にほかならないというわけである（これを裏からみれば，インフレーション・ターゲットが実現されるまで，ベースマネーを供給しつづけろということになる）。しかし，じっさいには，ベースマネーの大幅な増加にもかかわらず，マネーサプライの増加は確認されないまま，その差は，貨幣流通速度の低下によって吸収されるにとどまったというのが現実であった。それもそのはずである。マネーサプライの大宗をなす市中銀行預金が増加するためには，銀行による民間への貸出の増加が前提となるが，大企業サイドでは債務・雇用・設備にわたるリストラの遂行のなかで借り渋りに走る一方，銀行サイドでは不良債権の増大を恐れて中小企業にたいする強引な貸し渋り・貸し剥がしを進めるもとでは，銀行の民間への貸出が増大しようがないからである。

第3に，これは，マネタリストの提案と内容的に重複するものであるが，量的緩和政策には，ポートフォリオ・リバランス効果が期待されると主張され

第6章　日銀の量的緩和政策の変更をどう読むか　　117

た。ここで，ポートフォリオ・リバランス効果とは，中央銀行が流動性の供給を増やし続ければ，受け取った金融機関が，実質上限界的価値がゼロのそれを，実物資産であれ，金融資産であれ，限界的価値のより高い資産に振り替える，そして，いずれは資産価格の上昇などを通じて経済活動に前向きのモメントを与えるであろう，とする考え方を指している。量的緩和政策に寄せられた期待のうちでは，この効果にたいするそれが最大のものであったといってもおそらく過言ではないであろう。ところが，実際には，日本銀行関係者のあいだでさえ，この効果は働かなかったという判断が一般的なものとして定着している。たとえば，前審議委員の植田和男氏は，『ゼロ金利との闘い』のなかで，次のように記している。「積み上げられた流動性の残高そのものが，ポートフォリオ・リバランス効果を引き起こしたり，直接消費等の財・サービス需要を増大させたという証拠は今のところ得られていないといえよう」[1]。それどころか，福井総裁は，2005年2月17日の記者会見の席上，以下のようにさえ断じている。すなわち，「ポートフォリオ・リバランス効果……については，学者の世界では，そういうことをクリアにおっしゃっているが，そこのところは，過去に，世界中のどこの中央銀行も経験則は持っていないことである。……政策は実験ではないので，ポートフォリオ・リバランス効果だけであったら，我々は政策に踏み切らなかったと思う」，と。

　第4に，それでは，「時間軸効果」については，どのように評価すべきであろうか。なるほど，時間軸効果は，量的緩和政策を消費者物価指数（除く生鮮食品）の前年比上昇率が安定的にゼロ％以上になるまで継続する旨の日本銀行による「約束」をつうじて，中短期の金利――さらには，長期の金利でさえ――を低位安定化させる方向に作用したことは事実である。そして，それが，雇用面でのリストラとならんで，財務面からの企業収益の向上に大きく貢献する結果につながったであろうことも容易に推察することができる。

　しかし，ここでは，その反面としての家計への強い副作用を見逃すわけにはいかない。たとえば，日本銀行の白川方明理事は，2006年2月23日の参議院財政金融委員会の席上，1991年の家計の受取利子額を基準にすれば，バブル崩壊

後の超低金利状態をつうじて，2004年までの家計の逸失金利収入の累計は，304兆円にも達することを明らかにした（『日本経済新聞』2006年2月24日付）。また，第一生命研究所は，「預金者の逸失利息は2001年3月の量的緩和開始から05年9月末までの間で，20兆円にのぼる」，と試算している（同2006年1月1日付）。実際には，この多くが銀行を介して間接的に企業に流れたとみなしてよいであろう。というのは，銀行についてみれば――べつに，銀行の肩を持つわけではないが――，なるほど，預金金利は低下したが，貸出金利も低下したので，預貸利鞘は，地域金融機関では2001年以降，大手銀行では2003年以降，縮小傾向をたどり，くわえて，銀行貸出は，2005年7月までマイナスを記録しつづけていたからである（直近の銀行収益の改善は，主として，景気回復に伴う不良債権処理コストの減少，手数料収入の増加，リストラの継続による経費の削減にもとづくものである）。

　要するに，「時間軸効果」とは，いいかえれば，家計から企業への「所得移転効果」でもあったというわけである。

　ところで，この時間軸効果の恩恵を受けたいま一人が，政府であったとみなすことができる。政府は，この間，財政赤字に起因する巨額の国債発行を余儀なくされたが，この国債発行にあたって，超低金利という環境を最大限に享受することになった。この点と家計との関係を整理すると，つぎのようになるであろう。すなわち，家計による国債の購入はなお低水準であったが，低利の郵便貯金を介して集められた資金の圧倒的部分が日本郵政公社などの手で国債の購入に充当されることにより，低利の郵貯金利を基礎にする家計から政府への間接的な所得移転効果が発生した，と。このように考えると，今次の量的緩和政策の解除に際して，政府筋から多くの反対意見が提起されたが，そうした背景には，経済・物価情勢についての政府と日本銀行のあいだの認識の差異にとどまらず，この所得移転問題にたいする政府の深い利害関係が絡んでいたことも否定しがたい事実であるといわなければならない。ちなみに，この度の金融市場調節方針の変更にあたり，すでにみたように，日本銀行は，「長期国債の買入れについては，当面は，これまでと同じ金額，頻度で実施していく」，と

第6章　日銀の量的緩和政策の変更をどう読むか　　119

いうかたちで,「当面」,政府への支援を継続することになった。この措置は,時間軸効果とは別な需給面（これは金利面につながる）からの直接的な政府支援策と位置づけられるべきであろうが,今回,日本銀行の政府からの独立性がかろうじて維持された陰に,こういった事態が潜んでいたことにたいしても十分な留意がはらわれる必要がある。

　ただ,量的緩和政策の実施にともなう超低金利状態が,家計から企業や政府への所得移転効果を有する結果となったことは動かしがたい事実であるとしても,だからといって,一般論として,金融政策が,もっぱら所得移転効果だけを考慮しつつ遂行されなければならないかと問われれば,筆者としては,やはり,否定的にならざるをえない。というのは,日本銀行法第2条に謳われているとおり,日本銀行が,「通貨及び金融の調節〔金融政策のこと〕を行うに当たっては,物価の安定を図ることを通じて国民経済の健全な発展に資することをもって,その理念とする」のが筋だからである。この見地にたつかぎり,福井総裁が2006年1月23日の記者会見の席上で表明したように,結局のところ,「所得の配分をどう調整するかという所得分配政策的な考え方は,金融政策の中には今後とも入らない」,「日本銀行の金融政策は,あくまでも市場機能を通じて経済の循環メカニズムを正しく作動させることに主眼がある。それ以上に,各部門毎の所得配分が社会のあり方から見て適当かどうか,別の角度からの判断があり得るが,これは正に所得分配政策であり,国の政策である。……市場を通ずる経済運営と,それを外から調整するメカニズムは峻別して考えていかなければならないと思っている」,ということに帰着するように思われる。もっとも,所得分配政策に責任を負うべき政府じたいが,量的緩和政策にともなう所得配分効果の受益者の一人となっているのであるから,もって何をか言わんやということになるのであるが。ただ,念のために付記するならば,だからといって,筆者は,企業や政府への所得移転効果が家計に及ぼす影響を完全に無視してもよいと主張しようとしているわけではない。というのは,所得移転問題が金融政策の直接の目標にならないにせよ,家計から企業や政府への所得移転が個人消費の停滞をつうじて経済と物価の低迷を長期化させることにな

れば，日本銀行としても，この事態をそのまま放置しておくわけにはいかなくなるであろうからである。

　最後に，量的緩和政策は，金融市場，とりわけ，短期金融市場（インターバンク市場）の機能を低下させるというデメリットを招いたと指摘されることが多い。つまり，量的緩和政策によって，金融機関相互間の資金過不足の調整の場である短期金融市場が麻痺するにいたり，日本銀行が，市場をも代替するかたちで金融機関にたいする唯一の資金供給者の地位を占めるにいたったというわけである。福井総裁が説くように，もし，「日本銀行の金融政策は，あくまでも市場機能を通じて経済の循環メカニズムを正しく作動させることに主眼がある」，ということになれば，やはり，量的緩和政策のデメリットの1つとして，短期金融市場の機能麻痺という側面を無視するわけにはいかなくなるであろう。

　どうやら，量的緩和政策には合格点を与えるのが難しいというのが，本節の結論ということになりそうである。

注
1）　植田和男『ゼロ金利との闘い』日本経済新聞社，2005年，134頁。

第7章

日銀の金融政策はどうだったか
―― 新日銀法10年 ――

1 新日銀法の制定

　現行の日本銀行法は，1997年6月に制定され，翌98年4月に施行されるにいたった。したがって，今年で，新日銀法施行後，ちょうど10年を経過したことになる。

　いまでは，すでに旧聞に属しつつあるが，旧日本銀行法は，第二次世界大戦中の1942年に，しかも，ナチズム支配下のドイツのライヒスバンク法を範として制定された経緯を反映して，第1条で，「日本銀行ハ国家経済総力ノ適切ナル発揮ヲ図ル為国家ノ政策ニ即シ通貨ノ調節，金融ノ調整及信用制度ノ保持育成ニ任ズルヲ以テ目的トス」，第2条で，「日本銀行ハ専ラ国家目的ノ達成ヲ使命トシテ運営セラルベシ」，と規定するとともに，大蔵大臣にたいする日本銀行への一般的監督権，業務命令権，内閣にたいする総裁・副総裁の解任権を付与するなど，戦時立法的性格を色濃く残すと同時に，日本銀行の政府からの独立性という点で，多大の問題を抱えるものであった。

　これにたいして，新日銀法では，第1条で，「日本銀行は，わが国の中央銀行として，銀行券を発行するとともに，通貨及び金融の調節を行うことを目的とする」（第1項），「日本銀行は，前項に規定するもののほか，銀行その他の金融機関の間で行われる資金決済の円滑の確保を図り，もって信用秩序の維持に資することを目的とする」（第2項），第2条で，「日本銀行は，通貨及び金融の調節を行うに当たっては，物価の安定を図ることを通じて国民経済の健全

な発展に資することをもって，その理念とする」，と謳うと同時に，第3条で，日本銀行の金融政策についての自主性の尊重および透明性の確保という側面が，「日本銀行の通貨及び金融の調節における自主性は尊重されなければならない」（第1項），「日本銀行は，通貨及び金融の調節に関する意思決定の内容及び過程を国民に明らかにするよう努めなければならない」（第2項），というかたちで明定されることになった。

　ちなみに，ここでは，新日銀法のなかで，1882年（この年に日本銀行が設立された）以降の日本銀行の歴史において初めて，金融政策の理念として，「物価の安定」が明示されるにいたったこと，また，金融政策（「通貨及び金融の調節」がこれに相当する）の「独立性」に代えて，「自主性」という言葉が選ばれるについては，「独立性」という言葉は法律に馴染まないとの内閣法制局の意見が尊重されたこと，これらの点もあわせて留意されなければならない。

　それでは，新日銀法では，旧日銀法が規定していた大蔵大臣にたいする日本銀行への一般的監督権，業務命令権，内閣にたいする総裁・副総裁の解任権が除去されるとともに，新たに，日本銀行による金融政策についての「自主性」が明定されるにいたったという理由で，日本銀行ないしその金融政策の政府からの独立性という点をめぐり，何らの疑義も残されていないと考えてよいであろうか。

　もちろん，そうしたことはありえない。というのは，新日銀法においても，第4条で，「日本銀行は，その行う通貨及び金融の調節が経済政策の一環をなすものであることを踏まえ，それが政府の経済政策の基本方針と整合的なものとなるよう，常に政府と連絡を密にし，十分な意思疎通を図らなければならない」，第19条で，「大蔵大臣〔現在は財務大臣〕又は……経済企画庁長官〔現在は経済財政政策担当大臣〕……は，必要に応じ，金融調節事項を議事とする〔政策委員会の〕会議に出席して意見を述べ，又はそれぞれが指名するその職員を当該会議に出席させて意見を述べさせることができる」（第1項），「金融調節事項を議事とする会議に出席した大蔵大臣又はその指名する大蔵省の職員及び経済企画庁長官又はその指名する経済企画庁の職員〔現在は経済財政政策

担当大臣が指名する内閣府の職員〕は，当該会議において，金融調節事項に関する議案を提出し，又は当該会議で議事とされた金融調節事項についての委員会の議決を次回の金融調節事項を議事とする会議まで延期することを求めることができる」(第2項)，と規定されているからである。

ここには，日本銀行の金融政策の政府の経済政策との整合化の必要性，日本銀行政策委員会・金融政策決定会合への大蔵大臣および経済企画庁長官，または，それぞれが指名する大蔵省および経済企画庁の職員の出席権・発言権・議案提出権・議決延期請求権の容認といった側面が明示されていることを，容易に理解することができるであろう。

さて，本章の課題は，こうした内容を有する新日銀法のもとでの日本銀行の10年間にわたる金融政策の帰結を，アメリカの連邦準備制度理事会のこの間の金融政策との相互交流関係という観点も念頭に置きながら，現時点で総括することにある。

2 ゼロ金利政策の採用

新日銀法が制定・施行された1997～98年当時のわが国の経済・金融情勢を簡単に振り返ることから始めよう。

まず，実質国内総生産 (GDP) は，1998年に，第1次石油ショックの影響を受けた74年以来，戦後2度目のマイナスを記録した。つぎに，生鮮食品を除く消費者物価指数 (全国) は，97年度のプラス2.1％が98年度のマイナス0.2％に逆転した。さらに，日経平均株価は，97年の1万8400円が98年の1万5400円に下落した。最後に，金融システム面では，1997年11月に，三洋証券，北海道拓殖銀行，山一證券，徳陽シティ銀行が相次いで破綻し，98年10月には，日本長期信用銀行が，11月には，日本債券信用銀行が一時国有化されるにいたった。まさに，金融恐慌の発現である。この事態に対処するべく，98年2月には，金融機能安定化法の制定，同年10月には，金融再生法の制定と金融機能安定化法の廃止，早期健全化法の制定といった法的措置が矢継ぎ早にとられることにな

る。

　こうした状況を背景に，当時，論壇では，「デフレ・スパイラル論」が隆盛を誇っていた。ここで，「デフレ・スパイラル論」とは，物価の下落（デフレ）が景気の後退を引き起こし，逆に，景気の後退がさらに物価の下落（デフレ）を引き起こすことにより，両者が螺旋状に悪化しつづけるという考え方を指している。

　要するに，新日銀法は，きわめて不幸な星のもとに生まれたとみなすべきであろう。

　このような誕生の経緯を反映して，新日銀法下の金融政策は，世界の中央銀行の歴史的経験に照らして，異例中の異例の手段の連続的な動員といった様相を帯びざるをえないものとなった。いわく，ゼロ金利政策の採用，いわく，金融機関保有株式の買入措置の導入，いわく，ゼロ金利政策への復帰に代わる量的緩和政策の採用，がそれである。

　本節では，このうち，ゼロ金利政策の採用という問題について検討をくわえることにしたい。

　ゼロ金利政策は，1999年2月から2000年8月までの約1年半の期間にわたって実施された。

　もちろん，ここでいうゼロ金利政策とは，預金金利や貸出金利をゼロにしようとするものではない。世界の中央銀行による金融政策の王道は，金利政策にある。その際，操作目標として誘導の対象となるのは，通常，短期金融市場金利，具体的には，日本の場合，無担保コールレート（オーバーナイト物），アメリカの場合，フェデラル・ファンドレート（FFレート，日本のコールレートに相当）ということになる。したがって，ゼロ金利政策とは，こうした政策金利をゼロ％に誘導しようとする政策を含意するわけである。じっさい，ゼロ金利政策への移行時の金融市場調節方針は，日本銀行より，つぎのようなかたちで公表されるにいたった。すなわち，「より潤沢な資金供給を行い，無担保コールレート（オーバーナイト物）を，できるだけ低めに推移するよう促す。／その際，短期金融市場に混乱の生じないよう，その機能の維持に十分配慮しつつ，

当初0.15％前後を目指し，その後市場の状況を踏まえながら，徐々に一層の低下を促す」，と．

　ゼロ金利政策は，「より潤沢な資金供給」がその前提となっているとはいえ，ほかならぬ日本銀行自身によって「ゼロ金利政策」と名付けられていることからも判断されるように，金利政策の範囲内での極限におよぶまでのありうべき可能性の追求をその内容とするものであったと考えてよいであろう．じじつ，速水優日本銀行総裁（当時）は，1999年3月の内外情勢調査会における講演「わが国金融システムの再生に向けて」のなかで，以下のように論述している．

　　「このように，オーバーナイト・レートがゼロ％に近いところまで低下してきたことを受けて，『日本銀行は量的な緩和に踏み切ったのではないか』といった見方が，市場関係者の一部から聞かれております．もちろん，『金利』と『量』は，コインの表と裏の関係にあります．したがって，私どもとしても，今回の措置が金融機関の行動や資金の変化を呼び起こして，マネーサプライなど量的金融指標の増大につながっていくことを期待しています．ただ，それは，いつの金利引下げの場合でも期待している効果の1つといえます．／現時点で，日本銀行政策委員会が決定し，実施してきている措置は，あくまで，『オーバーナイト・レートをできるだけ低めに推移するよう促す』ことです．もちろん，金融政策運営の手法に関して，どのようなものがありうるのかについては，今後とも基礎的な検討を十分に加えていく考えです．ただ，現在の政策運営は，あくまで，従来同様，オーバーナイト・レートをターゲットとするものであり，そうした手法を用いて，これをできるかぎり低下させていこうとするものです」．

　まさに，「名は体を表す」である．
　では，なぜ，このゼロ金利政策は，「内外に例のない思いきった」政策と称されるのであろうか．一般に，金利政策が効果を発揮するためには，中央銀行の手中に金利引き下げの余地が残されていなければならない．金融政策の世界

では，これを「糊しろ」と呼んでいる。ゼロ金利とは，この「糊しろ」が存在しない状態を意味する。つまり，内外における中央銀行の永い歴史のなかで，現在までのところ，操作目標としての短期市場金利をゼロにまで下げ，これ以上の金利引き下げの余地が残らないところまで，極端な決断を迫られたそれはかつて存在しなかったというわけである。ただ，念のために付言すれば，中央銀行の金融政策の自由度は，その時点での政府の財政の窮迫度と相関的な関係にある。もし，わが国の財政にもう少し余裕があったとすれば，あるいは，財政政策がもう少し有効性を発揮していたとすれば，わが国の金融政策の経路は違ったものになっていた可能性が高い。

ところで，ゼロ金利政策の実施のなかで，総裁・副総裁とならんで日本銀行政策委員会のメンバーを構成する審議委員のあいだで，その評価をめぐって，相互に相反する見解が併存していた事実には，十分な留意がはらわれるべきである。

一方で，篠塚英子委員は，政策委員会の席上，ゼロ金利政策を早期に解除し，1999年2月以前の金融政策運営に戻すことが適当である，と主張した。たとえば，2000年6月の日本金融学会春季大会における講演「日本経済と日本銀行」のなかで，同委員は，金融政策と所得分配問題という論点をとりあげ，以下のように言及した。

> 「私は，かねてより，ゼロ金利政策に関する副作用の1つとして，所得分配面の歪みを指摘してきました。一般的な経済理論では，『金融政策の目標は「物価の安定」であり，その結果，所得分配面に何がしかの影響を与えている可能性までは否定しないが，その是正は金融政策ではなく財政など所得再分配政策の役割である』とされているように思います。私も，こうした考え方は理解していますが，それでもなお，従来から金融政策が所得分配面にも影響を与えているという視点があまりにも軽んぜられてきたのではないか，という思いを拭えません」，「日本銀行では，超低金利政策が家計に与える影響について，①超低金利政策は，家計の金利収入を低

下させる一方，企業収益の改善を起点として，雇用・所得環境にプラスに効果を及ぼしている，そして，②家計の可処分所得のうち，金利等から得られる所得は５％程度であるのに対して，雇用者所得は約８割を占めている，したがって，③差し引きすれば，超低金利政策のプラスの効果は家計にも及んでいる，と説明しています」，「しかし……，このところ，わが国気鋭の労働経済学者の間で『所得格差論争』が盛んに行われているように，わが国の家計をおおむね平均的に観察していれば事足りるという従来のアプローチに対する反省も起こり，分配問題に対する関心が一段と高まっているように思います。また，最近では，労働経済学のミクロ的な視点から，『ゼロ金利政策は，結果として，利得を得る者と損失を被る者との間における所得分配の問題に深く関わる』という見方も示されています。私の本来の専門分野は労働経済学ですので，こうした見方には共鳴を覚えます」。

なお，この講演は，「国民と悩みを共有できる中央銀行を目指して」というメッセージをその結びとしている。

ちなみに，ここで，日本銀行の立場として説明されている，「超低金利政策は，家計の金利収入を低下させる一方，企業収益の改善を起点として，雇用・所得環境にプラスに効果を及ぼす」という視点は，当時，「ダム論」という名前で呼ばれたそれである。つまり，ダムに水が溜まれば（企業収益が改善すれば），いずれはダムから水があふれ出し，川下にも水が行きわたる（雇用・所得環境にプラスの効果を及ぼす），という論理である。しかし，「ダム論」が意図したところが，今日にいたるもなお，ついに実現されていないことは，国民がまさに身をもって実感させられたことがらである。

それはともかく，ゼロ金利政策，ならびに，事実上のゼロ金利状況をともなったその後の量的緩和政策の期間をつうじて，ほんらいであれば国民が手にしえた莫大な金利収入が，結局のところ，企業や政府に収奪されたことを思えば，ゼロ金利政策と所得分配の関係を問う，篠塚委員のこの問題提起は，問題

提起として十分に高く評価されてよいといえるであろう。ただ，考えてみれば，日本銀行が金融政策の理念とする「物価の安定」じたいが，物価変動，とりわけ，インフレーションにもとづく所得の再分配の回避を目的としたものでもある。その物価の安定を図るための金利政策の発動が，それはそれでまた，所得の再分配を不可避的にともなうとすれば，いったいこれは何たる皮肉というべきであろうか。これは矛盾といえば矛盾であるが，しかし，デフレ・スパイラルへの陥落の懸念から，ゼロ金利政策が採用されるにいたるまでは，こうした論点が意識されることさえなかった経緯にかんがみて，ことの本質は，金融政策の理念とその手段とのあいだの齟齬という側面にではなく，むしろ，ゼロ金利政策の採用を余儀なくせしめた，日本銀行の過去形の金融政策の誤り（たとえばバブルの放任），ならびに，政府の過去形および現在進行形の政策の誤り（たとえば橋本龍太郎内閣および小泉純一郎内閣の失政）という側面に求められるべきなのであろう。

このように，篠塚委員が，早期のゼロ金利解除という見解を提示したのにたいして，他方で，中原伸之委員は，現下の閉塞的な経済状況の打開のためには，ゼロ金利政策は力不足であり，篠塚委員とは逆に，ゼロ金利政策からさらに進んで，「物価目標付きマネタリーベース・ターゲティング」を採用すべきである旨の主張を展開した。たとえば，同委員は，1999年12月，自民党の宏池会・政策勉強会における講演「物価目標付きマネタリーベース・ターゲティングについて」のなかで，その概要を，以下のように説明する。

「現在の金融政策決定会合での私の提案をご説明いたしますと，『中期的にみた日銀の政策目標を，ある一定時期——ここでは2001年10～11月平均——の生鮮を除いた消費者物価が0.5～2.0％に上昇することと設定いたします。この達成のために，毎月の超過準備額——これは，金融機関が，法律上，積まなければならない準備預金以上に日銀の勘定に滞留させる資金の金額のことですが——これを5000億円ずつ増額させていくことにより，中間目標であるマネタリーベース——これは，銀行券と流通貨幣と準

備預金の合計のことです——を2～3四半期後に10%の伸びとなるところまで引き上げることで，経済を刺激しよう』という考え方です。すなわち，日銀が資金を今以上にジャブジャブに供給することによって，マネタリーベースの一部である準備預金を増額することにより，マネタリーベースを増やし，これが経済を刺激し景気を加速させることで，物価を現状のほぼゼロの水準から1％内外へ引き上げようとする考え方です。この提案に基づけば，トータルでの日銀の追加資金供給はおおむね3兆円程度となり，この額だけの買オペ等を日銀が実施していくことになるわけです」。

このように整理すると，読者は，後にとりあげる量的緩和政策の主要内容が，中原委員による「物価目標付きマネタリーベース・ターゲティング」という構想のかたちで先取りされていることに，容易に気づかれるであろう。じっさい，この点にかんして，2001年12月の資本市場研究会における講演「デフレ下の日本経済と金融政策」のなかで，同委員は，つぎのような述懐を残している。

「同日〔2001年3月19日〕の決定会合においては，(1)ゼロ金利制約がある中でさらなる金融緩和を実施するために量的指標へ移行し，また，たとえ小幅であっても市場の機能に委ねて金利の変動を認めるか，あるいは，(2)量的には流動性需要を満たしつつも，あくまで金利ターゲティングを残しオーバーナイト金利をゼロ％近傍でマイクロ・マネージするか，という2つの相反する考え方を巡って侃侃諤諤の議論がなされましたが，結果的には量的ターゲットへの移行が可決されたわけです。この政策転換の内容は，私がそれまで提案しておりました『物価安定目標付き量的緩和政策』と比べて，(1)日銀当座預金残高を操作目標とする，(2)CPI（除く生鮮食品）をゼロ％以上とする，という2点において実質的に相違しておらず，その時点ではほぼ満足のいくものでした」。

さて，ゼロ金利政策採用後，1年半を経過した2000年8月の時点で，日本銀行は，同政策を解除するにいたる。その際の日本銀行による当時の経済情勢にたいする判断は，以下のようなものであった。

> 「1年半が経過し，日本経済は，マクロ経済政策からの支援に加え，世界景気の回復，金融システム不安の後退，情報通信分野での技術革新の進展などを背景に，大きく改善した。現在では，景気は回復傾向が明確になっており，今後も設備投資を中心に緩やかな回復が続く可能性が高い。そうした情勢のもとで，需要の弱さに由来する物価低下圧力は大きく後退した。／このため，日本経済は，かねてより『ゼロ金利政策』解除の条件としてきた『デフレ懸念の払拭が展望できるような情勢』に至ったものと考えられる」。

ゼロ金利政策が「内外に例のない思いきった」政策である以上，また，篠塚委員が指摘するように，ゼロ金利政策の継続が預金金利の低下をつうじて所得分配面にも悪影響を及ぼす以上，実体経済面での条件が整いしだい，この政策を解除するというのは，きわめて自然な方向であったといえよう。

なお，ゼロ金利政策の解除にあたり，大蔵省および経済企画庁からの出席者は，新日銀法第19条第2項にもとづき，議決を次回の金融政策決定会合まで延期することを求めたが，政策委員会は，同条第3項——「前項の規定による議決の延期の求めがあったときは，委員会は，議事の議決の例により，その求めについての採否を決定しなければならない」——にもとづく採決を行い，これを反対多数で否決した。

3　金融機関保有株式の買入措置の導入

日本銀行は，通貨及び金融の調節（貸出政策，債券・手形の売買操作）その他の業務をつうじて，金融資産を獲得することになるが，日本銀行がそのバラン

スシートに保有する資産は，どのような要件を備えるべきであろうか。

　この点について，日本銀行は，かねがね，3つの基準を提示してきた。すなわち，①資産の健全性——日本銀行が保有する資産や担保は信用力のあるものでなければならない——，②資源配分の中立性——日本銀行が特定の種類の金融資産を集中的に保有すると，市場の価格形成に影響を与えたり，市場の資源配分に歪みをもたらす可能性がある——，③資産の流動性——日本銀行の資産は，必要なときには，いつでも，また，無理のないコストで処分できる資産でなければならない——，というのがそれである。

　問題は，この基準に照らして，日本銀行がそのバランスシートに株式を保有することが可能か否かという点にある。素直に考えれば，答は否ということになるであろう。じっさい，速水総裁は，1998年12月の共同通信社主催「きさらぎ会」における講演「中央銀行の役割とバランスシート」のなかで，この側面にかんして，以下のように解説する。

　「『日本経済は危機的な状況にあるので，日銀も社債や株式を積極的に買い入れるべきである。株式の買い支えは過去〔旧日銀法時代〕にもやったではないか。リスクが心配であるなら政府保証をつければよいではないか』という主張もされています。／ここでは，『中央銀行は流動性を創出することはできるが，資本は創出できない』ということを強調したいと思います。つまり中央銀行として民間リスクを肩代わりすることには，もともと大きな限界があるのです。また，このようなリスクの肩代わりで日銀資産が劣化すれば，本来の使命達成のための信認すら失いかねません。この点は，信用リスクや価格変動リスクの大きい株式については，新日銀法上も買入れができないことになっていることでおわかりいただけると思います。したがって株式を買い入れたり，それと同様のリスクを負うような資金拠出は行えない，というのが日銀の判断です」。

　ここまでは，なんら疑問の余地はない。ところが，不可解にも，2002年9月

になると，日本銀行は，一転して，しかも，速水総裁下で，「金融システムの安定に向けた新たな取り組みについて」という，つぎのような声明を発表するにいたる。

「1．本日，日本銀行政策委員会は，金融政策決定会合終了後，通常会合を開催し，不良債権問題の克服と金融システムの安定に向けて，以下の方針で臨むことを合意した。／2．わが国の不良債権問題は，バブル崩壊の後始末だけでなく，産業構造の転換・調整圧力の増大に伴い新たに発生する不良債権の処理という性格も加わりつつある。したがって，この問題の克服のためには，不良債権のより適切な把握のための工夫，早期処理の促進，企業・金融機関双方の収益力強化などを軸とした，総合的かつ粘り強い対応が必要である。／3．この間，金融機関保有株式の価格変動リスクが，金融機関経営の大きな不安定要因となっている。このリスクを軽減することは，金融システムの安定を確保するとともに，金融機関が不良債権問題の克服に着実に取り組める環境を整備するという観点からも，喫緊の課題である。こうした認識を踏まえ，日本銀行は，金融機関による保有株式削減努力をさらに促すための，新たな施策の導入を検討することとした」。

こうして，日本銀行は，2002年9月に，2兆円を上限とする金融機関保有株式の買入措置を導入するにいたった（2003年3月にはこの上限を3兆円に引き上げた）。

これを「君子」の豹変と呼ばずして，何をもってそう呼ぶべきであろうか。
2008年4月3日付の『朝日新聞』（夕刊）は，「速水日銀の5年間は，バブル崩壊の後始末が最大の仕事だった。そのために『禁じ手』を連発した。圧巻は02年9月，民間銀行から株を買い取ると表明。株価を下支えした」，と報じているが，筆者が，日本銀行によるこの金融機関保有株式の買入措置を，「禁じ手」とも呼ぶべき異例中の異例の政策であると判断する理由は，以下の諸点に

第7章　日銀の金融政策はどうだったか　　　　　　　133

もとづくものである。

　第1に，日本銀行の声明に，「日本銀行政策委員会は，金融政策決定会合終了後，通常会合を開催し」，とあるように，この決定は，金融政策としてではなく，「金融システムの安定」のための政策というかたちでなされた。ところで，「信用秩序の維持に資するための業務」ということであれば，新日銀法の第38条に，次のような規定が存在する。「内閣総理大臣及び大蔵大臣は，銀行法第57条の5の規定その他の法令の規定による協議に基づき信用秩序の維持に重大な支障が生じるおそれがあると認めるとき，その他の信用秩序の維持のため特に必要があると認めるときは，日本銀行に対し，当該協議に係る金融機関への資金の貸付けその他の信用秩序の維持のために必要と認められる業務を行うことを要請することができる」(第1項)。「日本銀行は，前項の規定による内閣総理大臣及び財務大臣の要請があったときは，第33条第1項に規定する業務のほか，当該要請に応じて特別の条件による資金の貸付けその他の信用秩序維持のために必要と認められる業務を行うことができる」(第2項)。新日銀法第38条にもとづく日本銀行による金融機関へのこの資金供給は，一般に，「特融等」と呼ばれている。ちなみに，日本銀行関係者によれば，「特融等」は，「信用秩序の維持に資するための業務」であって，「通貨及び金融の調節」(金融政策)業務ではないところから，この決定もまた，政策委員会の金融政策決定会合の席上においてではなく，その通常会合の席上において行われるとの由である。問題は，なぜ，日本銀行は，新日銀法第38条の規定を利用することなく，それとは別の手段を利用して「金融システムの安定」のための政策を採用するにいたったのかという点にある。そのゆえんは，おそらく，第1に，第38条の適用は，日本銀行ではなく，内閣総理大臣および大蔵大臣のイニシアチブを前提とすること，第2に，この条文は，銀行の業務の全部または一部の停止・銀行の免許の取り消しに関連する場合(銀行法第57条の5の規定)および「その他の信用秩序の維持のため特に必要があると認める」場合にしか発動できないこと，第3に，「特融等」によっては，金融機関にたいして，流動性の資金は供給できるとしても，資本性の資金は供給できないこと，こうした側面

が配慮されたためであると考えられる。最後の問題について若干の補足を行えば，こういうことである。すなわち，日本銀行は，従来から，信用秩序維持のための「特融等」に関する4原則，すなわち，①システミック・リスクが顕在化する惧れがあること，②日本銀行の資金供給が必要不可欠であること，③モラルハザード防止の観点から，関係者の責任の明確化が図られるなど適切な対応が講じられること，④日本銀行自身の財務の健全性維持に配慮すること，というそれを定めているが，このうちの4番目の原則に関連して，「資本性の資金の供与ではなく，流動性の供給を基本とすること」[1]，が謳われていた。

第2に，これが肝要なポイントであるが，日本銀行による金融機関保有株式の買入措置は，新日銀法の第33条1項が規定する「通常業務」としてではなく，また，第38条が規定する「信用秩序の維持に資するための業務」としてでもなく，これらの業務の枠外で実施されたということである。日銀法には，新旧を問わず，「他業禁止」規定と称されるものが存在する。新日銀法に即していえば，第43条の，「日本銀行は，この法律の規定により日本銀行の業務とされた業務以外の業務を行ってはならない」，という規定がそれに相当する。もっとも，この規定には，ただし書きが付されている。すなわち，「ただし，この法律に規定する日本銀行の目的達成上必要がある場合において，財務大臣及び内閣総理大臣の認可を受けたときは，この限りでない」，と。つまり，日本銀行による金融機関保有株式の買入措置は，このただし書きを活用するかたちで発動されるにいたったわけである。なるほど，新日銀法第1条第2項では，「日本銀行は，……銀行その他の金融機関の間で行われる資金決済の円滑の確保を図り，もって信用秩序の維持に資することを目的とする」，と定められている。しかし，この目的は，ほんらい，「銀行その他の金融機関の間で行われる資金決済の円滑の確保」を図るという通常業務，ならびに，第37条に規定されている「金融機関等に対する一時貸付け」業務（「日本銀行は，金融機関その他の金融業を営む者であって政令で定めるものにおいて電子情報処理組織の故障その他の偶発的な事由により予見し難い支払資金の一時的な不足が生じた場合であって，その不足する支払資金が直ちに確保されなければ当該金融機関等の業務の遂行に著しい支障が

生じるおそれがある場合において，金融機関の間における資金決済の円滑の確保を図るために必要があると認めるときは，第33条第1項の規定にかかわらず，当該金融機関等に対し，政令で定める期間を限度として，担保を徴求することなくその不足する支払資金に相当する金額の資金の貸付けを行うことができる」）をつうじて，達成される性格のものとして捉えられるべきであろう。はたして，「他業禁止」規定を犯すという「禁じ手」に訴えてまで，日本銀行は金融機関保有株式の買入措置を発動する必要があったのかどうか，疑問の残るところである。

　第3は，日本銀行による金融機関保有株式の買入措置は，どのような意味で金融機関にたいする資本の供給につながるのか，という論点である。一般的にいえば，金融機関のバランスシートにおいて，不良債権の処理ないし経営基盤の強化に充当される項目は，資産でも負債でもなく，自己資本と呼ばれるそれである。そして，これは，株主から払い込まれた資金と金融機関の営業活動から生み出された利益（過去の利益の内部留保と当期に発生した利益）とからなる。ところで，日本銀行による金融機関保有株式の買入措置を介して供給される資金は，みられるように，金融機関の不良債権の処理ないし経営基盤の強化への充当を予定されていたのであるから，それは，「資本性の資金の供与」以外の何ものでもありえないということになるであろう。

　以上を要するに，本節において，筆者が強調したかった点は，日本銀行による金融機関保有株式の買入措置は，世界の中央銀行の業務内容に即しても，また，新日銀法の精神に即しても——たとえ法令上の形式的要件を満たすとはいえ——，あきらかにルール違反であり，金融機関保有株式の買入措置をつうじて「資本性の資金の供与」が行われるのであれば，それは，日本銀行の手によってではなく，政府の手によって行われるべき性質のものであったということにほかならない。日本銀行の金融政策の独立性が政府から守られなければならないとすれば，日本銀行も政府の経済政策ないし財政政策の独立性を犯すことがあってはならない。

4　量的援和政策の採用

　ゼロ金利政策は2000年8月に解除されたが，その後の日本経済の足跡は，不運な経過をたどることになった。というのは，2000年末に，アメリカのITバブルが崩壊し，日本経済は，そのあおりをまともに受ける結果になったからである。2001年度の実質GDPは，1998年度以来，ふたたびマイナスを記録した。2001年度の生鮮食品を除く消費者物価指数は，2000年度のマイナス0.4％からマイナス0.8％に悪化した。日経平均株価も，2000年の1万7100円から2001年の1万2100円に低下した。そして，ここから，再度，「デフレ・スパイラル」への突入の危険性が唱えられることになった。

　こうした事態を背景に，2001年3月，日本銀行は，「物価が継続的に下落することを防止し，持続的な経済成長のための基盤を整備する観点から」，「通常では行われないような，思い切った金融緩和に踏み切ることが必要と判断し」（「金融市場調節方式の変更と金融緩和措置について」），従来の金利政策から離れて，量的緩和政策を採用するにいたる。ここで，新しい政策が量的緩和政策と称されるのは，金融市場の調節にあたり，主たる操作目標を，これまでの無担保コールレート（オーバーナイト物）すなわち金利指標から，日本銀行当座預金すなわち量的指標に変更したことに起因している。この量的緩和政策は，同時に，つぎのような内容をともなうものでもあった。①新しい金融市場調節方式は，消費者物価指数（全国，除く生鮮食品）の前年比上昇率が安定的にゼロ％以上になるまで継続する（これは後に「時間軸効果」と呼ばれるようになった）。②当面，日本銀行当座預金残高を，最近の金融機関所要準備額である4兆円強から1兆円程度積み増し，5兆円程度に増額する（この当座預金残高目標は，その後，順次積み増され，最終的には，30～35兆円程度にまで増額された）。この結果，無担保コールレート（オーバーナイト物）は，通常はゼロ％近辺で推移するものと予想される。③日本銀行当座預金を円滑に供給するうえで必要と判断される場合には，現在，成長通貨——日本銀行券発行高の増加分——を供給するために，

月4000億円ペースで行っている長期国債の買い入れを増額する（この目標も，順次積み増され，最終的には，1兆2000億円ペースにまで増額された）。ただし，日本銀行が保有する長期国債の残高は，銀行券発行残高を上限とする。

　当時，日本銀行が，どこまで意識していたかは判断のかぎりではないが，客観的にみれば，この量的緩和政策の採用は，アメリカ的＝マネタリスト的・金融論＝金融政策論への全面的な屈服を意味するものであった。

　ところで，ひるがえって考えてみると，日本銀行の立場からすれば，この時点で，ゼロ金利政策への復帰という選択肢もなお残されていたはずである。それにもかかわらず，なぜ，同行は，あえて，量的緩和政策の採用に踏み切ったのであろうか。おそらく，その理由は，次の諸点に求められるであろう。①ゼロ金利政策への復帰は，金利の打ち止め感をともなうが，これに比べて，量的緩和政策であれば，追加的量的緩和の余地が背後になお控えていること，②政策委員会内で，かねてから，中原委員が，量的緩和政策の採用を提唱していたこと，③ゼロ金利政策の解除に際して，政策委員会・金融政策決定会合への大蔵省および経済企画庁からの出席者が，議決延期請求権を行使していたこと，④これに関連して，ゼロ金利政策解除についての日本銀行の判断の誤りを指摘する声が政府内に広がっていたこと（速水総裁は5年間の任期中に450回も国会に呼ばれて政策を問われたとのことである），くわえて，⑤国会内で，自由民主党議員の一部のあいだからではあるが，日銀法の再改正を求める動きが顕在化しつつあり，再改正の私案には，インフレ・ターゲティングの義務づけや内閣による総裁の解任権の復活が明記されていたこと，などがそれである。つまり，日本銀行内部の事情と政府・国会という外部からの圧力とがからまって，量的緩和政策の採用に踏み切らざるをえない結果にたちいたったというのがことの真相であろう。筆者のみるところ，「より劇的な対応」[2]を求めるあまり，いわば拙速的に量的緩和政策への移行が決定されたのであり，それが有しうる副作用を含めた政策的含意について，日本銀行および政策委員会内で事前に踏み込んだ理論的検討がくわえられた形跡は，残念ながら，ほとんど認められない（篠塚委員は量的緩和政策の採用に反対票を投じた）。

それでは，量的緩和政策には，どのような効果が期待されていたのであろうか。一般に指摘されるのは，つぎの3つの効果である。①ポートフォリオ・リバランス効果，②時間軸効果，③金融機関の流動性不足を遮断し，金融市場の安定の確保をつうじて，デフレ・スパイラルを防止する効果。しかし，②の時間軸効果についていえば，速水総裁が，「デフレ懸念の払拭が展望できるような情勢になるまでは，この政策〔ゼロ金利政策〕を続ける」(1999年6月の日本記者クラブにおける講演「ゼロ金利政策について」)，と明言していたのであるから，「新しい金融市場調節方式〔量的緩和政策〕は，消費者物価指数の前年比上昇率が安定的にゼロ％以上となるまで継続する」という，表現上の精緻さという点を別とすれば，この効果は，量的緩和政策に固有なものであるとみなすことはできない。また，③の金融機関の流動性不足の遮断効果についても，ゼロ金利政策採用時の金融市場調節方針のなかに，「より潤沢な資金供給を行い」，「豊富で弾力的な資金供給を行い」，という指示が含まれていたのであるから，たとえ，当時，ゼロ金利政策に復帰していたとしても，金融システム不安にともなう金融機関による日本銀行当座預金にたいするいわば予備的需要（預金の流出の恐れおよび短期金融市場から必要な資金を調達できないかもしれないとの懸念から発生する資金需要）の発生にたいして，日本銀行は，「弾力的」に対応することが可能であったにちがいない。したがって，この効果についても，量的緩和政策に固有なものとして，過大な点数を与えるべきではないということになる。

　そうなると，量的緩和政策の評価は，結局のところ，ポートフォリオ・リバランス効果が有効に機能したか否かという側面にかかわってくることにならざるをえない。ところが，この肝心な点になると，当然といえば当然のことであるが，関係者は，一様に厳しい判断をくだすことになんらのためらいも示さない。2～3の実例を，以下に紹介することにしよう。

　速見総裁の後を受けて，2003年3月に，福井俊彦総裁が登場するが，同総裁は，就任直後の4月に，金融市場調節方針を，「日本銀行当座預金残高が15～20兆円程度となるよう金融市場調節を行う」というものから，「22～27兆円程

度」というものへと上方に変更したにもかかわらず，早くも，同年6月の日本金融学会春季大会における講演（日本金融学会創立60周年記念講演）「金融政策運営の課題」のなかで，つぎのように論定するにいたる。

「同時に，量的緩和政策採用以降，当座預金残高の増加がこれほど巨額になったにもかかわらず，それ自体では経済活動や物価を積極的に押し上げる力はさほど強くなかったことも事実として受けとめる必要があるように思われます。量的緩和が経済活動や物価を押し上げる効果をさほど強く示さないのは何故でしょうか。／経済全体の調整圧力がなお強いからだといえばそれまでですが，量的緩和に期待された効果の1つはいわゆるポートフォリオ・リバランス効果であったと思います。これは，流動性サービスの限界価値がゼロになっても，中央銀行が流動性の供給をさらに増やし続ければ，人々がそれを実物資産であれ，金融資産であれ，限界的価値のより高い資産に振り替える。そしていずれは資産価格の上昇などを通じて経済活動に前向きのモメントを与えるだろうという筋書きですが，これまでのところ，その効果は必ずしも十分には検証されていません」。

さらに，2008年4月に，福井総裁からバトンを引き継いだ白川方明総裁もまた，近著『現代の金融政策——理論と実際——』（ちなみに，この著書は総裁就任直前に出版された）のなかで，以下のような判定をくだすにいたっている。

「量的緩和政策採用前も採用後も，マネタリーベースを拡大すれば，マネーサプライの増加を通じて景気拡大・物価上昇が実現されるという議論が展開された。そのルートとしては，信用乗数理論に基づくマネーサプライの増加，インフレ予想の醸成，流動性飽和に伴うリスク資産への需要シフトによる金融資産の価格変化（『ポートフォリオ・リバランス効果』）等が指摘された。しかし，量的緩和政策採用後の……数字が示すように，信用乗数理論に基づくマネタリスト的なチャネルは観察されなかった」[3]。

「『ポートフォリオ・リバランス効果』とは，ゼロ金利下にあっても，流動性（マネタリーベース）の飽和という状況を作り出すことによって生じるリスク資産への需要のシフトとして定義されることが多い。ポートフォリオ・リバランス効果の存在を主張する論者は，量的緩和政策の採用期間中に観察された信用スプレッドの低下を『ポートフォリオ・リバランス効果』の例として挙げることがある。しかし，そうした信用スプレッドの低下は『ポートフォリオ・リバランス効果』という概念を用いることなしに，以下の2つのルートから信用スプレッドの低下が生じたと考えるほうが自然な解釈である。第1に，リスクフリー金利の低下に直面した投資家が相対的に利回りの高い金融資産の購入を増やした可能性がある。言い換えると，金利低下に誘発された投資家の裁定行動である。第2に，……当座預金残高を増加させるための日本銀行の資金供給オペレーションが信用スプレッドを圧縮した。そうした信用スプレッド圧縮効果のそもそもの源泉は〔日本銀行の〕資産構成の変化〔期間の長期化，相対的に信用度の低い資産の買い入れ比率の上昇〕であり，量の増加ではない」[4]。

みられるように，新旧2人の日本銀行総裁が，量的緩和政策の実施期間中，その最大の効果として期待された，肝心かなめのポートフォリオ・リバランス効果がそれじたい「検証」されなかったということを，疑問の余地のないかたちで明確に論定している。この事実がもつ意味は重いといわなければならない。一般に，自然科学の分野と異なり，社会科学の分野では，実験は不可能であると考えられている。しかし，わが国におけるこの量的緩和政策の採用は，アメリカ的＝マネタリスト的金融論の金融政策面への稀有な歴史的実験の試みであったとみなすことはできないであろうか。それも，壮大な失敗の実験例として。

否，新旧の2人の日本銀行総裁どころか，これにくわえるに，アメリカ的経済学の体現者である竹中平蔵経済財政政策担当大臣の時期の2003年版『経済財政白書』（その副題は「改革なくして成長なしⅢ」である）においてさえ，ポート

フォリオ・リバランス効果が十分に発揮されなかったことが，公然と承認されているという事実も認められる[5]。

　他面において，量的緩和政策は，大きな副作用をもたらすことになった。とりわけ，無視しがたいのは，それが，短期金融市場なかんずくコール市場の機能を低下させたことである。すでに指摘したように，金融政策の王道は，金利政策にある。わが国の場合，金融政策の発動にあたって，操作目標としての無担保コールレート（オーバーナイト物）の日本銀行による目標水準への誘導が金融政策の起動点をなしてきた。そして，コール市場とは，金融機関が相互のあいだで，貸借をつうじて資金の過不足を調整する場以外のなにものでもない。ところが，量的緩和政策により，日本銀行は金融機関にたいして直接に資金をしかもジャブジャブに供給しはじめたのであるから，コール市場は，事実上，その存在を否定されることにならざるをえなかった。この面での日本銀行の責任は免れがたい。というのは，ほんらいであれば，金融政策の始発の場となるべきコール市場を日本銀行がみずからの手で麻痺させることになったからである。

　問題をこのように整理するならば，筆者には，2001年の時点で，日本銀行は，量的緩和政策に踏み切るべきではなく，むしろ，ゼロ金利政策に復帰すべきであったように思われてならない。あるいは，将来，1973～74年の「狂乱インフレ」期，80年代後半の「バブル」期と並べて，この量的緩和期を，日本銀行が犯した戦後3番目の金融政策上の誤りの時期として，後世の論者が糾弾する日が訪れることもありうるのかもしれない。

　さて，量的緩和政策は，新しい金融市場調節方式を，消費者物価指数（全国，除く生鮮食品）の前年比上昇率が安定的にゼロ％以上となるまで継続することを約束していた。日本経済の状況をみると，2002年以降，輸出を中心に景気が回復し始め，それにつれて設備投資も増加するにいたる。金融システム面でも，永年にわたって日本経済の重石となってきた不良債権問題の処理に，ようやく目途が立ちはじめた。さらに，物価面では，2005年11月以降，消費者物価指数の前年比がプラスに転化するにいたる。こうした事態を受けて，日本銀行

は，上記の約束の条件は満たされたとの判断をくだし，2006年3月，5年ぶりに，日本銀行当座預金残高を操作目標とした量的緩和政策を解除し，短期金融市場金利を操作目標とした金利政策に復帰することを決断する。といっても，この時点での金融市場調節方針は，いまだに，「無担保コールレート（オーバーナイト物）を，概ねゼロ％で推移するよう促す」，というものにとどまり，それが，0.25％前後に引き上げられたのは，2006年7月，0.5％前後に引き上げられたのは，2007年2月のことであった。

なお，量的緩和政策の解除を決定した2006年3月9日の日本銀行政策委員会・金融政策決定会合の席上，財務省側の出席者から，以下のような発言（これは，会議の一時中断を求め，財務大臣と連絡をとったうえでの発言である）があったことが留意されるべきである。

「量的緩和政策が解除される場合には，実体経済との関係では，景況観に地域差がある中で，デフレ脱却を確実なものとするため，量的緩和政策解除後も，いわゆるゼロ金利の継続により，金融面から経済を十分に支えて頂くことが必要と考えている。また，市場の安定が確保されるような金融政策運営が必要と考えている。具体的には，量的緩和解除後，当座預金残高の縮減を市場の状況を見ながら慎重に行うなど，市場が不安定にならないよう適切な金融調節を実施すること，市場は憶測で動いて不安定になることもあるので，量的緩和解除後の金融政策の考え方や道筋について透明性を高めること，長期金利を含めた金利全般に目配りしていく姿勢を明確にするとともに，長期国債の買入れ額については，現状を維持すること，が重要であると考えている」。

ここには，量的緩和政策の解除をしぶしぶ承認しつつも，低利での国債の借換・新規発行の持続が可能となるように，ゼロ金利政策の継続と，長期金利の安定につながる月額1兆2000億円（年額14兆4000億円）にのぼる長期国債の買入れ額の現状維持を求める財務省の露骨な姿勢が如実に示されている。ちなみ

に，日本銀行は，量的緩和政策の解除の際にも，また，その後も，月額1兆2000億円というこの長期国債の買い入れ額を変更するにいたっていない。このあたりが，量的緩和政策の解除にあたっての，日本銀行と政府のあいだでのぎりぎりの妥協点ということになるのであろうか。

5　日米の金融政策の交流関係

　新日銀法施行以降の日本とアメリカの金融政策を比較してみると，両者のあいだには深い交流関係が存在することを読みとることができる。
　まず，連邦準備制度理事会は，日本のデフレの経験と政府および日本銀行のそれへの対応策を徹底的に学習することにより，ITバブルの崩壊に際して，自国でのデフレの発生を防止することを目的に，政策金利の果断な引き下げに踏み切る。
　当時，連邦準備制度理事会議長であったA.グリーンスパンは，自伝『波乱の時代——わが半生とFRB——』のなかで，この間の事情について，以下のように回想している。

　「2001年前半にはすでに，インターネット・バブルの破裂と株式市場全体の下落の影響を和らげるために，7回にわたって利下げを実施していた。そして9.11の同時多発テロの後には，フェデラル・ファンド金利誘導目標をさらに4回引き下げ，2002年の企業不正会計スキャンダルの最中にもう一度利下げを実施した。2002年10月にはフェデラル・ファンド金利誘導目標は1.25パーセントであり，10年前であれば，FOMC〔連邦公開市場委員会，フェデラル・ファンド金利誘導目標の決定権限を有する機関〕委員の大半が理解しがたいと感じたはずの低水準となっている」[6]。
　「しかし2003年になると，景気の落ち込みとディスインフレが長期にわたって続いてきたため，FRBはさらに変わった危険を考慮せざるをえなくなった。物価が下落する現象，デフレーションである。つまり，13年に

わたって日本経済の沈滞をもたらしていたのと同様の悪循環に，アメリカ経済が陥る可能性だ。これはきわめて心配な問題だった。現代の経済ではインフレが慢性的な頭痛のタネになっており，デフレはめったにみられない病だ。アメリカはもはや金本位制を採用していない。不換紙幣のもとでのデフレは，考えられないことだった。デフレに陥りそうな状況になったとしても，印刷機をまわしてデフレの悪循環を防ぐのに必要なだけの紙幣を供給すれば問題は解決する。そうわたしは考えてきた。だが，この確信は揺らいでいた。この時期，日本はいってみれば，通貨供給の蛇口を全開にしている。短期金利をゼロにまで引き下げている。財政政策を思い切り緩和し，巨額の財政赤字をだしている。それでも物価は下がりつづけた。日本はデフレの軛から抜け出せないようであり，1930年代以降にはなかったデフレの悪循環に陥っているのではないかと恐れているはずだと思えた」[7]。

「2003年6月後半のFOMC会合では，政策金利をさらに引き下げて1パーセント〔これは，当時のアメリカの物価水準を考慮に入れれば，マイナスの実質金利を意味する〕にしたが，このときに議論の中心になったのはデフレだ」[8]。

筆者としては，ここで，「デフレに陥りそうな状況になったとしても，印刷機をまわしてデフレの悪循環を防ぐのに必要なだけの紙幣を供給すれば問題は解決する」，という文章に注目せざるをえない。なぜかといえば，そこには，長期にわたって連邦準備制度理事会議長の職にあり，金融政策の「マエストロ（名指揮者）」とさえ称された人物が，その素顔という面では，マネタリスト的教条の素朴な信奉者の一人にすぎなかったということが，疑問の余地なく，明瞭に示されているからである。いわく，デフレは，インフレーションと同様に，貨幣的現象である。いわく，貨幣とは，紙幣のことである（預金貨幣の無視）。いわく，したがって，デフレの悪循環を防ぐためには，印刷機をまわして必要なだけの紙幣を供給すれば，問題は解決する，と。はたして，マネタリ

ストが主張するように，グリーンスパンもまた，印刷された紙幣を郵便物のように各家庭に配布しようと考えているのであろうか。あるいは，それをヘリコプターからばら撒こうとでも考えているのであろうか。

それはともかく，この際の利下げが，今日のいわゆるサブプライムローン危機につながる，住宅バブルの発生の原因として作用したことは，否定しがたい事実である。ところが，グリーンスパンは，この現実を前にして，これは，バブルではなく，フロスにすぎないと強弁する。すなわち，「わたしは講演で，これはバブルではなく小さなあぶく（フロス）にすぎないと話した。バブルに似ているがごく小さく，地域的なので，経済全体の健全性を損うほどの規模にはなりえない」[9]，と。

後知恵というわけではなく，この理解は，住宅バブルをたんなるフロスと認定した点で，アメリカの経済実態にたいする決定的な誤認を犯したものと断じなければならない。じっさい，J.E.スティグリッツは，『スティグリッツ教授の経済教室』のなかで，住宅バブルの発生の放任という見地から，グリーンスパンにたいして，以下のような辛辣な批判をくわえるにいたっている。

「話は2001年の景気後退のときにさかのぼる。ブッシュ大統領は，当時のFRB議長アラン・グリーンスパンの支持を得て減税を断行したが，それはアメリカの最富裕層に恩恵をもたらすだけで，ITバブル崩壊後の景気後退からアメリカ経済を浮揚させる効果のないものであった。その誤りのせいで，FRBが成長と雇用の維持という自らの責務を果たそうとするなら，打てる手は限られていた。金利を引き下げるしかなかったのだ。FRBは何度もこれを行い，金利はついに前代未聞の1％にまで低下した。／この策は効果はあったものの，その効果は金融政策の通常の作用の仕方とは根本的に異なるかたちでもたらされた。通常は，金利が低下したら企業は借り入れを増やして投資を拡大するため，負債が増えた分だけ生産設備が増大する。／だが，この景気後退は，1990年代の過剰投資も根本原因の1つとなっていたため，金利の低下は投資をあまり刺激しなかった。経済は

成長したが，それは主としてアメリカ人がより多くの負債を抱えるよう言いくるめられて住宅ローンの借り換えを行い，浮いたカネの一部を消費に回したためだった。低金利のおかげで住宅価格が上昇している限り，アメリカ人は負債の増大を気にする必要はなかったのだ」[10]。

「住宅バブルの崩壊が予測可能だったように，その影響もやはり予測可能である」[11]。

「この成長エンジンが止まったのだから，アメリカ経済がどのようにして減速を免れるのか，その方策は見えてこない」[12]。

「『人間の誤りはその人が舞台を去ってからも長く影響を残す』という古い金言があるが，それはグリーンスパンについては間違いなく当てはまる」[13]。

つまり，経過は，つぎのとおりである。①日本はバブルの後遺症からデフレに陥った。②ひとたびデフレに陥ると，金融政策も財政政策も有効性を失い，「デフレの悪循環」から抜け出すことが困難になる。③アメリカは，日本の経験を反面教師として，「同様の悪循環」に陥る危険性を排除するべく，政策金利をアメリカとしては前代未聞の水準にまで引き下げるにいたった。④ところが，それはそれで住宅バブルを発生させる原因として作用した。これでは，はたして，アメリカは本当に日本のデフレの経験を反面教師として学んだということになるのであろうか。疑問の残るところであろう。

今度は，日本銀行が，連邦準備制度理事会から，学習する順番である。同行は，アメリカのサブプライム危機の経験を反面教師とするかたちで，資産価格バブルないし金融危機にたいする，「事後処理」ではなく，「予防的措置」ないし「予防的対応」の重要性を再認識しつつある。

じつは，金融政策の目的ないし理念のなかに資産価格の安定を含めるべきか否かという論点については，日本銀行と連邦準備制度理事会とのあいだに，大きな見解の隔たりが存在する。

日本銀行の場合には，この側面にかんして，バブル期の反省を踏まえ，「資

産価格の変動にも留意していく」，という制約条件が課されている。というのは，1997年の新日銀法の制定にあたり，金融制度調査会は「日本銀行法の改正に関する答申」を提出したが，同調査会は，「答申理由書」のなかで，「日本銀行の金融政策（通貨及び金融の調節）の最も重要な目的は『物価の安定』を図ることにある」，としながらも，つぎのような指摘を残しているからである。すなわち，「一般物価水準が安定している中でも，地価・株価等の資産価格の高騰・急落が生じ，国民経済に深刻な影響を与える可能性があることは，過去の経験が示すところであり，日本銀行は，資産価格の変動にも留意していく必要がある」，と。

これにたいして，連邦準備制度理事会の場合には，かねてから，いわゆるFRBビューなるものが存在する。白川氏の『現代の金融政策』に依拠しつつ，筆者なりにこれを整理すれば，その内容は，以下のように要約されよう[14]。

①金融政策の目標は物価の安定であり，資産価格の安定ではない。資産価格を金融政策の目標とすることは適当ではない。②資産価格の上昇がバブルであるかどうかは事後的にしかわからない。資産価格は市場参加者の無数の知恵を反映して形成されており，中央銀行が市場参加者よりも優れた判断能力を有しているとは考えられない。仮にそうした判断能力を有していたとしても，バブルをつぶすためにはきわめて大幅な短期金利の引き上げが必要になるが，必要とされる短期金利の引き上げ幅がいくらであるかは事前にはわからない。したがって，資産価格の上昇にたいして短期金利の引き上げで対応することは不適当である。③金融政策は，バブルが崩壊した後に，積極的な金融緩和を行うことによって対応すべきである。

日本銀行と連邦準備制度理事会とのあいだに，資産価格バブルにたいするこうした政策的対応上の差異が存在するなかで，アメリカでは，①ITバブル崩壊後の積極的な金融緩和，②住宅バブルの発生の座視，③その崩壊後の積極的な金融緩和，という事態がつづくことになった。しかし，2度目の積極的な金融緩和策が期待された効果を発揮しえないまま，現在，アメリカ経済は，底の見通せないサブプライムローン危機に引きずり込まれつつある。こうした現実

を目前にして，日本銀行としては，資産価格バブルないし金融危機にたいして，「事後処理」ではなく，「予防的措置」ないし「予防的対応」の重要性を再認識せざるをえなくなったというのが，おそらく，ことの真相であろう。岩田一政副総裁（当時）および福井総裁の以下の発言は，この間の事情を有弁に物語るものである。

　　岩田副総裁――「今回のアメリカ住宅部門の調整に端を発する金融市場の混乱は，資産価格の変動に対して金融政策はどのように運営すべきかという問題を提起しています。日本銀行は，〔量的緩和政策解除時の〕2006年3月に公表した新たな政策枠組みにおいて，中長期的にみて物価が安定していると各政策委員が理解する物価上昇率である『物価安定の理解』を公表するとともに，2つの柱という枠組みを導入しました。すなわち，予測期間における短期的な見通しの点検を行なう第1の柱と，予測期間を超えるリスク点検に関する第2の柱です。新たな枠組みの導入は，1980年代後半以降の資産価格バブルの発生と破裂，それに続くデフレという歴史的な経験も踏まえたものであり，第2の柱は，発生する確率は低くともそれが発生した場合には経済に与える損失が大きな事象に備えるためにも設けられました」（2007年10月4日の山口県金融経済懇談会における挨拶）。

　　福井総裁――「例えば，米国サブプライム問題に端を発する今般の国際金融市場の変動の基本的な性格は，良好な経済・金融情勢が続くもとで，リスク評価が徐々に緩み，過度なポジション・テイクが行われた結果，市場の自律的調整により巻き戻しが起きたということだと思います。こうした基本的な性格は，10年前のアジア危機など，他のグローバル・レベルで起こった金融危機にも当てはまる問題です。／中央銀行として，こうした事態にどう対処するのか，特に予防的措置と事後処理とのどちらにより注力すべきかについては，政策当局者やアカデミアでも，多くの論戦が繰り広げられてきていますが，私自身のこれまでの体験を振り返ると，これらは二者択一の問題ではなく，その両方とも大事としかいいようがありませ

ん。いざことが起きた時の迅速で適切な対応は当然です。ただ，むしろ平常時においては，いや，平常時であるからこそ，潜在的なリスク要因を念頭においた充分注意深い政策運営を心がけることが必要であると思っています」，「私ども日本銀行は，昨年〔2006年〕3月の量的緩和の解除後，2つの柱に基づく政策フレームワーク（two-perspective approach）を導入しております。1つ目の柱では，経済・物価の標準シナリオを点検します。2つ目の柱では，さまざまなリスク要因をチェックしますが，その際，起こる可能性は低くても，起こったときに多大なコストを引き起こしかねないリスクに関しても評価を行っています。ここには，先ほど申し上げました行き過ぎやその巻き戻しのリスクも含まれています。私どもは，このように，予防的対応をしっかりスコープに入れた判断を行うよう努めています」（2007年11月27日のパリ・ユーロプラス主催のファイナンシャル・フォーラムにおける講演「金融グローバル化と金融市場の課題」）。

筆者には，資産価格バブルへの対応策としては，あきらかに，連邦準備制度理事会のそれよりも，日本銀行のそれがより優れた姿勢であると思われる。ただ，注文をつけるとすれば，日本銀行は，潜在的なリスクの評価にとどまらず，それにくわえて，バブルの判定基準の理論的な明確化に向けても，最大限の努力をはらうべきであると考えられる。

6 結　語

ここでは，新日銀法施行後の10年間における日本銀行の金融政策（「金融システムの安定」のための政策を含む）を振り返りつつ，若干の教訓を導くことにしたい。

第1は，量的緩和政策にはけっして復帰してはならないこと。金融政策の王道は，金利政策にある。また，量的緩和政策は，理論的に間違ったアメリカ的＝マネタリスト的金融論の金融政策面への適用であった。

第2は，金融機関保有株式の買入措置を2度と繰りかえしてはならないこと。この措置にもとづく資金の供給は，流動性の供給ではなく，資本性の資金の供与を意味する。そして，資本性の資金の供与ということになれば，その固有の権限は，政府の経済政策ないし財政政策に属する。日本銀行が政府からの独立性を要求するのであれば，日本銀行の金融政策は，政府の経済政策ないし財政政策の独立性を犯すものであってはならない。

　第3は，物価の安定という理念が大前提になるにせよ，それを実現するための手段としての金利操作が必然的に所得の再分配という側面をともなうものである以上，日本銀行は，金融政策を実施するにあたって，企業・銀行・政府サイドへの影響に目配りするだけではなく，国民サイドへの影響にも十全な目配りを行うべきであるということ。

　第4に，日本銀行は，ゼロ金利政策，金融機関保有株式の買入措置，ならびに，量的緩和政策の功罪について，適切な時期にみずから総括し，世界の中央銀行にこれを参考資料として公表すべきこと。これらの政策が世界の中央銀行の歴史に認められない異例中の異例の政策であった事実に照らして，このことは，日本銀行が世界の中央銀行にたいして果たすべき当然の責務であるといわなければならない。

　さしあたり，以上であるが，最後に，筆者としては，外需ではなく内需を中心とした日本経済の回復を俟って，日本銀行の手により，金融政策が正常に機能する環境が1日も早く整備されることを，心から願わずにはいられない。

注
1) 　日本銀行『平成10年度業務概要書』，127頁。
2) 　速見優『強い円　強い経済』東洋経済新報社，2005年，129頁。
3) 　白川方明『現代の金融政策——理論と実際——』日本経済新聞出版社，2008年，358頁。
4) 　同上，359頁。
5) 　平成15年版『経済財政白書』(内閣府編集) 国立印刷局，2003年，73-81頁，参照。
6) 　アラン・グリーンスパン『波乱の人生——わが半生とFRB——』(山岡洋一・高遠裕子訳) 日本経済新聞出版社，2007年，331頁。

7）　同上，332-333頁。
8）　同，333頁。
9）　同，336頁。
10）　同，321-322頁。
11）　同，324頁。
12)13)　同，325頁。
14）　白川前掲書，400-401頁，参照。

第8章

金融危機下の日銀の金融政策
―― 「異例の措置」の再発動 ――

1　リーマン・ショック以後の日銀の金融政策

　筆者は，前章の「結語」のなかで，「ここでは，新日銀法施行後の10年間における日本銀行の金融政策（「金融システムの安定」のための政策を含む）を振り返りつつ，若干の教訓を導くことにしたい」として，以下の4点にわたる問題を提起した。

　①量的緩和政策にはけっして復帰してはならないこと。金融政策の王道は，金利政策にある。また，量的緩和政策は，理論的に間違ったアメリカ的＝マネタリスト的金融論の金融政策面への適用であった。

　②金融機関保有株式の買入措置を2度と繰りかえしてはならないこと。この措置にもとづく資金の供給は，流動性の供給ではなく，資本性の資金の供与を意味する。そして，資本性の資金の供与ということになれば，その固有の権限は，政府の経済政策ないし財政政策に属する。日本銀行が政府からの独立性を要求するのであれば，日本銀行の金融政策は，政府の経済政策ないし財政政策の独立性を犯すものであってはならない。

　③物価の安定という理念が大前提になるにせよ，それを実現するための手段としての金利操作が必然的に所得の再分配という側面をともなうものである以上，日本銀行は，金融政策を実施するにあたって，企業・銀行・政府サイドへの影響に目配りするだけではなく，国民サイドへの影響にも十全な目配りを行うべきであるということ。

④日本銀行は，ゼロ金利政策，金融機関保有株式の買入措置，ならびに，量的緩和政策の功罪について，適切な時期にみずから総括し，世界の中央銀行にこれを参考資料として公表すべきこと。これらの政策が世界の中央銀行の歴史に認められない異例中の異例の政策であった事実に照らして，このことは，日本銀行が世界の中央銀行にたいして果たすべき当然の責務であるといわなければならない。

以上であるが，日本銀行は，2006年3月の時点で，量的緩和政策を解除するにいたる。これは，金融市場調節方針の，「日本銀行当座預金残高が30～35兆円程度となるよう金融市場調節を行う」というものから，「無担保コールレート（オーバーナイト物）を，概ねゼロ％で推移するよう促す」というそれへの変更を含意するものであった。その後，日本銀行は，同年7月には，操作目標としての無担保コールレート（オーバーナイト物）の水準を0.25％に，また，2007年2月には，それを0.5％に引き上げる。

ところが，2008年9月のリーマンブラザーズの破綻を契機とする国際金融危機の発現以降，金融機関や機関投資家は，取引相手先のカウンターパーティー・リスク（取引相手先が支払不能に陥ることによって生じるリスク）ならびに市場リスク（市場価格の変動にともなうリスク）を極度に警戒するようになり，そのため，金融機関が相互間で資金の貸借を行うインターバンク市場をはじめとして，住宅ローン・商業用不動産を基礎にした証券化商品市場，企業が資金調達の場としているCP（コマーシャルペーパー）・社債市場，さらには，購入した社債および証券化商品のリスクヘッジのために利用されるCDS（クレジット・デリバティブ・スワップ）市場にいたるまで，金融市場が全体として機能麻痺に陥ることになった。くわえて，証券化商品価格の下落や貸出の不良債権化をつうじて，自己資本が毀損した銀行は，企業や個人への貸出態度を急速に慎重化させるにいたる。こうして，金融危機が実体経済に悪影響を及ぼすことになり，逆に，実体経済の悪化が金融危機を激化させることにつながった。まさに，悪循環の発生であり，国際金融危機と世界大恐慌の結合としての「複合的クライシーズ（crises）」の到来というわけである。

わが国についていえば、当初の楽観的な予想に反して、実体経済面は、世界大恐慌の直撃を回避するわけにはいかなかった。というのは、2002年以降のわが国の景気回復は、輸出主導型のそれであったことから、恐慌の発生にともなう世界的輸出減少の影響が日本経済にもろに波及することになり、その結果、危機の発生源である欧米を上回る鉱工業生産・GDP（国内総生産）の後退ぶりをみせることになったからである。同様に、金融機関サイドでも、株価の下落をつうじて自己資本が毀損したことから、銀行は、中小企業を中心に貸出姿勢を急激に慎重化させるようになる。というのは、この間、東京証券取引所における外国人投資家の株式売買比率は60％にも達していたので、金融危機の発生にともなう外国人投資家の撤退とともに、ここでもまた、欧米を上回る株価の下落ぶりをみせることになり、それが金融機関経営に悪影響を及ぼすにいたったからである。さらに、企業業績の悪化ならびに株価の下落をつうじた銀行・生命保険会社のリスク許容度の低下は、大企業によるCP・社債の発行の困難化という事態を引き起こすという問題も生じさせた。

　こうした現実を背景に、国際金融市場や欧米の金融システムが深刻な動揺を示すようになった2008年9月以降、日本銀行は、各国の中央銀行と歩調をあわせるかたちで、さまざまな政策措置の発動に取り組みはじめる。いま、その内容を整理するならば、以下の4点に大別することができるであろう。

　第1は、政策金利の引下げである。日本銀行は、操作目標としての無担保コールレート（オーバーナイト物）を、2008年10月には0.3％に、同年12月には0.1％に引き下げた。

　第2は、金融市場の安定化のための施策である。このなかには、①米ドル資金供給オペの導入——アメリカの中央銀行に相当するFRB（連邦準備制度理事会）とのあいだでの、為替スワップ協定にもとづく、日本の金融機関へのドル資金の供給——、②長期国債の買入れ額の増額——2008年12月にはそれまでの年14.4兆円ペースから年16.8兆円ペースへ、2009年3月にはさらに4.8兆円増額して年21.6兆円ペースへ、ただし、日本銀行が保有する長期国債の残高は、銀行券発行残高を上回ってはならない（いわゆる銀行券ルール）——、③補完当

座預金制度の導入——2008年10月,従来は金利がゼロであった金融機関保有日銀当座預金（正確にはそのうちの所要準備額を超える金額）への金利の付与(0.1%),これによって,たとえ日本銀行が金融機関にたいして潤沢な資金を供給したとしても,操作目標としての無担保コールレート（オーバーナイト物）は,資金供給額いかんにかかわらず,原則としてこの水準以下には下がらないことになる——,が含まれる。

　第3は,企業金融を支援するための施策である。このなかには,①「企業金融支援特別オペ」の導入——2009年1月,これによって,金融機関は,日本銀行に差し入れた民間企業債務の担保の範囲内であれば,市場からの調達金利よりも低い0.1%という金利で,期間3ヵ月までの資金を無制限に調達できることになった——,②CP買入れオペの導入——2009年1月,企業が発行するCPの金融機関をつうじた買入れ措置,③社債買入れオペの導入——2009年2月,残存期間1年以内の企業が発行する社債の金融機関をつうじた買入れ措置——,が含まれる。

　第4に,これらは,いずれも,金融政策に関連するものであったが,日本銀行は,それとは別に,「金融システムの安定」のための政策ということで,2009年2月には金融機関保有株式の買入措置を再開すると同時に,同年3月には金融機関向け劣後特約付貸付の供与措置を新たに導入するにいたる。

　以上であるが,本章の冒頭で提示した,筆者による日本銀行の金融政策および「金融システムの安定」のための政策にかんする4点の問題提起,とりわけ,第2番目の問題提起に照らして,すくなくとも,金融機関保有株式の買入措置の再開ならびに金融機関向け劣後特約付貸付の供与措置の導入は,あきらかに,日本銀行の政策上の逆流であるとみなされなければならない。

　ここから,本章の課題は,最的緩和政策の解除以降,なかんずく,リーマン・ショック以降の日本銀行による金融政策および「金融システムの安定」のための政策を振りかえりつつ,そこに含まれる問題点を剔抉することに求められるであろう。

　なお,本章の第2節と第3節は,5月16日,17日に東京大学で開催された,

日本金融学会2009年度春季大会における，筆者の報告「新日銀法下の金融政策をどう見るか」に，加筆したものである。ちなみに，同報告にたいする討論者は，上智大学の藤井良広氏であった。

2　日銀による金融機関保有株式の買入措置はどこが問題か

なぜ，日本銀行による金融機関保有株式の買入れ措置は，問題なのであろうか。

この点については，まず，「中央銀行は流動性を創出することはできるが，資本は創出することはできない」，ということがらの確認が重要である。ここでは，とりあえず，速水優元日本銀行総裁による，以下の発言に注目することにしたい。

「一方，『日本経済は危機的な状況にあるので，日銀も社債や株式を積極的に買い入れるべきである。株式の買い支えは過去〔旧日銀法時代〕にもやったではないか。リスクが心配であるなら政府保証をつければよいではないか』という主張もされています。／ここでは，『中央銀行は流動性を創出することはできるが，資本は創出できない』ということを強調したいと思います。つまり中央銀行として民間のリスクを肩代わりすることには，もともと大きな限界があるのです。また，このようなリスクの肩代わりで日銀資産が劣化すれば，本来の使命達成のための信認すら失いかねません。この点は，信用リスクや価格変動リスクの大きい株式については，新日銀法上も買入れができないことになっていることでおわかりいただけると思います。したがって株式を買い入れたり，それと同様のリスクを負うような資金拠出は行えない，というのが日銀の判断です。また，同様の理由で，社債についても，買切りのかたちで償還日まで保有するということであれば，適当とは言えないと考えています」（1998年12月22日の共同通信社主催「きさらぎ会」における講演「中央銀行の役割とバランスシート」）。

ここには，株式の買入ればかりではなく，社債の買切りについても，それに禁欲的であるべきだという，日本銀行の正統的な姿勢をうかがうことができる。

否，問題は，これにとどまらない。より大局的な観点にたつならば，ことは，「民主主義社会における中央銀行のあり方」，「民主主義国家における一般的なルール」というそれにもかかわってくる。この側面について，山口泰元日本銀行副総裁は，つぎのような至言を残されている。

「民主主義社会における中央銀行のあり方に係る論点……。中央銀行が購入する資産の範囲に明示的な制約があるかと言えば，法律的な制約以外にありません。日本の場合，金融調節の手段として購入し得る資産の範囲は，日銀法に規定されており，例えば，国債や手形は購入できますし，現に購入していますが，株式は購入できません。不動産は営業用としてはもちろん購入できますが，金融調節の手段としては購入できません。／……先進国の中央銀行をみると，通常，株式や社債をオペの対象にしていません」，「中央銀行がアグレッシブに色々な資産を購入するというのは，金融政策というかたちはとりながらも，ロス負担，つまりは納税者の負担を覚悟したり，ミクロ的な資源配分に関わるという意味で，実質的には中央銀行が財政政策に近いことを行うことを意味しています。しかし，中央銀行がそうしたことを行うことが許されるかどうかという問題があります。民主主義国家における一般的なルールは，流動性の供給という機能は金融政策というかたちで独立した中央銀行に委ね，他方，国民の税金の使途は選挙民から選ばれた議員から構成される国会における予算承認のプロセスを通して，財政政策というかたちで行うということであると思います」（2001年10月17日の国際金融情報センターにおける「JCIF 国際金融セミナー講演」）。

以上は，日本銀行による通貨および金融の調節すなわち通常の金融政策の運営をめぐっての発言であった。それでは，通常の金融政策の運営ではなく，そ

れを超えて，日本銀行が最後の貸し手機能の一環として，「信用秩序維持のための特融等」を発動するケースについては，流動性の供給と資本性の資金の供与との関係という問題をどのように位置づければよいのであろうか。この点をめぐって，日本銀行『平成10年度業務概況書』は，以下のような見解を提示している。

　「日本銀行は，金融機関の破綻処理等に関し，新法第38条に定める資金の貸付けその他の信用秩序の維持に資するために必要と認められる業務を行う場合，従来から，以下の4つの原則に基づいて，その可否を判断してきており，その旨幅広く対外的にも説明してきている。原則1．システミック・リスクが顕在化する怖れがあること。原則2．日本銀行の資金供与が必要不可欠であること。原則3．モラルハザード防止の観点から，関係者の責任の明確化が図られるなど適切な対応が講じられること。原則4．日本銀行自身の財務の健全性維持に配慮すること」，「中央銀行の『最後の貸手』機能は，基本的に一時的な流動性の供給であり，明白に回収不能なケースについての損失補塡はその役割ではない。日本銀行は，これまでの金融システム不安への対応にあたって，そうした一時的な流動性の供給のみならず，臨時異例の対応として出資等の資本性資金供与も行ってきた。こうした対応は，セーフティネットが十分整備されていない状況の下で，システミック・リスクを回避するためのやむを得ざるものとして実施してきたものである。しかし，こうした資金供与は，原則2．でも述べたとおり基本的に中央銀行の対応範囲を超えるものであり，本来，預金保険制度など他の枠組みの下で対応が図られるべきものである」，「原則4．の『財務の健全性維持への配慮』としては，具体的には次の諸点について十分配慮することを指す」，「②資本性の資金の供与ではなく，流動性の供給を基本とすること」。

　ここでいう，「臨時異例の対応としての出資等の資本性資金の供与」と

は，1995年1～3月の東京共同銀行への200億円の出資——1999年3月の預金保険機構への株式の売却にともない，164億円の損失の計上——，ならびに，1996年10月の新金融安定化基金への1000億円の出資——このうち，日本債券信用銀行への出資分の800億円を1999年度決算で償却——という事実を指している。それはともかくとして，この記述においてもまた，「資本性の資金の供与ではなく，流動性の供給を基本とすること」，が再確認されている点は留意に値する。

なお，日本銀行関係者に質したところ，「信用秩序の維持に資するための業務」を定めた新日銀法第38条にもとづく同行の資金供与は，通貨および金融の調節すなわち金融政策の範囲に属するものではないということで，政策委員会・金融政策決定会合の場においてではなく，政策委員会・通常会合の場において決定されるとのことである。

さて，問題をこのように整理するならば，誰しも，市場で流通する株式については当然のこととして，それがたとえ金融機関の保有に係るものであったとしても，その行為が流動性の供給ではなく資本性の資金の供与に相当することになるという意味において，日本銀行は株式の買入れを行うことができないのだと考えるのが素直というものであろう。

ところが，新日銀法（これは旧日銀法でも同様であるが）には，いってみれば隠し玉が用意されていた。すなわち，同法第43条の，「日本銀行は，この法律の規定により日本銀行の業務とされた業務以外の業務を行ってはならない。ただし，この法律に規定する日本銀行の目的達成上必要がある場合において，財務大臣および内閣総理大臣〔金融庁長官に権限を委任〕の認可を受けたときは，この限りでない」（第1項），という規定がそれに該当する。

この条項は，もともと日本銀行による「他業の禁止」を定めたものである。ところが，同行は，この条項のなかの「ただし書き」を活用するかたちで，2002年9月には，「異例中の異例の措置」としながらも，金融機関保有株式の買入れ措置の発動に踏み切るにいたる。

いま，その際に発表された日本銀行による「金融システムの安定に向けた新

たな取り組みについて」という声明を紹介するならば，以下のとおりである。

　「1．本日，日本銀行政策委員会は，金融政策決定会合終了後，通常会合を開催し，不良債権問題の克服と金融システムの安定に向けて，以下の方針で臨むことを合意した。／2．わが国の不良債権問題は，バブル崩壊の後始末だけでなく，産業構造の転換・調整圧力の増大に伴い新たに発生する不良債権の処理という性格も加わりつつある。したがって，この問題の克服のためには，不良債権のより適切な把握のための工夫，早期処理の促進，企業・金融機関双方の収益力強化などを軸とした，総合的かつ粘り強い対応が必要である。／3．この間，金融機関保有株式の価格変動リスクが，金融機関経営の大きな不安定要因となっている。このリスクを軽減することは，金融システムの安定を確保するとともに，金融機関が不良債権問題の克服に着実に取り組める環境を整備するという観点からも，喫緊の課題である。こうした認識を踏まえ，日本銀行は，金融機関による保有株式削減努力をさらに促すための，新たな施策の導入を検討することとした」。

　しかしながら，ここには，看過することのできないいくつかの重大な問題が含まれている。
　第1に，日本銀行の声明のなかに，「日本銀行政策委員会は，金融政策決定会合終了後，通常会合を開催し」，とあるように，金融機関保有株式の買入れ措置の発動というこの施策は，金融政策としてではなく，「金融システムの安定」のための政策という形式で，しかも新日銀法第43条の「他業の禁止」規定中の「ただし書き」を援用する方式で，導入されるにいたった。しかし，もし，そうしたことが許されるのであれば，「信用秩序の維持に資する」という同行の「目的」（新日銀法第1条第2項）に合致するという理由がつきさえすれば，日本銀行は，営業用以外の不動産さえも金融機関をつうじて購入することができるはずだという理屈がなりたつことになるであろう。

第2に，この声明においては，株式の買入にともなう日本銀行による金融機関への資金の供給が，流動性の供給を含意するものなのか，それとも，資本性の資金の供与を含意するものかが，明示されていない。ところで，当時，「金融機関保有株式の価格変動リスク」が「金融機関経営の不安定要因」となっていたのは，その原因はといえば，金融機関保有株式の価格低下が，株式含み益の減少ないし株式含み損の発生をつうじて，銀行の自己資本比率を低下させる要因として作用していたためにほかならない。というのは，BIS（国際決済銀行）規制によれば，銀行は，株式評価益の45％までを自己資本のTierⅡ（補完的項目）に組み入れることができるとされているからである。その意味で，株式の買入にともなう金融機関への資金の供給は，あきらかに資本性の資金の供与であったとみなされなければならない。あるいは，それが，より直接的に，「不良債権問題の克服」を目指した資金の供給，いいかえれば，不良債権処理のための源資の供給であったとすれば，これもまた，資本性の資金の供与であることには変わりがない。というのは，一般的には，不良債権の処理の源泉としては，資産でもなく負債でもなく，株主が提供した資本ならびに過去の利益の内部留保（および当期のそれ）からなる自己資本に求める以外に方途はないからである。

　第3に，日本銀行の政策の政府の経済政策ないし財政政策からの独立性と，政府の経済政策ないし財政政策の日本銀行の政策からの独立性のあいだには，非対称性が存在するということである。経済成長の実現を目指す政府の経済政策と物価の安定を目的とする日本銀行の金融政策とはしばしば矛盾を来すことになり，ここから，政府は日本銀行にたいして干渉を行いがちであるという問題が生じる。これこそ，日本銀行の金融政策の政府の経済政策からの独立性が要請されるゆえんにほかならない。ところが，他面では，政府は，日本銀行の政策が財政政策の領域に足を踏み入れることにかんしては，無関心であるどころか，むしろ，歓迎的でさえあるというのがいつわらざる現実である。筆者が，日本銀行の政策と政府の政策とのあいだには，非対称性が存在すると主張する理由はこの点に求められる。しかし，だからといって，日本銀行は政府の

この姿勢に迎合してよいということにはけっしてならないであろう。すでにみた，「民主主義社会における中央銀行のあり方」，「民主主義国家における一般的なルール」という視点に照らして，日本銀行は，その政策が政府の経済政策ないし財政政策を侵害することにかんして，厳に自制的・禁欲的でなければならない。

3　白川総裁下の日銀の金融政策にたいする評価

　白川方明現日本銀行総裁が就任したのは，2008年4月である。本節においては，白川総裁下の日本銀行の金融政策にたいする現時点での評価を試みることにしたい。

　白川総裁下の金融政策を考察するにあたって，なによりもまず強調されなければならないのは，日本銀行は，かつての，ゼロ金利政策にも，金利に代えて日銀当座預金を操作目標とするという意味での量的緩和政策にも復帰してはいないという現実である。この点は，2008年12月19日の記者会見の席上における，白川総裁の以下の発言によって確認することができる。

　　「今回，日本銀行は，無担保コールレートの誘導目標を0.1％に，それから当座預金の付利金利を0.1％にしたわけです。これは大きく捉えればゼロに非常に近い数字になりますが，かつての量的緩和政策のもとで行ったゼロ金利というのは，徹底的に量を出し，その結果金利が徹底的にゼロに近づくことを追求したものであり，その意味での量的緩和なりゼロ金利政策というものは，今回は採用していません」，「従来日本で言われていた量的緩和政策というのは，当座預金の量にターゲットを定めこれを大幅に拡張することによって，この流動性がマクロ的な景気の刺激効果を生んでいくことを期待する政策です。当時，海外の学者が提案したのは，そのような意味での量的緩和政策でした。今回，米国は，そのような緩和政策を採用していませんし，日本銀行も今回採用していません。ただ，これまで何

度も申し上げているとおり，金融市場の安定を維持するとともに，企業金融の円滑化を図るために，流動性を積極的に供給していくことはもちろん続けています。しかし，これは金融市場の安定や個々の企業金融の安定を図っていく結果として当座預金残高が増えていくというものですから，少し意味合いが異なっていると思います」。

このように，日本銀行が，今回，量的緩和政策への復帰に慎重な姿勢を堅持しているのは，ひとつは，量的緩和政策をつうじた同行による金融機関にたいする大量の日銀当座預金の供給が，コール市場（金融機関が相互間の貸借を介してみずからの資金の過不足を調整する場）の役割を代替することになり，同行みずからが当該市場を事実上破壊するという誤りを招くにいたったこと，いまひとつは，量的緩和政策に期待された肝心のポートフォリオ・リバランス効果（日銀当座預金の大量供給が，金融機関による貸出の増加や金融資産購入の増大につながり，それが経済活動に前向きのモメントを与えることになるという効果）が，明確なかたちでは観察できなかったこと，これらの反省のうえにたったものであると考えられる。

くわえて，リーマン・ショックが発生した時点では，白川総裁自身もなお，「理念的な中央銀行のあり方」という問題にたいして，十分な留意をはらっていたことにも，あえて，ここではふれておきたい。すなわち，「中央銀行はいくつかの重要な機能を担っていますが，最終的に最も重要な機能として残るものは何かというと，私は金融システムのシステミックリスクの顕在化を防いで，金融システムの安定を維持していくことであると思っています。こうした観点から，理念的な中央銀行のあり方を考えた場合，中央銀行は流動性の供給に専念すべきであり，資本の問題あるいはソルベンシー（支払能力）の問題が生じ，もしそれがシステミックリスクの危険を含む場合には税金で対応する，というのが基本的な考え方だと思います」，「システミックリスクに直面した場合の公的当局の対応のあり方としては，中央銀行がなすべきことは流動性の供給であり，政府・議会が決定すべき事項は，ソルベンシー（支払能力），国民の

税金をどう使うかという問題である,という概念的な整理ができると思います」(2008年9月17日の「総裁記者会見要旨」),と。

ここまでにかんするかぎり,日本銀行の姿勢は基本的に評価されてよいであろう。

なお,今回は,新日銀法第38条にもとづく,「信用秩序の維持に資するための特融等」というかたちを含む日本銀行による最後の貸し手機能の発動がまったくなされていないことも,特徴といえば大きな特徴であるといえる。

ところが,2008年末から2009年初にかけて,金融経済の悪化と実体経済の悪化との悪循環が顕在化し,企業金融の円滑さが失われると同時に,金融システムの安定性に懸念が生じるなかで,日本銀行は,ふたたび,「異例中の異例の措置」を連続的に発動するにいたる。

最初に採用されたのが,2009年1月のCP買入れ措置,および,同年2月の社債(残存期間1年以内)の買入れ措置であった。

それでは,CP・社債の買入れ措置は,いかなる意味で「異例の措置」ということになり,また,それは,どのような問題をはらんでいるということになるのであろうか。その答えは,これらの措置が内容的にかぎりなく財政政策に近い政策であるという側面に見だされる。その含意は,白川総裁や須田美矢子審議委員による,つぎのような発言のなかに端的に示されているといえよう。

「CPの買入れは個別企業の信用リスクを中央銀行が直接負担するという点で,異例の措置です。全体の流動性の供給は中央銀行が行ない,個別の資源配分は民間金融機関,金融市場が行なうというのが自由市場経済の前提です」(2009年1月27日の白川総裁によるInternational Bankers Association (IBA)における講演「国際金融危機の下での外国金融機関」)。「損失発生を通じて納税者負担が発生する,あるいは個別企業に対するミクロ的な資源配分への関与の度合いを強めるとなると,これは財政政策に近い施策になってきます。特に,買入れ対象とするものの期間が長くなったり格付け基準を下げたりするほど,より財政政策に近くなってきます」(2009年4月7日の

「総裁記者会見要旨」)。

　「いずれにせよ，〔CP・社債といった〕クレジット商品の購入等各国中央銀行が採っている異例の措置は，民間部門の個別先の信用リスクを負担する度合いが高く，損失の発生を通じて納税者の負担を生じさせる可能性が高い政策です。そうした意味では財政政策の領域に踏み込んだとみることもできます」(2009年3月4日の須田審議委員による京都府金融経済懇談会における挨拶要旨「日本経済の現状・先行きと金融政策」)。

　じっさい，日本銀行は，2009年3月期決算において，準備金を剰余金の「100分の5」から「100分の15」に積み増すために，財務大臣の認可を申請するにいたる。この手続きじたいは，新日銀法第53条の規定，すなわち，「日本銀行は，各事業年度の損益計算上剰余金を生じたときは，当該剰余金の額の100分の5に相当する金額を，準備金として積み立てなければならない」(第1項)，「日本銀行は，特に必要があると認めるときは，前項の規定にかかわらず，財務大臣の認可を受けて，同項の剰余金の額のうち同項の規定により積み立てなければならないとされる額を超える金額を，同項の準備金として積み立てることができる」(第2項)，というそれに則ったものである。しかし，この手続きが，「金融危機後，コマーシャルペーパーや社債など，リスクのある資産を購入しているのを踏まえた措置」(『朝日新聞』2009年5月1日付)であることは，あらためて指摘するまでもないであろう。
　要するに，「納税者負担が発生する」という点では，それを政府保証というかたちで処理しようと，日本銀行の準備金というかたちで処理しようと，ことの本質をなんら変化させるものではないということである。
　白川総裁下での日本銀行による「異例の措置」の発動は，けっして，CP・社債の買入れ措置にとどまるものではなかった。CP・社債の買入れ措置は，上記のような問題を含んでいるものの，まだしも流動性の供給であって，かろうじて金融政策の範囲内の政策であると位置づけることができる(したがって，

政策委員会・金融政策決定会合の場で決定された)。ところが，2009年2月には，同行は，金融機関保有株式の買入措置を再開すると同時に，同年3月には，金融機関向け劣後特約付貸付の供与措置さえ新規に導入するにいたる。これらは，いずれも，金融政策の範囲外に属するものであり，「金融システムの安定」のための政策として，新日銀法第43条の「ただし書き」を援用するかたちで実施されたものである (したがって，政策委員会・通常会合の場で決定された)。その意味で，両者 (CP・社債の買入れ措置と金融機関保有株式の買入措置および金融機関向け劣後特約付貸付の供与措置) の政策のあいだには，共通性とともに差異性 (こちらの方が大きい) も存在することが確認されなければならない。

いま，念のため，それぞれの決定にあたって，日本銀行が発表した声明を再録するならば，以下のとおりである。

「わが国の金融システムの現状をみると，全体としては安定性を維持してきましたが，国際金融資本市場における緊張の持続が，株価の下落や信用コストの高まり等を通じて，資金仲介機能と金融機関経営の両面に大きな影響を及ぼしてきています。とくに株価の影響についてみると，わが国金融機関の株式保有額は2000年代初頭に比べ減少をみましたが，現在発表されつつある今年度第3四半期決算では多額の減損や評価損が計上されるなど，わが国金融機関にとって，株式保有リスクへの対応が引き続き極めて重要な経営課題となっています。／こうした状況を踏まえ，日本銀行としては，金融機関による今後の株式保有リスク削減努力を支援し，これを通じて金融システムの安定確保を図る観点から年度末を控えたこの時期に，金融機関からの株式の買入れを再開することが適当と判断したものです」(2009年2月3日の「日本銀行による金融機関保有株式買入れの再開について」)。

「1．わが国金融機関は，昨年秋以降における，CP・社債市場の機能低下等に伴なう企業金融の逼迫のもとでも，貸出の増加を通じて金融仲介機

能を相応に維持してきた。／しかしながら，国際金融市場における緊張の持続や内外経済環境の悪化を背景に，有価証券関係損失や信用コストが増加するなど，金融機関経営全般に悪影響が及んでいる。／2．今後，国内外の金融資本市場の緊張がさらに強まり，個々の金融機関が，先行きの株価の下落等に対する懸念から自己資本制約を強く意識する場合には，円滑な金融仲介機能の維持に支障が生ずる可能性がある。また，国内景気悪化の影響とも相俟って，金融機関の経営体力が低下し，金融システムの安定性に影響が及ぶ可能性もある。／3．以上のような状況認識を踏まえ，日本銀行は，本日開催した政策委員会・通常会合において，……劣後特約付貸付について，具体的な検討を開始することとした。／4．日本銀行による今回の措置は，厳しい経済金融情勢の下でもわが国の金融機関が十分な自己資本基盤を維持し得る手段を整えることにより，円滑な金融仲介機能を確保するとともに，これを通じて金融システムの安定を図ることを目的とするものである。／本枠組みの検討に当たっては，中央銀行による資本性資金の供与が極めて異例の措置であることに配慮するとともに，本措置が金融機関自身による市場調達や金融機能強化法に基づく資金調達と相俟って，金融機関の自己資本基盤強化に資するものとなるよう留意していく」(2009年3月17日の「日本銀行による金融機関向け劣後特約付貸付の供与について」)。

みられるように，日本銀行による金融機関保有株式の買入措置の再開についても，金融機関向け劣後特約付貸付の供与措置（劣後特約付貸付とは，返済順位が他の債務に劣後する貸付のことを指し，BIS規制によれば，銀行は，劣後債務を自己資本の Tier Ⅱに組み入れることができる）の導入についても，ひとしく，株価の下落にともなう金融仲介機能および金融機関経営への悪影響が，その理由とされている。しかも，注目すべきは，後者に関連して，日本銀行自身の手でようやく，「資本性の資金の供与」という表現が使用されるにいたったということである[1]。

ちなみに,「資本性の資金の供与」ということになれば,それは,日本銀行の政策を離れて政府の財政政策の範疇に分類されることにならざるをえない。じっさい,日本銀行に先駆けて CP の購入に踏み切ったアメリカの FRB でさえ,グラス・スティーガル法の規定によって銀行は一般企業の株式を保有することができないという事情があるにせよ,現在までのところ,「資本性の資金の供与」にかんして自制的であるというのがことの真相である。

新日銀法第3条は,「日本銀行の通貨及び金融における自主性は,尊重されなければならない」(第1項),と規定すると同時に,「通貨及び金融の調節に関する意思決定の内容及び過程を国民に明らかにするよう努めなければならない」(第2項),と規定している。この第2項は,通貨および金融の調節すなわち金融政策についてばかりではなく,「金融システムの安定」のための政策についても,そのまま妥当すると考えるべきであろう。はたして,この間,日本銀行は,金融政策についてはともかく,「金融システムの安定」のための政策について,その「意思決定の内容及び過程」を「国民」にあきらかにするよう努めてきたといえるであろうか。筆者には疑問に思われてならない。

4 政府紙幣発行論の危険性

最後に,これは日本銀行の政策に関連するものではないが,自由民主党内の一部の政治家から提示されている政府紙幣発行論について,簡単に言及しておきたい。

中央銀行貨幣(中央銀行当座預金および中央銀行券)と政府紙幣との最大の相違は,前者は,対市中銀行取引にかんするかぎり,市場の内部で銀行原理にもとづいて発行されるのにたいして,後者は,市場の外部から非銀行原理にもとづいて強制的に発行される点に求められる。つまり,こういうことである。政府紙幣の創出は,貨幣の創出であると同時に,経済外的で追加的な購買力の創出をも意味する。これにたいして,中央銀行当座預金の創出は,市中銀行の経済内的な求めに応じて,その支払準備――これは市中銀行が創造する預金額に

よって決定される——を供給するものであって，追加的な購買力の創出を意味するものではない。また，こうして供給された中央銀行当座預金の一部が取り崩されて中央銀行券で引き出されたとしても，市中銀行がそうするのは，企業や家計の求めに応じるためであって，その企業や家計はといえば，自身の市中銀行預金を取り崩すことによってはじめて銀行券を入手することができるにすぎない。すなわち，この場合には，預金という既存の購買力——これは，中央銀行によってではなく，市中銀行によって創出される——が銀行券という別の購買力に転換されるだけの話である。

ここから，政府紙幣の発行は，インフレーションに容易につながりがちであるのにたいして，他方，中央銀行制度には，賢明にも，金融政策——その王道は金利政策である——をつうじて，市中銀行の預金創造額，したがって，インフレーションをコントロールし，結果的に中央銀行貨幣そのものの創出額をコントロールする方策が備えられていることをたやすく理解することができるであろう。歴史的には，政府紙幣の発行が先行し，その後に，中央銀行制度が確立されるという順序をたどったが，こうした意味で，中央銀行制度の確立は，いわば「人類の叡智」の結晶であるとさえみなすことができる。

この点からうかがうことができるように，政府紙幣発行論とは，いってみれば，歴史の歯車を逆回転させようとする試みにほかならない。

ちなみに，政府紙幣発行論は，技術的にも多くの難題を抱えている。そもそも，政府紙幣をどのようにして流通させるというのであろうか。現在，決済の圧倒的部分は現金ではなく預金によってなされている。これは政府といえども例外ではない。まさか，国家公務員への給与の支払いや公共事業を受注した企業への代金の支払いに政府紙幣を利用するというわけにもいくまい。そうなると，硬貨のケースと同様に，政府紙幣を日本銀行に交付して，見返りに日銀当座預金を受け取る以外に方途はなくなるが，この場合にも，企業や家計が自己の市中銀行預金を日本銀行券ではなく政府紙幣で引き出さないかぎり，流通への回路が閉ざされることになる。

否，それどころか，後者の方策には，技術的なそれを超えた，より重要な問

題がその背後に潜んでいる。というのは，この方策は，国債の日銀直接引受と事実上なんら異なるところがないからである。

しかし，この方向もまた，歴史の歯車を逆回転させるものであることは，あらためて確認するまでもないであろう。

よく知られているように，国債の日銀直接引受という戦前・戦中の苦い経験の反省のうえにたって，1947年に制定された財政法は，その第5条において，「すべて，公債の発行については，日本銀行にこれを引き受けさせ，又，借入金の借入については，日本銀行からこれを借り入れてはならない」，と規定している。これは，インフレーションを阻止すると同時に，財政面から戦争を抑止することを目的とした規定にほかならない。新日本銀行法の条文もまた，財政法上のこの精神を継承している。

要するに，われわれは，政府紙幣の発行を容認することによって，「人類の叡智」を否定したり，歴史の歯車を逆回転させることがあってはならないというわけである。

注

1) 白川総裁は，2009年4月23日のジャパン・ソサエティNYにおける講演「経済・金融危機からの脱却：教訓と政策対応」のなかでは，金融機関保有株式の買入れ再開措置が，「資本性資金の供与」に相当することを承認するにいたっている。すなわち，「日本の銀行は全体としては安定性を維持しており，システミックリスクを伴う問題はみられていません。もっとも，日本の銀行は企業の株式をかなりの規模で保有しており，その含み益の一定割合がTierⅡ自己資本に算入されています。したがって，株価の下落は，金融機関の自己資本のバッファーを減らし，金融仲介機能を制約します。こうした問題を緩和するため，日本銀行は，金融機関保有株式の買入れを再開しました。同様に，国際統一基準行を対象に，TierⅡの資本を増強する狙いで劣後ローンを供与する計画も発表しました。これらの諸施策は，中央銀行としては極めて異例の措置であることを強調しておきたいと思います」，と。

第9章 FRBは日銀の経験から何を教訓として学ぶべきであったか

1 問題の限定

　白川方明日本銀行総裁は，2009年4月23日のジャパン・ソサエティ NY における「経済・金融危機からの脱却：教訓と政策対応」と題する講演のなかで，日米の金融危機の類似点，日本の「失われた10年」からの教訓，危機の解決のために現時点で必要な政策対応にかんして，以下のように論じる。

　まず，日米の金融危機の類似点にかんして。

　1990年代から今世紀初頭の日本の危機と，過去数年間における米国の経験との間には，顕著な類似点があり，この類似点は5つに分類することができる。

　第1に，日米ともに，金融危機の発生以前に，高成長と低インフレの時期が長く続いたことが挙げられる。1980年代の日本の経済的興隆は，向かうところ敵なしというように見えたし，過去10年の米国経済の持続的な強さは，大いなる安定（Great Moderation）と言われた世界的な現象を象徴するものであった。

　第2に，日米ともに，バブルが崩壊した後も，その事実だけではなく，それが経済に広くもたらす厳しい影響が認識されるまでに，相当の時間を要した。日本の場合，株価のピークは1989年末，全国の地価のピークは1991年9月であり，日本銀行が最初に利下げを行ったのは1991年7月であった。米国の場合は，住宅投資がマイナスに転じたのは2006年第1四半期，住宅価格のピークは2006年5月であった一方，FRBが利下げを開始したのは2007年9月であった。米国の政策当局者のなかには「バブルは破裂して初めて認識できる」という意

見も多いが，正確には「バブルは破裂しても，容易にはそのことを認識できない」と言うべきだと思われる。

　第3に，過去の金融危機は，いつも金融機関の流動性不安から顕在化した。日本の場合，中規模の証券会社（三洋証券）がインターバンク市場で債務不履行を起こしたことが，短期金融市場における急激な流動性収縮の引き金となり，その影響は直ちに日本の金融市場に広範囲に拡がった。今回の米国でも，2008年9月のリーマン・ブラザーズ社の破綻が契機となって，資金市場における流動性が涸渇した。そのことが，国際金融市場の信認の連鎖を断ち切ったほか，貸し手と借り手の間の流れを詰まらせた。

　第4に，日米ともに，金融システムの安定性が脅かされているにもかかわらず，公的資本注入等の本格的な対策は，金融市場の混乱が危機的な状況に達するまで採用されなかった。

　第5に，金融政策についても類似性がみられる。当時，日本銀行は，流動性を潤沢に供給し，金利をゼロ％まで引き下げた。そうしたなか，長めの資金供給オペレーションの実施や，担保範囲やオペ先の拡大，企業金融支援のための臨時貸出制度創設等の施策を講じた。また，ABCPやABSなどの買入れも行った。現在の危機においても，米国の政策当局は，当時の日本銀行が工夫を凝らして行った手法に類似したさまざまな政策手法を採用している。

　つぎに，日本の「失われた10年」からの教訓にかんして。

　「失われた10年」という言葉には，当局がより迅速で大胆な行動をとっていれば，危機をもっと早く解決することができたはずである，という意味合いが込められているように思われる。しかし，こうした単純化は，日本が経験した問題や同様の経済危機を包括的にかつ仔細に捉えるうえで，妨げになるのではないかと危惧する。日本経済を持続的な成長経路に戻すのに10年かかった理由を理解するためには，日本の経験をより広い政策的視点から再検討する必要があり，特に，以下の3点を強調したいと思う。

　第1に，大胆だと思ってとった行動であっても，事後的にみれば必ずしも大胆ではなかったという場合がある。日本政府は1999年に大規模な資本注入を行

ったが，これは，後からみると実体経済の悪化と金融危機の負の相乗作用を食い止めるためには十分でなかった。このように，負の相乗作用とは，その大きさを把握することがたいへん難しいものである。

第2に，金融システムの安定を確かなものにするための大胆で迅速な政策対応は，政治的に不人気になりがちである。そのため，政策当局者は，政府や中央銀行による危機管理対応が，経営に失敗した銀行を救済するためではなく，金融システム全体を救うために行われているということを，しっかりと説明し，国民の理解をえる必要がある。

第3に，マクロ経済対策は，経済の急激な減速に立ち向かううえで鍵となる役割を果たすが，万能薬ではない。バブル期に蓄積された過剰——日本の場合，債務・設備・雇用の3つの過剰がそれであった——の整理に目途がつかない限り，力強い経済成長を取り戻すにはいたらない。

最後に，危機の解決のために現時点で必要な政策対応にかんして。

1990年代の日本経済と現在の米国経済の間にみられる著しい類似点についてはすでに説明したが，違いもあることを忘れてはならない。たとえば，銀行が金融仲介機能において主要な役割を果たしている日本と異なり，米国では資本市場がより重要な役割を果たしている。さらに，日本の場合，不良資産の中心は商業用不動産ローンであったが，米国の場合は，証券化商品市場から問題が始まった。また，証券化商品が世界中の投資家に分散していることが，追加的な難しさを生んでいる。

現在の危機が発生して以来，世界中の政策担当者は，金融機関にレバレッジの解消を促す一方で，経済活動の急激な落込みを回避するという2つの要請を念頭に置きながら，注意深く舵取りを行っている。レバレッジの解消と経済の落込みは負の相乗作用に陥るリスクがあるので，巧みにバランスをとらなければならない。そこで，こうした大きな危機に重要と考える政策を，4つの柱にもとづいて整理しておきたいと思う。

第1に，中央銀行は，金融市場における流動性需要を円滑に満たすように努める必要がある。金融の安定を維持するためには，まずこのことが不可欠の前

提条件となる．

　第2に，信用市場に厳しいストレスが加わっている場合，中央銀行は，ときにその市場機能を支援する方策を講じることが期待される．中央銀行による介入の方法は，個々の市場の状況によって異なる．たとえば，FRBは，著しく低下した金融市場の機能を回復させるために，CPやABCPのみならず，エージェンシー債やエージェンシーMBSなどを買い入れる信用緩和政策を行っている．日本では，銀行が金融の中心的な役割を果たしているが，同時に，グローバルな資本市場の混乱の影響も受けている．じっさい，CPや社債市場がここ数ヵ月，急激に引き締まったことによって，日本の企業の資金調達が逼迫した．これに対処するため，日本銀行は，個別企業の信用リスクを負担するCPや残存期間の短い社債の買入れを実施した．

　日本の銀行は，全体としては安定性を維持しており，システミックリスクを伴う問題はみられない．もっとも，日本の銀行は企業の株式をかなりの規模で保有しており，その含み益の一定割合がTierⅡ自己資本に算入されている．したがって，株価の下落は，金融機関の自己資本のバッファーを減らし，金融仲介機能を制約する．こうした問題を緩和するため，日本銀行は，金融機関保有株式の買入れを再開した．同様に，国際統一基準行を対象に，TierⅡ資本を増強する狙いで劣後ローンを供与する計画も発表した．これらの諸施策は，中央銀行としては極めて異例の措置であることを強調しておきたいと思う．

　第3に，景気後退と金融システムの不安定性の負の相乗作用が生じている際には，有効需要を増加させるマクロ経済政策の積極的な対応が重要になる．金融政策面では，金利の引下げは最も伝統的な対応であり，FRBも日本銀行も，すでに政策金利を実質的にゼロまで切り下げている．また，長期的にみて財政規律を損なわないよう配慮しつつ，財政政策による刺激も考えられるべきである．

　第4に，金融システムの安定回復のためには，全体観をもったうえで対応することが必要である．ここで「全体観」(holistic) という言葉を使っているのは，金融機関の自己資本の回復を図ったり，不良資産をバランスシートから切

第9章　FRBは日銀の経験から何を教訓として学ぶべきであったか　　177

り離すといった，さまざまな手段の連携をとることが重要だからである。現在，グローバルな金融システムは，依然として信認の喪失とも言うべき状況に苦しんでいる。金融システムに拡がった懸念を緩和するために，世界中の当局は，金融機関にたいする資本注入，債務保証，不良債権の切離しなどの数多くの対策を実施している。このうち，金融機関から不良資産を切り離したうえで，その自己資本を回復させることは，金融の健全性を回復するうえで，不可欠な，しかし，最も困難な課題である。

　以上であるが，ここで展開されている白川総裁の議論は，きわめてバランスのとれたものであり，その意味で，十分に説得的なものであると考えてなんらさしつかえはないであろう。とりわけ，ここにみられる，「『失われた10年』という言葉には，当局がより迅速で大胆な行動をとっていれば，危機をもっと早く解決することができたはずである，という意味合いが込められているように思います」，「日米ともに，バブルが崩壊した後も，その事実だけではなく，それが経済に広くもたらす厳しい影響が認識されるまでに，相当の時間を要しました」，「日米ともに，金融システムの安定性が脅かされているにもかかわらず，公的資本注入等の本格的な対策は，金融市場の混乱が危機的な状況に達するまで採用されませんでした」，という指摘には共感を覚えざるをえない。というのは，今回の金融危機において，アメリカが過去の金融危機から学ぶべき（学んだ）ことは，事実の早期認識とそれにもとづく不良資産の切離しや公的資本注入など，当局による，抜本的かつより迅速で大胆な行動の必要性である（あった）という見解が，十分な検証を経ることなく一般に流布しているからである。要するに，ここでは，アメリカもまた日本と同様に，危機の認識とそれへの対応に遅れをとったことが銘記されなければならない。

　この点，および，新日銀法の施行（1998年4月）以降の日本銀行による経験に照らして，アメリカが日本から学ぶべき教訓として筆者が提起したいのは，むしろ，第1に，中央銀行は，金融政策の運営にあたり，物価の安定を目的とすることはもとより，資産価格の変動にたいしても相応の留意をはらうべきである，第2に，日本銀行による量的緩和政策の実施に際して，肝心のポートフ

ォリオ・リバランス効果が働かなかったばかりか，この政策をつうじて，金融政策がその効果波及上で依拠すべきコール市場を機能麻痺に陥らせたように，マネタリスト的な金融政策は，予想された効果を発揮しないばかりか，逆に，有害な役割を果たす場合がありうることを認識すべきである，という問題にほかならない。

　ちなみに，前者の問題は，同講演の他の個所に見だされる，白川総裁による，つぎのような言明に対応するものである。すなわち，「『バブルにどう対応すべきか』という問題は長い間にわたって論争されてきました。一つの立場は，中央銀行はバブルが破裂してから積極的な金融緩和で対応すべきと主張してきました。この主張は，バブルを生成時点で認識することは難しいので，中央銀行はバブル崩壊後にその経済に及ぼす悪影響を相殺するしかないという考え方に基づくものです。しかし，私はこの考え方に対して異論を持っています。多くの場合，バブルは，破裂しつつある時でも認識が難しいものです。しかも，バブルの破裂後に，それまでに蓄積された過剰が解きほぐされていく過程では，現局面でまさにみられているように，中央銀行の金融緩和政策の効果はかなり減殺されます」，「まず，最も重要なことは，中央銀行は，バブルの生成を予防することと，バブルの崩壊の影響を緩和することの双方に注意を払うべきということです。私は，こうした対称的な (symmetrical) アプローチが正しいと考えています。中央銀行は，不均衡が経済に蓄積されていないかどうかを，常に警戒しておくことが必要です。経済の不均衡はみえにくいところで積み上がります。したがって，中央銀行が金融政策判断に当たって一般物価の安定だけに焦点をあてていると，経済活動の様々な側面で生じる危険な兆候を見落とす可能性が高まります。マクロプルーデンスの観点が重要性を持つのは，まさにこのためです。金融の不均衡は，典型的には，金融機関の信用量の伸びやレバレッジの拡大，資産価格の急騰，あるいはそうしたものの組み合わせとして現われ易いものです。中央銀行は，こうした指標を注意深くみることが必要です」，と。

　要するに，本章の課題は，アメリカの通貨当局は，日本の金融危機の経験か

ら，何を教訓として学び，何を学ばなかったのか，また，何を学ぶべきであったのかという問題を，A.グリーンスパンおよびB.S.バーナンキという新旧2人のFRB議長の理論と行動という点から解き明かすという側面に求められるであろう．

2 グリーンスパンの理論と行動

2000年代の初めに，FRBは，デフレ防止策について，1990年代の日本の経験を徹底的に学び，そこから重要な教訓を導き出したといわれている．2002年7月の国際金融問題研究論文「デフレ防止策について——1990年代の日本の経験からの教訓——」がそれに相当する．

そこでは，まず，以下のような要約が与えられる．

「この研究論文は，物価上昇率がゼロに向かって低下していくときに生じるいくつかの問題を解明するために，1990年代の前半における日本の経験を細かく検討する．一国経済がいつ持続的なデフレに移行しつつあるかを認識することが可能なのか？ 物価上昇率の可能な低下に対して，金融政策はどの程度機敏に反応すべきなのであろうか？ 利子率がゼロに近づくときに，金融政策の波及メカニズムの機能を妨げる要素はあるのか？ デフレの症状がでたときに，この症状を抑えるのに，財政政策はどのような役割を果たすべきか？ 日本のデフレを伴った不況を，政策当局者も経済専門家も揃ってほとんど予期しておらず〔これは日本の政策立案者だけではなく日本の民間エコノミストとFRB所属のエコノミストを含む外国のエコノミストにも言えることである〕，政策当局が，経済成長とプラスの物価成長率を維持していくことに失敗した基本的な1つの要因はそこにあるとわれわれはみている．物価上昇率がマイナスに転じ，短期金利がゼロに接近するという事態にいったん陥ってしまうと，金融政策で経済を再活性化することははるかに困難さを増す．デフレ経済の序盤の90年代前半

に金融政策と財政政策の双方とも，経済を支えることに資するだけの能力が大きく低下したことを明確に示す証拠はほとんどない。こうした点をすべて考慮した上で，われわれは，物価上昇率と諸金利がゼロ近くにまで低下し，かつ，デフレに陥る危険が高い場合は，将来の物価上昇率と経済活動の標準的な予測では通念とされる水準を超えた景気刺激策が，金融，財政の両面で取られるべきだという総合的な結論を引き出す」[1]。

そのうえで，同論文は，当時の日本の金融政策・財政政策について，つぎのような判断をくだすにいたる。

「日本の経験をこのように分析して言えることは，デフレの諸症状を事前に察知することは困難かもしれないが，量的には十分な緩和政策を取って景気刺激を素早く行えば，デフレが発症する可能性を最小限に抑えることは確実にできるということである。とくに，物価上昇率と金利がゼロ近くまで落ちて，デフレになるリスクが高い場合には，将来の物価上昇率と経済活動の標準的な予測によって従来の通念で求められる水準を上回る刺激策が取られるべきである。このようなデフレ状況の下では，リスクの性格が不釣り合いに大きくなるので，当然このような処方箋になる。刺激策が行き過ぎても，その後で引き締め政策を取ることによって，修正することができる。だが，不十分な刺激策しか取られずに，経済がデフレに移行すると，将来において不況から経済を立ち直らせる金融政策の力は大きく損なわれる可能性がある」[2]。

「金融政策の場合も大いにそうだったように，90年代の前半には，在来の基準に照らすと量的に相当多額の，財政による景気刺激策が取られたことは数字が示している。しかし，民間投資に強烈な下降圧力がかかったために，持続的に財政赤字を維持しても，経済を押し上げることはうまくいかなかった。さらに言えることは，財政による総合経済対策が，やや違った形で設計されていたら〔公共事業への高い依存と一時的な所得税減税へ

のある程度の依存に代わる，社会安全ネットへの支出と消費税の一時的減税への依存］，需要を支えるのにもっと効果をあげていただろうということだ。90年代に蔓延したリスクを考慮すると，より大がかりで，より的確に狙いを定めた財政刺激策が望ましかったということである」[3]。

要するに，この論文が主張しようとするところは，1990年代の日本の経験にかんがみるならば，「物価上昇率と諸金利がゼロ近くにまで低下し，かつ，デフレに陥る危険が高い場合には，将来の物価上昇率と経済活動の標準的な予測では通念とされる水準を超えた景気刺激策が，金融，財政の両面で取られるべきだ」，という教訓が導きだされるという一点に帰着する。しかし，われわれは，往時の日本経済の実情に照らして，FRBによるこのような結論には大きな違和感を抱かざるをえない。その理由は，つぎの諸点に求められる。第1に，いっぱんに，不況とデフレの悪循環は，デフレ・スパイラルと呼ばれるが，白川『現代の金融政策――理論と実際――』が，「日本でデフレ・スパイラルが議論され始めた時期を特定することは難しいが，『デフレ・スパイラル』という言葉で新聞記事を検索すると，1990年代半ばから登場し始め〔しかし，その頻度はきわめて低い〕，98年に急増している。その後いったん減少した後，2001年から02年にかけて急増し，その後はまた減少している。こうした新聞記事の件数が示すように，日本で最もデフレ・スパイラルの危険が意識されたのは2001年前後であった」[4]，と述べるように，1990年代の前半に，わが国において，デフレないしデフレ・スパイラルが経済政策上または金融政策上の喫緊の課題として意識された形跡は存在しない。金融政策上でデフレ・スパイラルが課題として意識されるようになったのは，ようやく，日本銀行がゼロ金利政策（1999年2月～2000年8月）および量的緩和政策（2001年3月～2006年3月）を採用する時点にいたってからである。じっさい，政府が，日本経済の現状を「緩やかなデフレにある」と認定したのは，2001年3月の時点であった。第2に，FRB論文が「金融政策において決定的に大切な時期だった」[5]とする1993～1994年においても，わが国の消費者物価（全国，除く生鮮食品）の動向は，対

前年度比で，1993年度プラス1.1％，1994年度プラス0.6％であったように，マイナスに突入していたわけではない（1995年度は0.0％，1996年度はプラス0.3％）。「物価の安定」をインフレでもデフレでもない状態（速水優総裁当時の日本銀行の見解）と理解するならば，この時期の物価水準はむしろ「理想的」ですらあったと強弁することも可能である。第3に，景気循環日付が示すように，1993年10月に景気の谷をつけた後，1997年5月の景気の山に向けて，わが国の実質GDPの動向は，対前年比で，1994年プラス1.1％，1995年プラス1.9％，1996年プラス3.4％というように，順調な経路を歩んでいた（ちなみに，1990年代の実質GDP成長率は年平均1.2％）。それが，1998年になって一挙に1.1％のマイナスに陥ったのは，当時の橋本龍太郎内閣によって導入された，消費税の引き上げ・特別減税の廃止・医療費の見直しにもとづく年間9兆円にも達する国民負担の増加によるものであった。

　これらのことはともかくとして，1990年代前半のわが国の不況（あるいはデフレの可能性）を俎上にのせるのであれば，1980年代以降のバブルの発生と1990年以降のその崩壊を抜きにして語ることはできないはずである。ところが，上記のFRB論文は，この問題にいっさい触れることはない。なんとも不可解な話である。

　おそらく，それを解く鍵は，資産価格の上昇に際しての金融政策の対応のあり方をめぐる，いわゆるFRBビューなる考え方——FRB関係者およびアメリカの主流派経済学者の多くが支持する考え方——のなかに見だすことができるであろう。ここで，FRBビューとは，以下のような内容を指している[6]。①金融政策の目標は，物価の安定であり，資産価格の安定ではない。②資産価格の上昇がバブルであるかどうかは事後的にしかわからない。資産価格は市場参加者の無数の知恵を反映して形成されており，中央銀行が市場参加者よりも優れた判断能力を有しているとは考えられない。仮にそうした判断能力を有していたとしても，バブルを潰すためには極めて大幅な短期金利の引上げが必要となるが，必要とされる金利引上げ幅がいくらであるかは事前にはわからない。したがって，資産価格の上昇にたいして短期金利の引上げで対応することは不適

当である。③バブルの発生の危険にたいして公的当局が対応するとすれば，その手段は，金融政策ではなく，銀行監督などのプルーデンス政策である。④「金融政策は資産価格には割り当てるべきではなく，バブルが崩壊した後に積極的（aggressive）な金融緩和によって対応すべきである」。この考え方は，まさに，FRB論文の内容と基本的に軌を一にするものといわなければならない。

じっさい，当時のFRB議長であったグリーンスパンもまた，その自伝『波乱の時代──わが半生とFRB──』のなかで，1990年代後半のアメリカにおける株式バブルに関連して，上述のFRBビューと内容的にぴったりと重なる，つぎのような証言を残している。

「株式市場でたしかにバブルになっていると判断し，空気を抜きたいとFRBが望んだとして，果たしてそれが可能なのだろうか」[7]。

「大幅な利上げなら，まったく話が違ってくる。たとえば，政策金利を突然10パーセント引き上げれば，どのようなバブルでも1日で破裂するだろう。だがそうなるのは，経済に大打撃を与えて，FRBが守ろうとしている経済成長を吹き飛ばしてしまうからだ。病気を治して患者を死なせるようなものだ。当時，段階的な利上げによって膨らんでいたバブルの空気を抜いていくようにすべきだと主張する人が多かったが，この方法では逆効果になるとわたしはかなりの程度まで確信していた。自分の経験からいえることだが，金融引き締めによって好景気と企業利益の伸びを完全に終わらせないかぎり，段階的な利上げでは景気の力は強いとの見方が強まるだけになる。穏やかな利上げでは株価は下がらず，逆に上がる可能性が高い。

こうした点を考え抜いた結果，FRBにとっての最善の方法は，財とサービスの物価を安定させるという中心的な目標に徹することだと考えた。この任務をうまく果たしていれば，株価が暴落した際に経済に与える打撃を最小限に止めるために必要な力と柔軟性を確保できるだろう。これがFOMC内で一致した見方になった。株式市場が大幅に下落した場合に

は，FOMC はもっと積極的な姿勢をとって政策金利を引き下げ，市中に流動性を一気に供給して，経済への悪影響を和らげる。しかし，株式市場のブームに直接に対応して，暴落を事前に防ぐのは，FRB の力が及ばないことだと考えたのである。

1999年にわたしが議会で，基本に帰るとするこの考え方を示したとき，驚いた人が少なくなかった。FRB は，株価が上昇しすぎているのではないかと懸念していることに変わりはないが，『十分な情報をもった数十万の投資家』より優れた判断ができるとは考えない。そして，暴落が起こった場合に経済を守る任務に専念する。『バブルの破裂が穏やかなものになることはめったにないが，経済全体に破滅的な打撃を与えるとはかぎらない』と話した。

この証言について，ニューヨーク・タイムズ紙は論説でこう論じた。『30ヵ月前に投資家に「根拠無き熱狂」を警告したときのグリーンスパンとは，大きく違うように感じる』。論説は不賛成の意志を示す咳払いが聞こえてきそうな調子だが，こう感じたのは正しい。事後にならなければ，根拠なき熱狂を確実に把握することもできないし，まして対応することはできないと，わたしは認識するようになっていたのだ」[8]。

ちなみに，グリーンスパンによるこうした「確信」，「認識」が，1996年には，株式バブルにたいして，「根拠なき熱狂」という正当な警告を発しながら，30ヵ月後，事実上，この警告を取り消すにいたったこと，また，2005年には，住宅ブームにたいして，「バブルではなく小さなフロス（あぶく）にすぎない」という誤った断定をくだすにいたったこと，これらの点と表層ないし深部で密接なつながりを有していることは，おそらく，疑いを容れないところであろう。

しかも，このグリーンスパンの証言のなかには，看過することができない重要な論点が含まれている。それは，FRB は，株価の上昇がバブルであるか否かにかんして，「『十分な情報をもった数十万の投資家』より優れた判断ができる』とは考えない」という見解のことである。じつは，筆者は，この箇所を読

んだ際，驚きの念を禁じえなかった。すなわち，こうした態度は中央銀行の責任を放棄するものではないのか，そもそも中央銀行は何のために存在するのか，この立場はまさに金融政策の市場原理主義への追随ではないのか（金融政策の市場原理主義化），なるほど市場原理主義はここまで深く浸透しているのか，と。

　それだけに，グリーンスパンの自伝につづいて，A.S.ブラインダー——ブラインダーは，グリーンスパン議長のもとでFRBの副議長を務めた経歴を有する——の『中央銀行の「静かな革命」』のなかに見出される，以下の論定に直面した時には，中央銀行家のあるべき姿を再認識させられる思いがして，救われた気分になったほどである。

　「私が指摘したい点は，以前に較べて大勢の中央銀行家が，注意を払うべき対象の１つとして市場をとらえるのではなく，市場には偉大な力と知恵が存在すると考え，あたかも意見を拝聴すべき賢人であるかのように今や市場をとらえているということである」[9]。

　「最後に，……極端に現代的な中央銀行が，金融市場から情報を入手するだけでなく，ときには助言を受けるようになりつつある点に注意を喚起した。私の考えでは，市場から情報を取ることには全く問題はない。市場が席巻する世界において中央銀行を適切に運営していくためには，まさに必要不可欠である。しかし，鋭敏な中央銀行家であれば，市場から助言を受けることに伴う危険について常に用心しなければならない。１人の中央銀行組織が決定を下すのに比べ，〔複数のメンバーからなる〕金融政策委員会は良い成績を収めると期待されるが，他方『群衆』が金融政策委員会よりも優れていると判断する根拠は全く存在しない。……中央銀行が現代にふさわしく変貌するに際して，金融市場をリードする役割を放棄する必要はないし放棄すべきでもない。金融政策の決定は，とどのつまり公共政策の決定であり，したがって民間に任せるべきではないのである」[10]。

まことに,「金融政策の決定」は,「公共政策の決定」であり,そうである以上,ブラインダーによれば,中央銀行は,政治から独立しているばかりではなく,市場(金融市場)からも独立していなければならないというわけである[11]。まさに,金言であるといえよう。これまで,中央銀行の独立性が問題とされる場合,政府からの独立は説かれても,市場からの独立は説かれることは一度としてなかった。

それでは,この間,世界の金融当局のあいだで,中央銀行は金融政策をつうじてバブルの生成の予防に注意を払うべきであるという警告を発する動きがまったくなかったのかといえば,かならずしも,そういうわけではない。

たとえば,1997年の新日本銀行法の制定にあたって,金融制度調査会は「日本銀行法の改正に関する答申」を大蔵大臣(当時)に提出したが,同調査会は,「答申理由書」において,「日本銀行の金融政策(通貨および金融の調節)の最も重要な目的は『物価の安定』にある」としながらも,つぎのような提言を残している。「一般物価水準が安定している中でも,地価・株価等の資産価格の高騰・急落が生じ,国民経済に深刻な影響を与える可能性があることは,過去の経験が示すところであり,日本銀行は,資産価格の変動にも留意していく必要がある」。この提言は,1980年代後半以降のわが国のバブルの経験に徴したものであるが,上記のFRB論文は,バブルの原因と帰結についても,金融制度調査会によるこの提言についても,なんらふれるにおよばない。

さらに,すでに紹介したFRBビューなる考え方の対極にたつともいえるBISビューなる考え方──BIS関係者およびヨーロッパの中央銀行関係者の多くが支持する考え方──も存在する。ここで,BISビューとは,以下のような内容を指している[12]。①資産価格の上昇が経済活動や物価に与える影響を注意深く観察すると同時に,それを含むさまざまな「金融的不均衡」の蓄積と巻き戻しにも十分な注意を払う必要がある。「金融的不均衡」とは,長期的には持続可能とは考えにくい金融現象が同時に起こることをいう。資産価格の上昇,信用の膨張,レバレッジの拡大,投資比率の上昇などが典型的な例として挙げられる。②バブルが発生しているかどうかの認識が難しいことは事実であるが,

中央銀行にとって必要なことは，観察される資産価格の上昇がバブルであるかどうかの判断というより，現在の経済状態が持続可能かどうかの判断である。そうした持続性の判断を可能にする単一の客観的指標はないが，上述した持続可能性を疑わせるいくつかの動きが併存しているかどうかは判断にあたっての重要な基準である。この点で資産価格の上昇と並んで特に重要なのは，信用の膨張ないしレバレッジの拡大である。③金融的不均衡の発生を防ぐためには，金融政策とプルーデンス政策の両方が必要である。この意味で中央銀行と銀行監督当局は従来以上に密接に協力する必要がある。④「バブル崩壊後に発生する経済へのマイナスの影響の大きさを考えると，金融政策はバブルの発生を回避することに努めるべきである」。

いま，問題を以上のように整理するならば，筆者には，2000年代初期に，FRBが本当に学ぶべきであったのは，1990年代初期の日本のデフレの経験ではなく，ここにみた金融制度調査会による提言やBISビューであったように考えられてならない。このようにいえば，市場は中央銀行が発するシグナルに早期かつ必要な程度に反応する保証はあるのかという疑問がただちに提起されるであろう。しかし，そこにこそ，中央銀行による市場との「対話」の余地が存在するのではなかろうか。ここでも，筆者は，ブラインダーによる，つぎのような論述に注目したい。すなわち，「中央銀行の態度は今や大きく変わった。現代の中央銀行家は，ブルームバーグの画面に刻々点滅する先物価格にしばしば表現される市場の見方を理解することに追われている。市場が期待している中央銀行の行動から乖離することは避けたいと，中央銀行は通常考えている。もちろん，こうした志向は，両方向について該当する。今日の市場関係者は，かつてソ連共産党指導者の動きを追ったのと同じくらいの熱心さで中央銀行の動きを詳しく分析しているし，ウォール街では昔から『連邦準備制度理事会の動きに逆らう投資判断は身を誤らせる』と語り継がれてきている」[13]，と。

さて，金融制度調査会の提言やBISビューからではなく，日本のデフレの経験から学んだFRBおよびグリーンスパンは，周知のような，以下の行動を採用するにいたる。

まず，グリーンスパンは，「根拠なき熱狂」という警告をひとたびは発しながら，その後，事実上，この警告を撤回することによって，1990年代後半のITバブルの進展を放置するにいたる。ところが，2000年末にこのITバブルが崩壊すると，FRBは，今度は，一転して積極的な金融緩和政策を実施することによって，それに対応することになる。グリーンスパンの自伝は，この間の事情について，つぎのように回想する。

「2001年前半にはすでに，インターネット・バブルの破裂と株式市場全体の下落の影響を和らげるために，7回にわたって利下げを実施していた。そして9・11の同時多発テロの後には，フェデラル・ファンド金利誘導目標をさらに4回引き下げ，2002年の企業不正スキャンダルの最中にもう一度利下げを実施した。2002年10月にはフェデラル・ファンド金利誘導目標は1.25パーセントであり，10年前であれば，FOMC委員の大半が理解しがたいと感じたはずの低水準になっている」[14]。

しかしながら，問題はこれにとどまらなかった。2003年になると，景気の悪化とは別に，デフレにたいする懸念が新たに擡頭しはじめたからである。いまこそ，日本のデフレの経験からの教訓を生かすべき絶好のチャンスであるとみなすべきである。グリーンスパンの自伝は，以下のようにつづける。

「しかし2003年になると，景気の落ち込みとディスインフレが長期にわたって続いてきたため，FRBは〔景気の悪化という問題とは別の〕さらに変わった危険を考慮せざるをえなくなった。物価が下落する現象，デフレーションである。つまり，13年にわたって日本経済の沈滞をもたらしていたのと同様の悪循環に，アメリカ経済が陥る可能性だ。これはきわめて心配な問題だった。現代の経済ではインフレが慢性的な頭痛のタネになっており，デフレはめったにみられない病だ。アメリカはもはや金本位制を採用していない。不換紙幣のもとでのデフレは，考えられないことだっ

た。デフレに陥りそうな状況になったとしても，印刷機をまわしてデフレの悪循環を防ぐのに必要なだけの紙幣を供給すれば問題は解決する。そうわたしは考えてきた。だが，この確信は揺らいでいた。この時期，日本はいってみれば，通貨供給の蛇口を全開にしている。短期金利をゼロにまで引き下げている。財政政策を思い切り緩和し，巨額の財政赤字をだしている。それでも物価は下がりつづけていた。日本はデフレの軛から抜け出せないようであり，1930年代以降にはなかったデフレの悪循環に陥っているのではないかと恐れているはずだと思えた」[15]。

「2003年6月後半のFOMC会合では，政策金利を1パーセント〔これは，当時の2パーセント台のアメリカの消費者物価の水準を考慮すると，マイナスの実質金利に相当する〕にしたが，このときの議論の中心になったのはデフレだ」[16]。

いまや，その後の経過については，詳論する必要はないであろう。この時点での利下げが，今日の金融危機につながる，住宅バブルないし信用バブルの発生のひとつの原因として作用したことは，もはや，否定しがたい事実である。この点については，白川日本銀行総裁も，本章の第1節においてとりあげた講演のなかで，「今世紀初頭にいわゆるITバブルが破裂し，デフレーション懸念が高まったことを背景に，金融政策は，世界的な規模でしかも長期にわたって緩和されました。不幸なことに，このことが，グローバルな信用バブルを発生させ，その結果グローバルな金融システムを混乱させた要因の一つとなっています」，と論じているとおりである。

この事態は，いわば，新たなバブル（住宅バブル）の創出による古いバブル（ITバブル）の克服を意味すると考えてよいであろう。あるいは，バブル（住宅バブル）によるデフレ（ITバブルの破裂にともなうデフレ懸念）の克服を意味するともいいかえることができるであろう。

FRB議長に在職中は，「マエストロ」とさえ称賛されたグリーンスパンの評価が，その退任後，住宅バブルの崩壊とともに，地に落ちつつあるとしても，

それはけっして理由のないことではない。

以上が，グリーンスパンの理論と行動にほかならない。

3 バーナンキの理論と現実

ここでは，まず，バーナンキの理論的立場を整理することからはじめることにしよう。

バーナンキは，隠れもなきマネタリストである。たとえば，2002年11月の「ミルトン・フリードマンの90歳の誕生日を祝して」と題する講演において，バーナンキは，M. フリードマンと A. シュワルツの共著である『アメリカの金融史，1867～1960年』(1963年) が有する業績を評しつつ，以下のような最大限の讃辞を捧げる。

「フリードマンとシュワルツは『金融史』の中で1929～33年の経済破綻の原因が国家の金融メカニズムの機能不全にあると立証しました。1930年代にあった諸々の事象の中でマネーは受身の役割を果たしたにすぎない，という一般に受け入れられていた見解とは逆に，フリードマンとシュワルツは，『まさに収縮こそが，貨幣的要因が重要であることの悲劇的な証明にほかならない』と主張しました」[17]。

「『金融史』の真髄は，現在では『自然実験』とも呼べそうなものを著者達が利用したことにあります——ここでの意味は，経済の現状とおそらくは無関係な理由でマネーが動く〔マネーの変化が『外生的』である〕というエピソードのことを指しています。このようなエピソードから，次いで経済に発生する事象を観察することにより，フリードマンとシュワルツは，(ほとんどの場合) マネーから生産と物価へと因果関係があるケースを入念に積み重ね，大恐慌は貨幣的要因によって引き起こされたと論証しました」[18]。

「実務家としてのセントラル・バンカー——私自身もその中に入ります

〔バーナンキはこの時点でFRBの理事であった〕が——にとってフリードマンとシュワルツの分析は数多くの教えに満ちています。彼らの研究から私が得たものは，貨幣的要因というものは，システムの不安定化の方向に解き放たれた場合には特に，極めて強力で不安定化を増大させうるというアイディアです。セントラル・バンカーが世界に貢献できる最大のことは，ミルトン・フリードマンの言葉を借りれば『安定的な金融的背景』——たとえば低率かつ安定的なインフレ下で反映されるような——を経済に適用することによって，そのような危機を回避することです。

講演を終えるにあたり，FRBの公式代表という私の立場を少しばかり濫用したいと存じます。ミルトンとアンナに申し上げます。大恐慌についてです。あなた方は正しい。われわれ〔FRB〕がこれを引き起こしたのであり，大変残念に思っております。しかしお二人のおかげでわれわれは二度と同じあやまちは繰り返しません」[19]。

この最後のパラグラフは，FRBは金融政策をつうじてもはや大恐慌を回避することができるようになったということにたいする，バーナンキなりの信念の表明であると受けとめてなんらさしつかえがないであろう。

このような大恐慌観，ならびに，マネタリスト的インフレーション観——インフレーションは，貨幣量が産出量よりもいっそう急速に増加することによってのみそれが生ずるという意味において，つねにかつどこにおいても貨幣的現象である——にたつならば，2004年2月の「大いなる安定 (the Great Moderation)」という講演において，バーナンキが，つぎのように，1980年代央以降の金融政策の勝利を高らかに謳い上げたとしても，それは，当然といえば当然のことにすぎなかった。「大いなる安定，すなわち，過去20年間にわたるマクロ経済における変動率の顕著な低下は，驚くべき経済的進化を示している。大いなる安定の支配的な原因が，構造的変化によるのか，金融政策の向上によるのか，あるいは，たんなる幸運によるのかという点は，なお合意がえられていない重要な問題である。私は，本日，金融政策の向上が，インフレーションの変

動率の低下をもたらした（この点については，それほど大きな意見の差はない）ばかりではなく，産出量の変動幅の低下にも同様に寄与した可能性が高いというように論じた。……私のこの結論は，将来にかんして私を楽観的にさせるものである。というのは，私は，金融政策当局者は，1970年代〔最善とはいえない金融政策の結果として，インフレーションと産出量の変動率が高かった〕を忘れないであろうと確信するからである」[20]。

ところで，「大いなる安定」観が想定するように，不況やデフレを治療するよりも，それらを予防することのほうが望ましいとしても，もし，不幸にして，不況やデフレに陥ってしまった場合に，それらにたいする治療策を見出すことができるのであろうか。もちろん，この側面についても，バーナンキは肯定的な回答を用意する。2002年2月の「デフレ──アメリカで『これ』が起きないようにするためには──」と題する講演において，デフレを例にとりながら，バーナンキは，以下のような論理を展開する。

「不換紙幣システムのもとではデフレは常に反転させることができる，という結論は基本的な経済学の原理から導かれます。ここではちょっとしたたとえ話が役に立つでしょう。今日では金1オンスは300ドル前後で売買されます。そこで仮想の話として，現代の錬金術師が探求していた最古の問題をついに解決し，実質的にゼロコストで無制限の量の新しい金を製造する方法を発見したとしましょう。彼の発明が世間に広く知れ渡り，その製造法も科学的に正しいことが証明され，彼は数日中に金の大量生産を開始する意向を表明します。金の価格に何が起こるでしょうか？　おそらく，安価な金を無制限に供給するので，金の市場価格は暴落するでしょう。事実，金市場がある程度効率的であるならば，発明の公表直後，錬金術師が黄色い金属をわずか1オンス製造・販売するよりも前に，金価格は崩壊するでしょう。

この話が金融政策といったいどういう関係があるのでしょうか？　金と同じように米ドルもその供給量が厳重に制限されている限りにおいてのみ

価値を持っているのです。しかしアメリカ政府は印刷機（あるいは現在ではその電子的な相当物）を持っており，ほとんどコストなしで米ドルを好きなだけ製造することができます。米ドルの流通量を増加させることで，あるいはそうするぞと確かな筋から脅しをかけるだけで，アメリカ政府は財とサービスで表現したドルの価値を減少させること，つまりこれらの財とサービスのドル価格を引上げることもできるのです。結論をいいますと，紙幣制度のもとでは，政府は意を決しさえすれば常により大きな支出を創出することができ，それゆえインフレを起こすことができるのです。

　もちろん，アメリカ政府は行き当たりばったりに紙幣を印刷してこれを流通させたりしようとはしません……。通貨はふつうFRBが資産を購入することにより経済に投入されます。短期金利がゼロに達したときには，総支出を刺激するため，FRBは資産の購入規模を拡大するか，もしくは，可能であれば，資産の購入範囲を拡大しなくてはなりません。……現実にデフレに陥ってしまった場合には，印刷機の例で示した論理が心の支えになりますし，十分な通貨投入が最後にはデフレを反転させるでしょう」[21]。

　はたして，この論理は，基本的に，フリードマンのいわゆるヘリコプター・マネー論と，いったい，どこに相違を求めることができるといえるのであろうか。まさに，マネタリストとしてのバーナンキの面目躍如といったところである。
　じつは，このヘリコプター・マネー論とうりふたつの考え方は，すでに，グリーンスパンの自伝のなかにも登場していた。「現代の経済ではインフレが慢性的な頭痛のタネになっており，デフレはめったにみられない病だ。アメリカはもはや金本位制を採用していない。不換紙幣のもとでのデフレは，考えられないことだった。デフレに陥りそうな状況になったとしても，印刷機をまわしてデフレの悪循環を防ぐのに必要なだけの紙幣を供給すれば問題は解決する。そうわたしは考えてきた」，という箇所がそれに該当する。つまり，バーナン

キが理論家（バーナンキは，FRB入りする前は，プリンストン大学教授であった）として隠れもなきマネタリストであるとするならば，グリーンスパンはさしずめ実務家として隠れたマネタリストであったというわけである。マネタリストの見解にしたがうならば，インフレーションもデフレーションも等しく貨幣的現象である，したがって，両者ともに金融政策によって解消が可能でなければならない，ということになる。インフレやデフレの阻止に向けて，マネタリストがインフレーション・ターゲティング政策を提唱しがちである――グリーンスパンはともかく，バーナンキは筋金入りのインフレーション・ターゲティング論者である――理由も，ここから容易に理解することができるであろう。もっとも，この間，FRBがインフレーション・ターゲット政策を採用していたとしても，既述の脈絡のなかでは，住宅バブルを阻止できなかったことはあきらかであるが。

ちなみに，FRBが，「資産の購入規模」を拡大するか，「資産の購入範囲」を拡大しなければならないという場合，どのような資産が念頭におかれていたのであろうか。バーナンキは，その具体例として，中長期国債，政府機関債（たとえば，ジミーメイが発行した住宅抵当証券）をあげると同時に，これらの買入れだけでは景気回復に不十分である場合に備えて，さらに，「FRBが，担保適格性があると見なされた多様な資産（とりわけ，社債，コマーシャル・ペーパー，銀行貸出，および住宅抵当証書など）を見返りに，銀行に対して低金利あるいはゼロ金利で期限付きローンを行うこと」[22]さえ，提案するにいたる。じっさい，ここに掲げられた資産はすべて，今回の金融危機にあたって，FRBの金融政策上の適格担保ないし買取りファシリティの対象にくわえられたものであった。

否，問題は，これにとどまらない。2004年4月のV. R. ラインハートとの共同執筆にかかる，「超低金利下における金融政策の遂行」という論文のなかでは，バーナンキは，超低金利下においてFRBがとりうる政策手段として，①短期金利は将来的に低下するというメッセージの市場への提供，②中央銀行のバランスシート構成の短期証券から長期証券への変更と長期証券利回りの低位

第9章　FRB は日銀の経験から何を教訓として学ぶべきであったか　　195

への釘付け，とならんで，③量的緩和政策（quantitative easing）を示している。すなわち，「中央銀行がその焦点を準備の価格〔利子率のこと〕から準備の量ないし成長率に変更することを妨げるものは何もない」，「量的緩和政策は，いくつかの可能な経路をつうじて経済に作用するであろう。ひとつの可能性は，マネーは他の金融資産にたいする不完全な代替物であるという前提にたっている……。もし，この前提が妥当するならば，マネーの増大は，投資家のポートフォリオ・リバランス行動を導き，代替物，いいかえれば，非貨幣的資産の価格を上昇させ，その利回りを低下させるであろう。長期資産の利回りの低下〔長期金利の低下〕は，つぎに，経済活動を刺激するにいたるであろう」[23]，と。ここでは，量的緩和政策およびそれが有するポートフォリオ・リバランス効果——これらは，ヘリコプター・マネー論の一バラエティーにすぎない——に言及されていることが注目に値する。もっとも，だからといって，FRB が，現在，日本銀行がかつて採用したような，操作目標を無担保コールレート（オーバーナイト物）から金融機関保有当座預金残高に変更するという意味での，量的緩和政策を採用しているわけではない点に留意が必要である。ERB が目下のところ採用しているのは，操作目標としてフェデラル・ファンド・レートをあいかわらず活用しながら——現在，FF レートの目標値は，0～0.25％であるが，他方では，商業銀行の超過準備にたいして，0.25％の金利が付与されているので，事実上の目標値は0.25％であるとみなしうる——，しかも，必要準備を超える超過準備を供給するという意味での，「信用緩和（credit easing）」政策にすぎない。

　以上が，バーナンキの理論的立脚点の概略である。

　ただ，留意すべきは，バーナンキの場合，金融緩和にともなう量的効果とならんで（あるいは，それと結びついたかたちで），金融緩和にともなう金利効果——といっても，フェデラル・ファンド・レートの引き下げという正統的な経路をつうじたものではなく，非正統的な経路をつうじたものであるが——にかんしても，同様に重要視されていることである。たとえば，「デフレ——アメリカで『これ』が起きないようにするためには——」という講演のなかに認めら

れる，つぎのような発言がそれに相当する。

「さて，それでは目標利子率，すなわちオーバーナイト・フェデラル・ファンド・レートがゼロに落ちた場合，FRB には何ができるのででしょうか？ 現在の手法を比較的単純に拡張した1つの方法は，財務省証券の期間構造の中で長期金利——すなわち，より長い満期の政府証券の金利——を引き下げて支出の刺激を試みるということでしょう。長期金利の引き下げには少なくとも2つの方法がありますが，それらは補完的な関係にあり，単独もしくは組み合わせて利用することができるでしょう。1つの方法は，この2年間に日本銀行がとった行動と同様のものですが，ある特定の期間，オーバーナイト・レートをゼロに維持することを FRB がコミットするというものです。長期金利は，現在の短期金利と期待される将来の短期金利の平均に期間プレミアムを加えたものですから，短期金利をある期間ゼロに保つというコミットメントは——そのコミットメントに信憑性があるとしてですが——長期金利の低下を誘導します。私が個人的に好むもう1つのもっと直接的な方法は，もっと長い満期の財務省証券（たとえば，2年以内に満期が到来する証券）について，FRB が明確な利回りの上限を公表し始めることです。FRB は，満期2年以内の証券を目標利回りと一致した価格で無制限に購入することをコミットすることによって，これらの利子率の上限を守らせることができます。もしこのプログラムが成功すれば，中期財務省証券の利回りが低下するだけでなく，（将来の利子率に対する予想を通じて働くリンクがあるため）より長期の公的および民間債務（たとえばモーゲージ証券）の利回りもまた下がるでしょう。

公的および民間証券の期間構造全体にわたる金利低下は，通常の方法で総需要を強化しデフレの終息に貢献するはずです」[24]。

しかしながら，オーソドックスなマネタリズムの教義にたつならば，中央銀行は，ベースマネー（流通現金プラス商業銀行の中央銀行当座預金）のコントロー

ルをつうじてマネーサプライ（流通現金プラス企業・家計の商業銀行預金）のコントロールに徹すべきであり，金利（操作目標とされてきたFFレートを含めて）の決定は，完全に市場に委ねられるべきであるというものであったはずである。

　それはともかくとして，皮肉にも，バーナンキのいう「大いなる安定」の期間中に，アメリカでは，「金融的不均衡」が累積し，ITバブルおよび住宅バブルという2つのバブルを発生させるにいたったことは，いまや，否定しがたい事実であるとみなされなければならない。

　それでは，バーナンキは，バブルにたいする金融政策のかかわり方をどのように位置づけるのであろうか。答えは，期待されたとおりのものである。またしても，FRBビューがそっくりそのまま再現されることになる。たとえば，2002年10月の「資産価格『バブル』と金融政策」という講演において，バーナンキは，つぎのように論定する。①FRBは，資産価格の安定を目標とするのではなく，物価の安定と持続可能な最大限の雇用の確保を目標として，金融政策を運営するべきである。②バブルが現存すると宣言するためには，FRBは，株価の基礎にある観察不可能なファンダメンタルズを正確に評価できなければならないし，また，かれらの集団的情報が資産市場価格に反映されている金融のプロたちよりもうまくことを処理できるという確信をもたなければならない。これは，現実には期待されそうもない。利子率の引き上げだけによって，バブルが抑止されるとは思われない。想定された投機的バブルを抑止しようとする，中央銀行の文字どおりの強力な試みは，正当な好況を絞め殺すか，それどころか，全経済を不況に投げ込むという危険を犯してのみ，成功をおさめうるにすぎないであろう。③もし，資産価格に突然の修正が生じたとするならば，FRBの第1の責任は，金融インフラ，とりわけ，資金決済システム，証券決済システムおよび金融機関を維持するために，自己の役割を果たすことである。必要があれば，FRBは，当面の危機が過ぎ去るまで，十分な流動性を供給しなければならない[25]。

　くわえて，すでにふれたグリーンスパンの考え方とバーナンキの考え方とのあいだにも，完全な一致が見だされる。強いて違いをあげるとするならば，グ

リーンスパンの場合には，FRB議長の職にあった1990年代の実務的な経験に照らして自身の見地に到達したのにたいして，バーナンキの場合には，大恐慌の理論的な研究に照らして自身の見地に到達するにいたったということぐらいであろうか。すなわち，「1920年代の正しい解釈は，株式市場が過大評価され，崩壊し，そして，大不況を引き起こしたという，よく知られたそれとは異なる。真実は，金融政策が株式価格の上昇を抑止するために熱心になりすぎたことである。しかし，金融引締め政策の主たる効果は，ベンジャミン・ストロング〔当時のニューヨーク連銀総裁〕が予測したように，経済――対内的にも，金本位制度の作用をつうじて対外的にも――を減速させることであった。経済の減速は，利子率の上昇とともに，今度は，株式市場の崩壊を促進する主要な要因となった」[26]，と。

ここまでくれば，本章において，筆者が何を主張しようとしているのかを，十分に理解していただけることであろう。筆者が主張しようとする内容は，以下の2点に要約される。

第1に，2000年代初期に，グリーンスパンおよびFRBが学ぶべきであったのは，1990年代初期の日本のデフレの経験ではなく，金融制度調査会の提言やBISビューにしたがって，中央銀行は，金融政策の運営にあたり，物価の安定を目的とすることはもとより，資産価格の変動にも相応の留意をはらうべきであるということである。バブルへの対応は，金融政策の責任だけに帰することはできず，銀行監督などのプルーデンス政策との密接な協力が不可欠であるという問題をたとえ考慮に入れたとしても，この結論は修正を要しない。つまり，白川日本銀行総裁が，「最も重要なことは，中央銀行は，バブルの生成を予防すること，バブルの崩壊の影響を緩和することの双方に注意を払うべきであるということです。私は，こうした対称的な (symmetrical) アプローチが正しいと考えています」，と指摘するように，バブルへの対応にあたっては，「対称的なアプローチ」が正しいということである。

第2に，バーナンキおよびFRBが2000年代の日本の金融政策の経験から学ぶべきであったのは，量的緩和政策の有効性という側面ではなく，その逆に，

それが期待したポートフォリオ・リバランス効果を発揮しなかったという側面にほかならないということである。

この後者の側面について，福井俊彦前日本銀行総裁は，2003年6月1日の日本金融学会春季大会における講演（日本金融学会創立60周年記念講演）「金融政策運営の課題」のなかで，以下のように断定している。

> 「同時に，量的緩和政策採用以降，当座預金残高の増加がこれほど巨額になった〔4兆円程度の所要準備額にたいして，15～20兆円程度の供給〕にもかかわらず，それ自体では経済活動や物価を積極的に押し上げる力はさほど強くなかったことも事実として受け止める必要があるように思われます。量的緩和が経済活動や物価を押し上げる効果を示さなかったのは何故でしょうか。
> 　経済全体の調整圧力がなお強いからだといえばそれまでですが，量的緩和に期待された効果の1つはいわゆるポートフォリオ・リバランス効果であったと思います。これは，流動性サービスの限界的価値がゼロになっても〔当座預金残高には利子が付されないし，すべての銀行が超過準備をかかえる状況のもとでは市中銀行はコール市場に資金を放出して金利を稼ぐこともできないということ〕，中央銀行が流動性の供給をさらに増やし続ければ，人々〔金融機関〕が，それを実物資産であれ，〔貸出を含む〕金融資産であれ，限界的価値のより高い資産に振り替える。そしていずれは資産価格の上昇などを通じて経済活動に前向きのモメントを与えるだろうという筋書きですが，これまでのところ，その効果は必ずしも十分には検証されていません」。

じつのところ，バーナンキは，福井前総裁のこの講演内容を知る機会がなかったというわけではない。というのは，バーナンキ自身が，前日の5月31日に，同じ日本金融学会春季大会において，FRB理事（バーナンキは2002年にFRB理事に就任している）の資格で，「日本の金融政策に関するいくつかの論考」と

題する講演を行っているからである。

　つまり，こういうことになる。バーナンキやFRBにとっては，たとえバブルが破裂したとしても，量的緩和政策または信用緩和政策が有するポートフォリオ・リバランス効果をつうじて，デフレないし不況に十分に対処できるという確信・信念が背後にあったがゆえに，あえて，バブルを安んじて放任する結果を生んだのではなかろうか，と。筆者が，「マネタリスト的な金融政策は，予想された効果を発揮しないばかりか，逆に，有害な役割を果たす場合がありうることを認識すべきである」，と論じるゆえんである。

4　結　語

　グリーンスパンとバーナンキという新旧2人のFRB議長にたいする一般の評価は，現在，両極端に分かれているように思われる。一方のグリーンスパンは，古いバブルすなわちITバブルを新たなバブルすなわち住宅バブルの創出によって克服しただけにすぎない，くわえて，新たなバブルをたんなるフロスと誤認し，適切な手段を講じなかったということで，今日の金融危機の責任を厳しく問われている。他方のバーナンキは，2006年にFRB議長に就任することになったが，グリーンスパン前議長の責任にかかる住宅バブルという負の遺産を継承しつつ，その崩壊にあたって，考えられる政策手段を総動員しながら，今回の金融危機をみごとに乗り切ったということで，大きな賞賛を浴びている。

　グリーンスパンにたいする評価はともかくとして，バーナンキにたいするこうした評価には，筆者は，残念ながら，賛成するわけにはいかない。その理由は，以下の諸点に求められる。

　第1に，金融危機は，つねにどこでも金融機関の流動性不安から発生するということは，歴史の観察からえられる否定することのできない真実である。したがって，金融危機の発生に際して，金融機関にたいして豊富な流動性を供給するように努めることは，FRBにかぎられたことではなく，また，マネタリ

スト的な見地にたつか否かにかかわらず，世界の中央銀行が直面する共通の課題であるといえる。しかも，金融市場が厳しいストレスにさらされている場合には，中央銀行は，さらに進んで，市場機能を支援するための追加的な方策を講じることも要請されるにいたるであろう。じっさい，今次の金融危機にあたっては，金融機関の流動性逼迫を緩和するために，FRBも日本銀行も，利下げ，長めの資金供給オペの実施や担保範囲・オペ先の拡大などの政策手段を活用しながら，流動性の供給を大幅に拡大したし，また，いちじるしく低下した金融市場の機能を回復させるために，FRBが，CPやABCPのみならずエージェンシー債やエージェンシーMBSなどを買い入れる措置を実施したとするならば，日本銀行も，CPや社債を買い入れる措置を実行に移した。要するに，ECBやBOEを含めて，各中央銀行の政策内容および政策手段は基本的に共通していたのであり，FRBだけが特別な政策を採用していたわけではなかった。しかも，そのなかで，マネタリズムの教義が想定するような独自のメカニズム——ヘリコプター・マネー効果ないしポートフォリオ・リバランス効果——が観察されたわけではない。つまり，果断な流動性供給や市場回復策をつうじて，今次の金融危機がその峠を超えたとしても，その手柄をバーナンキ一人だけに帰するわけにはいかないということである。

　第2に，「100年に一度」といわれる今回の金融危機が，それにもかかわらず，1930年代の危機よりもいくぶん軽微な段階にとどまったとするならば，その理由は，大恐慌を契機とする金本位制度から管理通貨制度への移行，それを背景とする中央銀行の最後の貸し手機能，預金保険制度ならびに政府による公的資金注入体制などの，いわゆる公的セーフティネットの整備に依存するところが大きいといわなければならない。他面では，これらの公的セーフティネットの整備が，事前にはバブルの発生を抑止することにつながらず，むしろ，皮肉にも，金融機関のモラルハザードを高めた可能性さえも疑われる点に注意が必要である。

　第3に，バーナンキは，グリーンスパンと同様にバブルを放置した。また，危機の発生後に「信用緩和（credit easing）」政策を採用したが，肝心のポート

フォリオ・リバランス効果はその機能を発揮しなかった。要するに，バーナンキは，なんらなすすべなく，実体経済を1930年型の恐慌にまで陥れたというわけである。目下，実体経済に底入れのきざしがうかがわれるとしても，その理由は，どちらかといえば，ケインズ主義的な財政政策の役割に属するところが大きい。まことに，金融政策は，財政政策と異なり，利子率政策——だから，ゼロ金利という限界を有する——をつうじて間接的にはともかく，直接的には有効需要を創出する能力はもちあわせていないのである。

　第4に，バーナンキにたいする最終的な評価は，むしろ，今後の金融政策のあり方にかかっているといえるかもしれない。というのは，日本銀行『金融市場レポート』(2009年7月)は，控え目な表現ながら，今回の政策措置が次回のバブルにつながる可能性について，つぎのような警報を発しているからである。すなわち，「一方，より長い視点に立って考えた場合，過去において，金融経済の危機に対応し，安定性を回復するための徹底した政策措置が，所期の目的を達成しつつも，次の不均衡の芽を生み出していた事例が存在することを想起する必要がある。市場参加者は，流動性リスクや価格変動リスクが小さい，安定した投資環境が続くと，より高いリターンを求めて，徐々にリスクテイクを積極化させていく。そうした行動がマクロ経済全体に拡がっていくと，『金融の不均衡』の拡大となって，反動のエネルギーを蓄積していく。このようにリスクに対する意識が希薄になるほどの市場の安定が実現してしまうと，必然的に次の金融不均衡が発生するリスクは高まっていく」，と。はたして，2度あることは，3度目も繰り返されることになるのであろうか。

注
1) 連邦準備制度理事会「日銀は90年代の長期不況をまったく予期していなかった」(神尾幸夫訳)『エコノミスト』2002年8月20日号，83頁。
2) 同上，85-86頁。
3) 同，93頁。
4) 白川方明『現代の金融政策——理論と実際——』日本経済新聞出版社，2008年，374頁。
5) 連邦準備制度理事会前掲論文，87頁。

6) 白川前掲書，400-401頁，参照。ただし，内容はいくぶんアレンジしてある。
7) アラン・グリーンスパン『波乱の時代――わが半生とFRB――』（山岡洋一・高遠裕子訳）日本経済新聞出版社，2007年，上巻，292頁。
8) 同上，293-294頁。
9) アラン・ブラインダー『中央銀行の「静かな革命」』（鈴木英明訳）日本経済新聞出版社，2008年，128頁。もっとも，原書は，グリーンスパン『波乱の人生』（2007年）よりも早く，2004年に出版されている。
10) 同上，176頁。
11) 同，126-127頁，参照。
12) 白川前掲書，402頁，参照。ただし，内容はいくぶんアレンジしてある。
13) ブラインダー前掲書，127-128頁。
14) グリーンスパン前掲書，331頁。
15) 同上，332-333頁。
16) 同，333頁。
17) ベン・S・バーナンキ「ミルトン・フリードマンの90歳の誕生日を祝して」，『リフレと金融政策』（高橋洋一訳）日本経済新聞社，2004年，所収，92-93頁。
18) 同上，93-94頁。
19) 同，114頁。
20) Ben S. Bernanke, The Great Moderation, Remarks at the Meetings of the Eastern Economic Association, Washington, DC February 20, 2004.
21) バーナンキ「デフレ――アメリカで『これ』が起きないようにするためには」，前掲邦訳書，所収，17-19頁。
22) 同上，22頁。
23) Bernanke and Vincent R. Reinhert, Conducting Monetary Policy at Very Low Short-Term Interest Rates, Paper Presented at the International Center for Monetary and Banking Studies Lecture, Geneva, Switzerland, January 14, 2004.
24) バーナンキ「デフレ」，前掲邦訳書，19-20頁。
25) 26) Bernanke, Asset-Price "Bubbles" and Monetary Policy, Remarks Before the New York Chapter of the National Association for Business Economics, New York, New York, October 15, 2002.

第10章 日本と中国の金融政策比較

はじめに

　本章の課題は，日本と中国の中央銀行について，その目的・理念・組織，政策手段，金融政策の効果波及経路などにかんし，両者の比較研究を試みようとする点にある。ただ，本章の執筆に際して，筆者が利用しえた中国についての資料はきわめて乏しく，わずかに，長谷川俊明・王衛軍編訳『中国金融六法』（東京布井出版，1997年，ただし，中華人民共和国中国人民銀行法改正版の中国語原文は日本銀行国際局の新川陸一氏より，また，同日本語訳ならびに中華人民共和国外国為替管理条例改正版の日本語訳はみずほ総合研究所の王旻氏より，それぞれ，提供いただいた），玉置知己・山澤光太郎『中国の金融はこれからどうなるのか』（東洋経済新報社，2005年），桑田良望『中国の金融制度と銀行取引——2006年版——』（みずほ総合研究所，2006年），中国人民銀行英語版ホームページなどに限られていることを，最初に指摘しておきたい。

1　日本銀行および中国人民銀行の目的・理念・組織

　現行の日本銀行の業務活動の法的根拠をなしているものは，1998年4月に施行された日本銀行法である。他方，中国人民銀行の業務活動の法的根拠をなしているものは，1995年3月に施行された中華人民共和国中国人民銀行法である。

いま，目的・理念・組織という側面から双方を比較するならば，そのあいだには，以下のような共通性と差異性が見だされる。

第1に，日本銀行法では，日本銀行の目的は，「日本銀行は，我が国の中央銀行として，銀行券を発行するとともに，通貨及び金融の調節を行うことを目的とする」（第1条第1項），「日本銀行は，前項に規定するもののほか，銀行その他の金融機関の間で行われる資金決済の円滑の確保を図り，もって信用秩序の維持に資することを目的とする」（同第2項），とされている。これにたいして，中国人民銀行法では，「中国人民銀行の地位を確立し，その職責を明確化し，国の通貨政策の正確な制定及び執行を保証し，中央銀行のマクロ調整コントロール体系を確立して完全化し，かつ，金融の安定を維持保護するため，この法律を制定する」（第1条），「中国人民銀行は，国務院の指導の下に，通貨政策を制定し，及び執行し，金融リスクを防御し，及び融解し，金融の安定を維持保護する」（第2条第2款），とされている。ちなみに，中国人民銀行法第4条は，「中国人民銀行は，次の各号に掲げる職責を履行する」として，「人民幣を発行し，人民幣の流通を管理する」こと，「支払い及び清算システムの正常な運行を維持保護する」ことも例示しているから，目的という側面で，両者のあいだに，基本的な相違はないとみなしてよいであろう。

相違ということになれば，目的というよりも，むしろ，両行の政府との関係という点に求められなければならない。すなわち，日本銀行の場合には，「日本銀行の通貨及び金融の調節における自主性は，尊重されなければならない」（第3条第1項）として，日本銀行の政府からの独立性が保障されているが，他方，中国人民銀行の場合には，上記のように，「通貨政策を制定し，及び執行し，金融リスクを防御し，及び融解し，金融の安定を維持保護する」にあたって，「国務院の指導」を受けなければならないとして，中国人民銀行の政府からの独立性が保証されているわけではない。この相違は，社会主義国としての中国においては，中国人民銀行は，中国銀行業監督管理委員会，中国証券監督管理委員会，中国保険監督管理委員会とならんで，国務院の直属機関として位置づけられていることに由来するものである。もっとも，この点を確認したう

えで, 日本銀行法では, 同時に, 日本銀行の政府との関係が,「日本銀行は, その行う通貨及び金融の調節が金融政策の一環をなすものであることを踏まえ, それが政府の経済政策の基本方針と整合的なものとなるよう, 常に政府と連絡を密にし, 十分な意思疎通を図らなければならない」(第4条), と謳われていること, また, 中国人民銀行法では, 同時に, 中国人民銀行の通貨政策執行の独立性が,「中国人民銀行は, 国務院の指導の下に, 法により独立して通貨政策を執行し, 職責を履行し, 業務を展開し, 地方政府, 各級政府部門, 社会団体及び個人の干渉を受けない」(第7条), と謳われていることにも, 留意が必要である。

　第2に, 日本銀行法では,「理念」という言葉を使いつつ,「日本銀行は, 通貨及び金融の調節を行うに当たっては, 物価の安定を図ることを通じて国民経済の健全な発展に資することをもって, その理念とする」(第2条), としている。これにたいして, 中国人民銀行法では,「目標」という言葉を使いつつ,「通貨政策の目標は, 通貨価値の安定を保持し, かつ, これにより経済成長を促進することにある」(第3条), としている。ここで, あるいは, 日本銀行法のケースのように,「通貨及び金融の調節」の「理念」は「物価の安定」にあると呼んだとしても, または, 中国人民銀行法のケースのように,「通貨政策の目標」は「通貨価値の安定」にあると呼んだとしても, 内容上, これといった相違が生じるいわれはないと判断されるかもしれない。しかし, じつは, そこには微妙な問題が含まれている。というのは, 現行の日本銀行法の制定過程で,「通貨価値の安定」という用語をわざわざ避けて, あえて「物価の安定」という用語が採用されるにいたった経緯が存在するからである。1997年2月の金融制度調査会「日本銀行法の改正に関する答申」は, この間の事情を以下のように伝えている。「金融政策の目標を, 物価の安定ではなく, 通貨価値の安定とする考え方もある。しかし, 通貨価値には, 対内的価値である物価と対外的価値である為替レートの2つの側面があり, こうした2つの目標を, 金融政策という1つの経済手段で追求する場合, 利益相反が生じうることは, 理論や過去の経験が示すところである。従って, 金融政策の目標は, 通貨価値の安定

とせず，物価の安定が適当であると判断したところである」。ひるがえって，中国に即して考えると，中国人民銀行は，対内的価値である物価の安定についてばかりではなく，後に考察するように，対外的価値である為替レートについても，その責務を負わされている。その意味で，中国人民銀行法にあっては，まさに，通貨政策の目標は，「物価の安定」ではなく，「通貨価値の安定」でなければならないわけである。なお，このことが，どのようなかたちでの「利益相反」を生みだすにいたるかという側面については，第3節でとりあげることにしたい。

第3に，日本銀行法では，日本銀行の資本金について，「日本銀行の資本金は，政府及び政府以外の者からの出資による一億円とする」(第8条第1項)，「前項の日本銀行の資本金のうち政府からの出資の額は，五千五百万円を下回ってはならない」(同第2項)，としている。これにたいして，中国人民銀行法では，中国人民銀行の資本金について，「中国人民銀行の資本金の全部は，国が出資し，国家所有に属する」(第8条)，としている。すなわち，日本銀行の場合には，資本金1億円のうち，その55％に相当する5500万円が政府出資とされ，45％に相当する残りの4500万円は民間出資とされているが，中国人民銀行の場合には，資本金の全額が政府出資とされている。

第4に，日本銀行法では，「日本銀行に，政策委員会を置く」(第14条)，「通貨及び金融の調節に関する事項は，委員会の議決による」(第15条第1項)，としている。これにたいして，中国人民銀行法では，「中国人民銀行に，通貨政策委員会をおく。通貨政策委員会の職責，構成及び業務手続は，国務院が定め，全国人民代表大会常務委員会に報告し記録にとどめる」(第12条第1款)，「中国人民銀行通貨政策委員会は，国のマクロ調整コントロール及び通貨政策の制定及び調整において，重要な役割を発揮しなければならない」(同第2款)，としている。すなわち，日本銀行の場合には，政策委員会は政府から独立的な議決機関としての位置づけが与えられているが，中国人民銀行の場合には，通貨政策委員会は，「通貨政策の諮問・議事機関」としての位置づけが与えられているにすぎない。ちなみに，前出の玉置・山澤『中国の金融はこれか

らどうなるのか』は、この点について、つぎのように解説している。「人民銀行内で金融政策を企画・立案する機関として、『貨幣政策委員会』が設置されている。メンバーとしては、人民銀行長（委員会議長）、国家発展改革委員会副主任など13名が規定されている。会合は原則として年4回開催されることとなっている。同委員会の権限は、表面的には日本銀行や英蘭銀行（Bank of England）の政策委員会や米国の連邦準備制度委員会（FRB）に類似しているが、人民銀行が重要な金融政策を政府から独立して実施する権限を与えられていないため、同委員会は、人民銀行法上『貨幣政策の諮問・議事機関』と位置づけられており、その権限は金融政策関連の議案提出に止まっている」[1]。なお、日本銀行の政策委員会・金融政策決定会合についていえば、毎月1～2回の開催が常例となっている。

　第5に、日本銀行法では、「〔政策〕委員会は、委員九人で組織する」（第16条第1項）、「委員は、審議委員六人のほか、日本銀行の総裁及び副総裁二人をもってこれに充てる」（同第2項）、「総裁及び副総裁は、両議院〔衆議院及び参議院〕の同意を得て内閣が任命する」（第23条第1項）、「審議委員は、経済又は金融に関して高い識見を有する者その他の学識経験のある者のうちから、両議院の同意を得て、内閣が任命する」（同第2項）、「総裁、副総裁及び審議委員の任期は五年……とする」（第24条第1項）、「日本銀行の役員は、……在任中、その意に反して解任されることがない」（第25条第1項）、とされている。これにたいして、中国人民銀行法では、「中国人民銀行に行長一名及び副行長若干名をおく」（第10条第1款）、「中国人民銀行の行長の人選は、国務院総理の指名に基づき、全国人民代表大会が決定し、……中華人民共和国主席が任免する。中国人民銀行の副行長は、国務院総理が任免する」（同第2款）、とされている。すなわち、「総裁」ないし「行長」の任免に際して、「両議院の同意」または「人民代表大会の決定」を必要とする点では、双方のあいだに、相違はない。しかし、日本銀行法では、「副総裁は、両議院の同意を得て、内閣が任命する」としているが、中国人民銀行法では、「国務院総理が任免する」としている。また、中国人民銀行法には、行長および副行長の任期やその身分保障にかんす

る規定が見あたらない。

　第 6 に，これは，日本銀行法にのみ存在する規定であるが，「財務大臣又は……経済財政政策担当大臣は，必要に応じ，〔政策委員会〕の金融調節事項を議事とする会議に出席して意見を述べ，又はそれぞれの指名する職員を当該会議に出席させて意見を述べさせることができる」(第19条第 1 項)，「金融調節事項を議事とする会議に出席した財務大臣又はその指名する財務省の職員及び経済財政政策担当大臣又はその指名する内閣府の職員は，当該会議において，金融調節事項に関する議案を提出し，又は当該会議で議事とされた金融調節事項についての委員会の議決を次回の金融調節事項を議事とする会議まで延期することを求めることができる」(同第 2 項)，としている。これが，政府代表による，「金融調節事項を議事とする会議」(政策委員会・金融政策決定会合)にたいする，出席権，発言権，議案提出権ならびに議決延期権と呼ばれるものであり，一般に，日本銀行の政府からの独立性という観点にかんがみて，重大な疑義を残す条項とみなされているものである。もっとも，日本銀行法は，「前項の規定による議決の延期の求めがあったときは，委員会は，議事の議決の例により，その求めについての採否を決定しなければならない」(同第 3 項)，というかたちで，日本銀行が実施する金融政策への政府からの干渉の余地にたいして，歯止めをかけることを忘れていない。ここで，「議事の議決の例」とは，「委員会の議事は，出席した〔政策〕委員の過半数をもって決する。可否同数のときは，議長が決する」(第18条第 2 項)，という規定を指している。

　第 7 に，日本銀行法は，いわゆる中央銀行の最後の貸し手機能(そのうちの日本銀行「特融」)について，以下のように謳っている。「内閣総理大臣及び財務大臣は，銀行法第五十七条の五の規定その他の法令の規定による協議に基づき信用秩序の維持に重大な支障が生じると認めるとき，その他の信用秩序の維持のため特に必要があると認めるときは，日本銀行に対し，当該協議に係る金融機関への資金の貸付けその他の信用秩序の維持のために必要と認められる業務を要請することができる」(第38条第 1 項)，「日本銀行は，前項の規定による内閣総理大臣及び財務大臣の要請があったときは，第三十三条第一項に規定す

る業務のほか，当該要請に応じて特別の条件による資金の貸付けその他の信用秩序の維持のために必要と認められる業務を行うことができる」(同第2項)。ここで，銀行法第57条の2の規定とは，銀行の「業務の全部又は一部の停止の命令」，銀行の「免許の取消し」にかかわるそれを指し，他方，日本銀行法第33条第1項の規定とは，日本銀行の通常業務を定めたそれを指す。これにたいして，中国人民銀行法には，中央銀行の最後の貸し手機能についての独立の条文を見出すことができないが，すでにみたように，第2条では，「中国人民銀行は，国務院の指導の下に，通貨政策を制定し，及び執行し，金融リスクを防御し，及び融解し，金融の安定を維持保護する」，とされている。中国人民銀行は，おそらく，このうちの「金融リスクの防御・融解」の個所を根拠として，最後の貸し手機能を発動するにいたるのであろう。

　ただ，日本では，「金融リスク」の「融解」については，現行の日本銀行法の制定の経過に照らして，その最終的責任の所在は，日本銀行にではなく，政府にあるとされていることが留意されなければならない。というのは，1996年11月の中央銀行研究会「中央銀行制度の改革——開かれた独立性を求めて——」，ならびに，前出の金融制度調査会「日本銀行法の改正に関する答申」は，「信用不安が生じた場合の対応」について，以下のような記述を残しているからである。「信用不安が生じた場合の対応については，金融機関の破綻処理等には行政的手段を要することから，最終的責任は政府にあるが，日本銀行は『最後の貸手』として重要な役割を担う必要がある。／その際の日本銀行の役割は，基本的には，信用秩序の維持の観点から，適切な流動性を供給していくことであり，明白に回収不能なケースについての損失補填は，金融機関のモラルハザードを避けるためにも行うべきではない」。「これまで，日本銀行は，現行日本銀行法〔旧日本銀行法〕第25条の規定に基づき，大蔵大臣の許可を得て，無担保の貸出等を実施してきた。信用不安が生じた場合の対応については，金融機関の破綻処理等の行政的手法を要することから，最終的な責任は政府にある。しかしながら，日本銀行も，『最後の貸手』として重要な役割を担っており，信用秩序維持の観点から適切な流動性供給を行うことを求められ

る。ただし，明白に回収不能なケースについての損失補塡は，金融機関のモラルハザードを避けるためにも行うべきではない」。ここで，旧日本銀行法第25条の規定とは，「日本銀行ハ主務大臣〔大蔵大臣〕ノ許可ヲ受ケ信用制度ノ保持育成ノ為必要ナル業務ヲ行フコトヲ得」，というそれを指す。

　第8に，日本銀行による政府にたいする信用供与については，日本銀行法においてではなく，1947年3月に制定された財政法のなかで，政府が日本銀行に公債を引き受けさせること，ならびに，政府が日本銀行から借り入れることをいずれも原則として禁止する措置が講じられている。すなわち，財政法第5条の，「すべて，公債の発行については，日本銀行にこれを引き受けさせ，又，借入金の借入については，日本銀行からこれを借り入れてはならない。但し，特別の事由がある場合において，国会の議決を経た金額の範囲内ではこの限りではない」，という規定がそれに相当する。ちなみに，日本銀行の説明によれば，ここでいう「特別の事由」とは，目下のところ，日本銀行がオペレーションをつうじて保有することになった国債の満期の到来に際して，同行が引き受ける借換債のケースだけを指すものとされている。他方，中国人民銀行法では，中国人民銀行による政府にたいする信用供与について，「中国人民銀行は，政府財政に貸越しをしてはならず，かつ，国債その他の政府債券の購入を直接に引き受け，又はその売却を一括して請け負ってはならない」（第29条），としている。したがって，政府への信用供与という問題については，日本銀行と中国人民銀行とのあいだに，その対応のうえで，さしたる相違はないと考えてよいであろう。

　最後に，日本においては，政府の保有外貨は，政府内にある外国為替資金特別会計によって管理されている。とはいえ，日本銀行は，外国為替資金特別会計法にもとづき，政府（財務大臣）の委託を受けて，この特別会計の外貨および円貨の受け払いにかんする事務を取り扱うこととされている。このうち，金融機関を相手とする外国為替の売買は，円の為替相場の安定を目的とした外国為替平衡操作にかかわるものであり，日本銀行は，財務大臣の代理人の資格で，国の資金，具体的には，外国為替資金特別会計の資金を用いて市場介入を

行うことになる。つまり，外国為替市場への介入の責任は，あくまでも，日本銀行にではなく，政府に属するというわけである。これにたいして，『中国の金融はこれからどうなるのか』は，2005年7月の「通貨バスケットを参考にする管理変動相場制」への移行以後の，中国の外国為替市場の実情を以下のように描き出している[2]。①中国では1994年4月に外貨取引センター (China Foreign Exchange Trade System) が設立され，インターバンク（銀行間）の外国為替取引は同センターに集中されている。②センターの参加者は，為銀（外国為替公認銀行）と人民銀行に限定されている。国際収支が黒字を継続していることから，為銀が外貨（主として米ドル）の主要な売り手をなる一方，人民銀行が外貨の主要な買い手（為替介入）となっている。③センターの取引通貨は，人民元の対米ドル，香港ドル，円，ユーロ取引に限定されていたが，2005年5月以降，米ドル・円，ユーロ・円など8組の外貨同士の取引も行われるようになった。④人民銀行は，毎営業日終了後に人民元レート終値を公表し，それを翌営業日の人民元取引の中間レートとする。⑤人民元レートは，人民銀行が公表した中間レートの上下一定の範囲内で変動することが認められている（現在の値幅制限は，対米ドル±0.3％，対円，香港ドル，ユーロでは±1.5％に設定されている）。為替レートがこの値幅制限を上下に突破しそうなときには，人民元レートが値幅制限の範囲内にとどまるよう，為替介入を実施する。⑥センターの取引時間は，以前は毎営業日の午前中9時20分から11時までの1時間40分に限られていたが，2003年に9時30分から15時30分までの6時間に延長された。以上の素描にかんがみれば，中国においては，どうやら，人民元レートの変動幅および市場介入の決定，したがって，外貨の管理は，中国人民銀行に委ねられているようである。じっさい1996年4月に実施された中華人民共和国外国為替管理条例では，「中国人民銀行は，銀行間外国為替市場で形成された価格に基づき，人民幣の主たる外国通貨に対する為替レートを公布する」（第33条第2款），「外国為替指定銀行及び外国為替業務を取り扱うその他の金融機構は，中国人民銀行の公布する為替レート及び所定の浮動範囲に基づき，顧客に対する外国為替売買価格を確定し，外国為替売買業務を処理しなければならない」

(第36条第2款),「中国人民銀行は,通貨政策の要求及び外国為替市場の変化に基づき,法により外国為替市場に対して調整コントロールをする」(第38条),とされているし,また,中国人民銀行法では,中国人民銀行の既述の職責のひとつに,「国の外国為替準備金及び金準備を保有し,管理し,及び運営する」を掲げると同時に,「中国人民銀行が年度通貨供給量,利率,為替レート及び国務院所定のその他の重要事項につき行った決定は,国務院に報告し承認を経た後に執行する」(第5条第1款),とされている。

以上の整理から,われわれは,日本銀行法と中国人民銀行法のあいだには,関連する法律も含めて,一方で,その目的,政府にたいする信用供与の禁止などの側面における共通性の存在と同時に,他方で,その理念,政府からの独立性の有無,政策委員会ないし通貨委員会の権限,資本金の出資方式,外貨の管理および外国為替市場への介入の主体などの側面における差異性の存在を確認することができる。そして,差異性の多くは,日本は資本主義国であり,中国は社会主義国であるという,社会体制の相違に起因するものと考えて,おそらく,間違いないであろう。

2 金融政策の手段と役割

教科書的には,中央銀行が駆使する金融政策の手段として,貸出政策——貸出にあたっての基準となるべき基準割引率と基準貸付利率が,日本では伝統的に公定歩合という名で呼びならわされてきた——,債券・手形の売買操作ないし公開市場操作,準備率操作の3者をあげることが通例となっている。じっさい,日本銀行法では,「次に掲げる通貨及び金融に関する事項は,〔政策〕委員会の議決による」(第15条第1項),とされ,このうち,金融政策手段にかかわる事項として,①商業手形その他の手形の割引に係る基準となるべき割引率その他の割引率並びに当該取引に係る担保の種類及び条件の決定又は変更,②手形,国債その他の有価証券を担保とする貸付けに係る基準となるべき貸付利率その他の貸付利率並びに当該貸付けに係る担保の種類,条件及び価額の決定

または変更，③準備金制度に関する法律に規定する準備率及び基準日等の設定，変更又は廃止，④商業手形またはその他の手形（日本銀行の振出しに係るものを含む）又は国債その他の債券の売買その他の方法による金融市場調節（公開市場操作を含む）の方針並びに当該金融市場調節に係る手形又は債券の種類及び条件その他の事項の決定又は変更，⑤その他の通貨及び金融調節に関する方針の決定又は変更，という5つの措置を列挙している，ここで，①と②が貸出政策に，③が準備率操作に，④が債券・手形の売買操作に，それぞれ，相当することは改めて指摘するまでもないであろう。また，中国人民銀行法では，「中国人民銀行は，通貨政策を執行するため，次の各号に掲げる通貨政策手段を運用することができる」(第23条)，とされ，通貨政策の手段として，①銀行業金融機構に対し所定の比率に従い預金準備金を預け入れるよう要求すること，②中央銀行の基準利率を確定すること，③中国人民銀行において口座を開設する銀行業金融機構のため再割引を取り扱うこと，④商業銀行に対して貸付金を提供すること，⑤公開市場において国債その他の政府債券及び金融債券並びに外国為替を売買すること，⑥国務院の確定するその他の通貨政策手段を運用すること，という6つの措置を列挙している。ここで，②と③および④が貸出政策に，①が準備率操作に，⑤が公開市場操作に，それぞれ，相当することは，あらためて指摘するまでもないであろう。

しかし，日本銀行および中国人民銀行による現行の金融政策の運営状況を点検してみると，かならずしも教科書どおりにこれらの政策手段がバランスよく活用されているわけではないという現実に直面することになる。

たとえば，日本銀行金融研究所編『新しい日本銀行』を例にとれば，金融政策と日々の金融調節について説明している章のタイトルは，「オペレーションと貸出」[3]というそれであり，しかも，この章をつうじて，準備率操作にかんして何らの言及もなされていない。これは，1957年5月に施行された準備預金制度に関する法律の第1条が，準備預金制度を「通貨調節手段」として位置づけていること——「この法律は，通貨調節手段としての準備預金制度を確立し，わが国の金融制度の整備を図るとともに，国民経済の健全な発展に資する

ことを目的とする」——に照らして，きわめて奇異な取扱いであるといわなければならない。なぜ，準備率操作を，いつのまにか，金融政策手段の地位から脱落させたのか（わが国で準備率操作が最後に発動されたのは1991年10月である），筆者が知るかぎり，これまでのところ，日本銀行じしんによる説明を見だすことができないが，推定するところ，以下のような事情を考慮した結果であると判断されてよいであろう。

　日本の準備預金制度は，1ヵ月間（たとえば，4月1日から4月30日まで）の平均預金残高にもとづいて計算された所要準備額を，その月の16日（4月16日）から翌月の15日（5月15日）までの平均残高として，市中銀行が日本銀行の当座預金口座に積み立てることをその内容とするものである（中国の準備預金制度でも，毎旬すなわち10日ごとに所要準備が計算され，その金額を当該旬の5の付く日から翌旬の4の付く日にかけて積み立てることをその内容としている）。したがって，日本の預金準備制度は，達観すれば，前月の預金量に対応する準備預金額を，翌月にかけて積み上げる「後積み方式」であると考えることができるであろう。ここで，留意されるべきは，前月の預金量は，市中銀行による前月の預金創造活動にしたがって信用創造活動によって規定され，ここから，前月の16日から今月の15日までに必要な所要準備額は，この預金量と与えられた準備率によってあらかじめ決定されているということである。しかも，あるいは常識に反することになるかもしれないが，今日の金融システムのもとでは，市中銀行は借り手の口座に貸出額に相当する預金額を貸記するかたちで貸出を行うのであるから，また，借り手はこの預金を受取人の口座に振り替えることにより決済を行うのであるから，貸出の時点では，市中銀行はそれに必要な準備をあらかじめ用意することを要請されるわけではない。こうして，マクロ的にみれば，準備預金をネットで追加的に供給することのできる唯一の主体である日本銀行は——インターバンク市場をつうじた個々の市中銀行間での既存の準備（これじたい，日本銀行の過去の金融政策によって生みだされたものである）の相互融通は，いわばゼロサム・ゲームであって準備預金のネットの増加をともなうものではない——，インターバンク市場を混乱させ，そこでの金利を異常に高騰

させないためにも，翌月の15日までには，必要な準備を，たとえば，債券・手形の売買操作といった金融調節手段を介して供給せざるをえない立場にたたされることになる。つまり，預金額が準備額を決定するというわけであって，マネタリスト的な理解とは異なり，逆の因果関係が成立するというわけではない。準備の供給という点では，日本銀行は，つねに，受け身の立場におかれているというのがことの真相である。それと同時に，この真相が有する含意もまた，明白になる。すなわち，たとえ，日本銀行が準備率操作を発動して，市中銀行が必要とする準備預金額を増加させたとしても，新たに必要とされる準備額は，結局のところ，ほかならぬ日本銀行じしんが供給しなければならない羽目に陥る，と。

　そうであれば，準備率操作は，金融政策として何の効果も発揮しないということになるのであろうか。もちろん，そんなことはありえない。ただ，その効果は，一般に予想されるところとは異なり，所要準備額の増加→市中銀行の貸出額の減少といった量的な面からのそれではなく，追加準備の調達コストの増加→市中銀行による貸出金利の引上げ→貸出額の減少といったコスト面からのそれであるということである。ここで，なぜ，追加準備の調達コストが増加するのかといえば，市中銀行は追加準備の調達にあたって，商業手形や国債などの有利子の資産を日本銀行に売却したうえで，受け取った資金をそのまま日本銀行当座預金という無利子の資産のかたちで保有しなければならないからである。ちなみに，中国人民銀行の場合とは異なり，日本銀行の場合には準備預金にたいして金利は付されていない。

　いまや，ようやくにして，結論にたどりつくことになる。すなわち，市中銀行のコスト面からの働きかけということになれば，日本銀行の立場からは，準備率操作というまわりくどいやり方よりも，債券・手形の売買操作をつうじたインターバンク市場金利のコントロールというより直截的な方法が，身近に現存している。日本銀行としては，それを利用しない手はないであろう。

　さて，このような経過をたどって，現在では，準備預金制度は，「通貨調節」のための手段というよりも，むしろ，以下に述べるように，日本銀行による債

券・手形の売買操作をつうじた操作目標としてのインターバンク市場金利のコントロールを可能にする，制度的な枠組みの提供という役割を担うものとなっている。

　日本銀行は，1995年3月以降，次回の政策委員会・金融政策決定会合までの金融市場調節方針を，直近を例にとれば，「無担保コールレート（オーバーナイト物）を0.25％前後で推移するよう促す」というかたちで公表するようになった。これが，インターバンク市場金利を政策金利（操作目標）として選択し，それを誘導するということの当の内容である。しかし，ここでも，新たな問題に直面する。というのは，月単位でみれば，所要準備額しか供給されないという認識が関係者のあいだで共有されているにもかかわらず，日本銀行は，なぜ，政策金利としてのインターバンク市場金利を目標水準に向けて，意のままに誘導することができるのかという疑問が生じるに違いないからである。この問題については，つぎのように考えればよいであろう。いま，市中銀行が日本銀行の金融市場調節方針を無視して，その水準よりも低い金利で取引をつづけたとする。この場合，日本銀行は，準備預金の積み最終日の直前に，準備供給額を所要準備額以下に減らし，市中銀行間の準備預金の奪い合いという事態を引き起こすことによって，インターバンク市場金利を急騰させることも可能である。つまり，準備預金制度という制度的枠組みをつうじて，市中銀行は日本銀行にはけっして逆らえない仕掛けが用意されているというわけである。加藤出・山広恒夫『バーナンキのFRB』は，アメリカのケースを例にとりつつ，この間の事情を以下のように叙述しているが，こうした事態は，日本のケースについてもそのままあてはめることができると考えられてよいであろう。「ニューヨーク連銀は短期的にはオペによって準備預金残高を増減させて，フェデラルファンド金利を誘導している。／しかし，少し長い目で見るとそうでもないことがわかる」[4]。「FOMC〔連邦公開市場委員会，その実務をニューヨーク連銀が担当する〕は2004年6月から利上げを開始し，フェデラルファンド金利の誘導目標を1％から4.5％にまで引き上げた（2006年2月現在）。3.5％も金利引き上げを行っているが，この間，ニューヨーク連銀は準備預金所要額の変動

に合わせて準備預金残高をコントロールしている」[5]。「つまり連銀はフェデラルファンド金利誘導目標の引き上げを実現するために，準備預金残高を減らしているわけではない」[6]。「仮に，FOMC が金利引き上げを宣言したにもかかわらず，マーケットはそれを無視して，誘導目標よりも大幅に低い金利で恒常的に取引を行っていたとしよう。その場合，中央銀行は断固たる態度を示すことができる。準備預金残高を所要準備より減らしてしまえば，市場金利を引き上げることができる。長期的に見ると，フェデラルファンド市場のプレーヤーは，ニューヨーク連銀には逆らえないのである。よって，金融機関は誘導金利変更のアナウンスメントに基本的には従うことになる」[7]。

　ここまでは，準備率操作の「金融調節手段」としての位置づけの後退ぶりをめぐる議論を展開してきた。ところが，日本では，近年，貸出政策や公定歩合の金融政策ないし金融調節上の位置づけにかんしても，大きな変化を経験しつつある。ひとつは，日本銀行は，1996年以降，原則として貸出に依存しないかたちでの金融調節を実施するようになっていたが，2001年3月には，新たに「補完貸付制度」を導入するにいたったことである。ちなみに，日本銀行企画局「主要国の中央銀行における金融調節の枠組み」によれば，補完貸付制度の導入の目的は，以下の点に求められる。「マクロ的な資金過不足が適切にコントロールされていれば，個々の民間金融機関における資金過不足は，基本的に，金融市場〔インターバンク市場〕を通じた資金の相互融通により調整される。しかし，現実には，様々な制約から必ずしもこうした調整が円滑に行われず，民間金融機関が資金を調達（運用）するために借入（貸付）金利を大幅に引き上げ（下げ）ざるを得ない状況に陥り，短期の市場金利が金融調節上の誘導目標から大幅に乖離する事態が起こり得る。／このため，各中央銀行では，オペによる金融調節を補完し，短期の市場金利を安定化させる仕組みとして，中央銀行が民間金融機関からの申込みを受け，ごく短期間，予め定められた金利により受動的に資金貸付けもしくは預金受入れを行う制度を設けており，これをスタンディング・ファシリティと呼んでいる。日本……では，貸付ファシリティのみを設けている」[8]。つまり，ここでいうスタンディング・ファシリ

ティ（貸付ファシリティ）に相当するものが補完貸付制度（いわゆる「ロンバード型貸付」）にほかならないというわけである。日本銀行の場合，貸付期間は，1営業日（オーバーナイト）であり，貸付利率は，準備預金制度における1回の積み期間（各月の16日から翌月の15日までの期間）内において，貸付日数の累計が一定の日数（原則5営業日）内にとどまる際には基準貸付利率（公定歩合），貸付日数の累計が当該日数を超える際には超えた日数分だけ基準貸付利率に年2.0％を上乗せした利率が適用されることになっている。また，貸付額は，民間金融機関から差入れを受けた担保の価額の範囲内とされている。

　話がいくぶん煩雑になるかもしれないが，ここで，補完貸付制度の導入とともに，公定歩合が結果的に，短期の市場金利の上限を画する役割を有するにいたった点にも留意がはらわれなければならない。ふたたび，日本銀行企画局「主要国の中央銀行における金融調節の枠組み」を参照するならば，その経緯は，つぎのとおりである。「スタンディング・ファシリティの適用金利は，通常，政策金利からある程度の乖離幅をもって，それを利用する民間金融機関にとって不利になるように，つまり，貸付金利は政策金利より高く……設定される。このように金利を設定することにより，民間金融機関には，短期の市場金利がスタンディング・ファシリティの貸付金利を……〔下回る〕限り，極力市場取引を通じて資金を調達……しようとする誘因が働く。同時に，短期の市場金利がこの範囲を超えて上昇……する場合には，いつでもスタンディング・ファシリティを利用することが可能であることが予め明確になっているため，結果として，スタンディング・ファシリティの金利が短期の市場金利の上限……を画するといった効果が期待される」[9]。

　しかも，ことがらはこれにとどまらない。というのは，2006年7月に，日本銀行は，政策委員会・金融政策決定会合において，金融市場調節方針を変更し，無担保コールレート（オーバーナイト物）の誘導水準をそれまでの0％から0.25％に，また，「公定歩合」をそれまでの0.1％から0.4％に改訂することを決定したが，それを機に，公定歩合という言葉じたいの使用を回避しようとする姿勢をとりはじめるようになったからである。2006年7月21日の読売国際経

済懇談会における武藤敏郎日本銀行副総裁の講演要旨「最近の金融政策運営」のなかの以下の発言が，この動向を端的に示す事例となっている。「日本銀行が金融機関に直接資金を貸し出す時の基準金利を『公定歩合』と言います。『公定歩合』という言葉は，日本銀行に関連する用語の中でも，とりわけ認知度の高い言葉だと思います。しかし，実は，この言葉は，法律に規定されているものではありません。日本銀行法に規定されている『基準となるべき割引率（基準割引率）』と『基準となるべき貸付利率（基準貸付利率）』のことを，『公定歩合』と呼んでいます。従来は，『商業手形割引率ならびに国債，特に指定する債券または商業手形に準ずる手形を担保とする貸付利率』と『その他のものを担保とする貸付利率』の２区分があり，各々について率が定められていましたが，これらは，2001年に『基準割引率および基準貸付利率』として一本化されました」。「公定歩合は，2001年に導入された補完貸付制度──予め明確に定めた条件に基づき，日本銀行が貸付先からの借入れ申込みを受けて受動的に実行する貸付制度──のもとで，補完貸付の適用金利として，オーバーナイトのコールレートの上限を画する役割を担うようになっています。現在の政策金利は，あくまで無担保コールレート（オーバーナイト物）であり，公定歩合には政策金利としての意味合いはありません。そうした意味で，今後は，かつては政策金利としての意味合いの強かった『公定歩合』という用語を使わず，『基準貸付利率』ないし，『補完貸付の適用金利』という用語を使っていくことが適当であると考えています」。じっさい，こうした動向を反映させつつ，日本銀行調査統計局『金融経済統計月報』は，いまや，該当する表のタイトルに，「公定歩合」に代えて，「基準割引率および基準貸付利率（従来『公定歩合』として掲載されていたもの）」という表現を使用するにいたっている。

　以上を要するに，現在，日本銀行において，金融政策の遂行にあたり，主要な手段としての位置を与えられているものは，債権・手形の売買操作にほかならないということである。

　ひるがえって，中国人民銀行の場合には，どうであろうか。

　ただちに気がつくのは，中国人民銀行法のなかで，「中国人民銀行が年度通

貨供給量，利率，為替レート及び国務院所定のその他の重要事項につき行った決定は，国務院に報告し承認を経た後に執行する」(第5条第1款)，と謳われているように，中国人民銀行の場合には，無担保コールレート（オーバーナイト物）というかたちで政策変数がひとつに絞り込まれている日本銀行の場合と異なり，年度通貨供給量，利率，為替というかたちで，政策変数を3つも有していることである。このうち，政策変数としての年度通貨供給量とは，『中国の金融はこれからどうなるのか』が指摘する，「人民銀行の周小川行長は，2005年の通貨政策の目標として，狭義マネーサプライ（M1），広義マネーサプライ（M2）をともに15％増やすこと，全金融機関の人民元建て新規貸出を2兆5,000億元増やすことを掲げている」[10]，という内容を指しているのであろう。また，政策変数としての利率とは，同書が指摘する，「金利面の直接コントロールとして，人民銀行は，業態や期間ごとに，全金融機関の預金基準金利と貸出基準金利を定めている。ただし，固定資産投資を中心に景気が過熱している中で，多額の不良債権を抱えている国有企業への配慮もあって，預金・貸出基準金利は低水準に抑えられており，過熱経済の抑制策としては，窓口指導などの量的コントロールが中心的な役割を果たしている」[11]，という内容を指しているのであろう。つまり，政策変数としての利率といっても，それは，日本銀行の場合のように，インターバンク市場金利を意味するのではなく，金融機関の対顧客向けの預金基準金利と貸出基準金利（2004年10月の預金・貸出基準金利の引上げに際して，貸出金利の上限が撤廃されたとの由である）を意味しているというわけである。政策変数としての為替レートについては，すでに第1節でふれておいた。

それでは，年度通貨供給量目標の実現に向けて，貸出政策，準備率操作，公開市場操作といった各種の政策手段には，それぞれ，どのような役割を発揮することが期待されているのであろうか。まず，貸出政策については，中国人民銀行の場合にも，日本銀行の場合と同様に，基本的にはマクロ的な金融調節手段としては利用されていないようである——「人民銀行貸出（再割引を含む）の役割は，金融システムの安定（金融機関の風評被害や危機対応のための貸出）

や，農業支援のための資金繰り支援（農村信用社が農民の資金需要に対応するために実施する貸出）に限定されており，マクロ的な金融調節手段としては利用されていない」[12]。つぎに，準備率操作についていえば，中国人民銀行の場合には，日本銀行の場合とは異なり，かなり頻繁に発動されているのが現実のようである。しかし，日本銀行がなぜこれを政策手段から事実上排除するにいたったのかという問題の分析をつうじてすでに解明されたように，準備率操作は，金融機関の所要準備額そのものに影響を及ぼす政策ではなく，じつのところ，金融機関の所要準備コストに影響を及ぼす政策であるにすぎない。ところが，中国人民銀行の場合には，日本銀行の場合とは異なり，準備預金に金利を付している。つまり，その分だけ，準備率操作の効果が削減されるわけである。したがって，中国人民銀行による準備率操作の発動の含意は，コスト面からの金融機関の貸出行動への働きかけというよりも，むしろ，同行の外国為替市場への介入（ドル買い・人民元売り）の結果として生み出された金融機関が所有する過剰準備の凍結に力点が置かれていると考えるべきであろう。最後に，公開市場操作については，日本銀行の場合と異なり，短期の市場金利を誘導するためにではなく，目下のところ，準備率操作とならんで，同行の外国為替市場への介入の結果として生み出された金融機関が所有する過剰準備を吸収するために活用されているというのが実情のようである（過剰準備の凍結・吸収という意味ではこちらが主役）――「人民銀行では2005年7月の人民元制度改革まで人民元の対ドル為替レートを1ドル＝8.28元前後の狭いレンジに固定させるために多額の為替介入（ドル買い・人民元売り）を実施してきたが，こうした為替介入を通じて金融市場に放出される人民元を吸収するため，公開市場操作の拡充が図られている。具体的には，公開市場操作で金融市場の余剰資金を吸収するために，2003年4月以降，人民銀行手形が発行されている。人民銀行が常に大量の債券を保有していれば，その債券を市場に売却することにより金融市場から所要の資金を吸収することができる。しかしながら，現状ではオペの対象となる，債券残高が不足していることから，人民銀行は，自己を支払人として振出した手形……を市場で売却することにより，債券保有額の制約なしに金融市場

から資金を吸収している」[13],「外貨準備が急増するような大規模な外貨流入により生じる金融政策上の最大の問題は，リザーブマネーが急増し，過剰流動性が発生する要因となることである。外貨流入に伴うマネーの増加を中銀が債権の売りオペ等により吸収することは可能であるが（『不胎化政策』），……現在の中国の場合には外貨流入の半分程度しか不胎化されていない」[14]。

ところで，すでに述べたように，今日の金融システムのもとでは，商業銀行は準備がなければ貸出を行いえないという性格のものではないが，中国にみられるように，一方で，商業銀行が過剰準備ないし過剰流動性をかかえ，他方で，企業の借入需要が旺盛である所では，こうした過剰準備の存在は，過剰貸出・過剰借入に帰結し，マネーサプライ（その大宗は銀行貸出の見返りとして生まれる企業預金やそこから振り替えられる個人預金からなる）の増加，景気の過熱およびバブルの発生の潜在的可能性の増大を誘発しがちであることは，けだし，否定しがたい事実であるといわなければならない。げんに，中国人民銀行による2005年の広義のマネーサプライ（M2）——流通現金プラス企業・事業単位の当座・定期預金プラス個人の貯蓄性預金など——の増加目標は15％であったにもかかわらず，同年の第3・四半期以降のその伸び率は対前年同期比で17～19％程度に達した。また，都市部を中心に不動産部門への投資の過熱化とそこでのバブルの発現の現実化が懸念されるにいたっていることは周知の事実である。そこで，ここに新たに切り札として登場しているのが，既述のオーソドックスな金融政策手段ではなく，過熱部門への貸出にたいする直接的なコントロールの手段としての「窓口指導」だということになるのであろう。じっさい，筆者が目にした文献のなかで，中国人民銀行による窓口指導にふれていないものは，皆無であったというのが現実にほかならない——「過剰流動性を象徴するのが銀行融資の急増だ。昨年〔2006年〕の融資の増加額は3兆1,800億元で，人民銀が年初に掲げていた目標〔2兆5,000億元〕を3割近く上回った」（2007年1月21日付『日本経済新聞』），「直接的コントロールの中心的な役割を担っているのは窓口指導である。窓口指導は，……1998年に導入された。その後，中国の景気過熱感が強まる中で，過度のマネーサプライ・貸出の伸びを抑

制するために，人民銀行の窓口指導は強化されており，2004年以降は毎月開催される『金融経済情勢分析会』の場で窓口指導が実施されている。中国の窓口指導においては，個別金融機関ごとに貸出の総枠が示されているわけではなく，過熱業種への貸出の抑制，政府が奨励する分野への貸出促進が，金融機関に要請されていると言われている」[15]。「銀行貸出の急増を抑制し貸出構造の最適化を図るため，人民銀行は2006年4月27日および6月13日に『窓口指導会議』を開催した。会議には政策銀行，国有商業銀行，株式制商業銀行，一部の人民銀行の支店，銀監会〔銀行業監督管理委員会〕が出席した。人民銀行は出席金融機関に対し，次の要請をおこなったとされている。①貸出の伸び率に注意し，経済の過熱や落ち込みを防ぐこと。……③貸出構造の調整に注力し，過熱投資業種に対する貸出は厳しく抑制するが，経済の弱い部分に対しては貸出支援を強化する」[16]。

ちなみに1957年以降，日本銀行も「窓口指導」を実施していた。ただ，中国人民銀行のそれと内容的に異なるのは，金融引締め時などに，日本銀行からの借入額が多い金融機関にたいして，個々にないし一律に，対顧客貸出増加額を日本銀行が適正と判断する範囲内にとどめるように，同行が指導していたことである。もっとも，窓口指導は，規制を受ける金融機関とそうでない金融機関のあいだの不均衡，金融機関相互間の貸出シェアの固定化といった副作用をともなうために，1991年には廃止されるにいたっている。

以上が，筆者が理解するかぎりでの，中国人民銀行が有する金融政策手段の種類とそれぞれの役割にほかならない。

3　人民元相場の行方

日本銀行の場合，他の先進資本主義国の中央銀行（欧州中央銀行を含む）の場合と同様に，操作目標すなわち政策変数として短期の市場金利を採用し，具体的には，無担保コールレート（オーバーナイト物）を妥当な水準に誘導することをつうじて，金融政策を運営している。じっさい，新日銀法のもとで，2001年

3月から2006年3月までの，いわゆる「量的緩和政策」の時期——この時期には，金利ではなく，市中銀行が日本銀行に保有する当座預金残高が，操作目標すなわち政策変数となり，同行は，所要準備額を上回る当座預金を市中銀行にたいして供給しつづけた——を除いて，日本銀行は，政策委員会・金融政策決定会合の度ごとに，次回会合までの，適当と判断する無担保コールレート（オーバーナイト物）の誘導水準を決定し，それらをひろく公表している。市中銀行が，なぜ，この水準の変更にたいしてただちに反応し，この水準を無理なく受け入れるにいたるという点については，すでに，第2節で説明したとおりである。

　それでは，こうした短期の市場金利の変動は，どのような波及経路をつうじて，実体経済に影響を及ぼすことになるのであろうか。一般に想定されているそれは，以下のようなものである。すなわち，いま，物価の抑制を目的として，インターバンク市場金利が引き上げられたとしよう。インターバンク市場とは，個々の市中銀行間の準備預金の過不足を調整するための短期金融市場のことを指すから，インターバンク市場金利の上昇は，一方で，市中銀行の準備調達コストの上昇を意味すると同時に，他方で，市場間の金利裁定をつうじて他の短期金融市場すなわちオープン市場の金利上昇を招くことになる。ところで，「金利の期間構造」という考え方にしたがえば，中長期金利の水準は，結局のところ，現在から将来にかけての現実ないし予想短期金利の水準によって決定されるはずであるから，短期市場金利の上昇は，やがて，中長期金利の上昇を導くことになるであろう。そうなると，今度は，それが，準備調達コストの上昇と相俟って，市中銀行の貸出金利に上昇圧力を与えることになる。貸出金利の上昇は，企業や家計にとっての投資コストや消費コストの増大を含意するから，これはこれで，投資や消費を抑制することにならざるをえない。こうして，最後には，需要の減少をつうじて，物価が下落することになる，と。

　なんとまあ，長い波及経路であるというべきであろうか。当然，金融政策が効果を発揮するまでに，それなりの時間も見込まなければならない。しかし，これが真の姿であり，金融政策の運営はフォワード・ルッキング（将来の動向

を適切に洞察し，現時点で果断に決断する）なものでなければならないと強調されるゆえんは，まさに，この点にかかっている。

これにたいして，中国人民銀行の場合には，日本銀行の場合と異なり，短期の市場金利は，政策変数としての位置づけを与えられていないというのが実情のようである。否，それどころか，中国には，ほんらいの意味での金利政策が存在するのかどうかということじたいが疑わしい。いわく，中国人民銀行の場合には，政策変数としての金利のコントロールとは，預金・貸出金利の設定のことを指している。しかし，これは，金利政策というよりも，基準貸出金利の設定をつうじた貸出額の直接的な量的規制政策以外の何ものでもありえない。いわく，貸出政策については，中国人民銀行の場合にも，日本銀行の場合と同様に，基本的には，金融政策の手段としては位置づけられていない。いわく，準備率操作については，その発動の動機は，中国人民銀行の外国為替市場への介入をつうじて生みだされた金融機関が所有する過剰準備の吸収という点に求められているようである。いわく，公開市場操作についてもまた，現状では，その発動の主たる動機は，同様の理由で生み出された金融機関が所有する過剰準備の吸収という点にある。いわく，「窓口指導」についていえば，これもまた，金融機関の貸出額にたいする剝き出しの量的規制政策以外の何ものでもありえない。

このように整理するならば，いまや，金融政策の効果波及経路という側面についても，その答えは明白である。すなわち，中国人民銀行の場合には，金融機関の貸出行動ないし過剰準備に直接に影響を与え，それをつうじて景気の過熱の抑制や物価（あるいはバブル）の安定（バブルの発現防止）を図ることを目的として，金融政策が運営されている，と。なお，日本の金利政策と比べた中国のこうした量的コントロール政策の一特徴は，効果波及に要する時間の短かさという点に求めることができるであろう。

最後に，中国人民銀行による金融政策の運営をめぐって，ひとつだけ，問題を提起しておきたい。それは，同行が，通貨価値の対内的側面である物価の安定と，通貨価値の対外的側面である為替レートの安定との両者に責任を負って

いるという事情にかかわっている。すでに述べたように，日本においては，円の為替相場が不安定化した場合，政府（財務大臣）は必要に応じて日本銀行に指示を出し，これを受けて，日本銀行は政府（財務大臣）の代理人の資格で外国為替市場への介入を行う。いま，円高を阻止するための市場介入（ドル買い・円売り）が行われるとしよう。その際の資金の動きは，つぎのようになる。①介入のための資金は短期政府証券を発行して，政府が調達する。こうした資金調達は急を要することが多く，さしあたり，市中公募の方式によってではなく，日本銀行直接引受という方式で調達されることになる。財政法第5条は日本銀行による政府への信用供与を原則として禁止しているが，日本銀行法では，「財務省証券その他の融通証券の応募又は引受け」（第34条第4号）はその限りではないとされている。②日本銀行は，政府から委託されたこの資金を使用して，ドル買い・円売りというかたちでの市場介入を行い，金融機関にたいして円資金を払い出す。したがって，この時点では，金融機関サイドに超過準備が発生することになる。③日本銀行が所有することになった政府短期証券は，金融機関を対象とする政府短期証券の市中公募発行によって得た資金により，政府が可及的速やかに償還することが慣行化されている。つまり，この時点で，金融機関サイドに存在する超過準備が解消されることになる。要するに，日本においては，外国為替市場への介入の主体は政府であること，また，介入のための資金については，今日では，最終的に，政府短期証券の市中公募方式をつうじての調達が慣行化されていることから，政府がたとえ外国為替市場への大規模な介入を実施したとしても，そこで放出された円資金はほどなく自動的に「不胎化」される仕組みが用意されているというわけである（厳密にいえば，超過準備は解消するが，市中銀行による企業からのネットのドル買いの分だけ，企業サイドにマネーサプライの増加が発生する）。

　ひるがえって，中国においては，事態はどのようになっているのであろうか。介入の主体はまぎれもなく中国人民銀行であり，しかも，介入のための資金は，中国人民銀行による外国為替公認銀行にたいする信用創造すなわち為銀にたいする中国人民銀行預金の創出によって賄われているようである（外国為

替管理条例第37条によれば,「国務院の外国為替管理部門」は,「法により全国の外国為替市場を監督監理する」権限を与えられているにすぎない)。つまり,市場介入をつうじて,金融機関サイドに超過準備が累積することになる。そこで,中国人民銀行は,準備率操作や公開市場操作を活用して超過準備を「不胎化」しようと努めているが,かならずしも期待した成果をあげるにいたっておらず,それどころか,この超過準備の存在が,景気の過熱およびバブルの発生,したがって,物価を騰貴させる原因になっているというのが実情に近いところであろう。これは,まさに,第1節で指摘した,通貨価値の体外的側面としての為替レートの安定と,通貨価値の対内的側面としての物価の安定とのあいだの「利益相反」の表面化以外の何ものでもありえない。

　もとより,この事態にどのように対処するかは,中国政府ならびに中国人民銀行が自主的に判断し,決定すべきことがらであるということは言を俟たない。しかし,内外から人民元の対ドルレートのより果断な切上げとそれをつうじた貿易黒字の縮小(これはこれで,中国政府が目標とする高度成長の実現と矛盾することになるが)の必要性が声高に叫ばれる背景には,一面において,こうした事実が控えていることだけは,中国人民銀行としても十分に認識してかかる必要があるように思われる。

注
1) 玉置知己・山澤光太郎『中国の金融はこれからどうなるのか』東洋経済新報社,2005年,152頁。
2) 同上,205頁,参照。
3) 日本銀行金融研究所編『新しい日本銀行』有斐閣,2000年,109頁。
4)5)6) 加藤出・山広恒夫『バーナンキのFRB』ダイヤモンド社,2006年,198頁。
7) 同上,198-199頁。
8)9) 日本銀行企画局「主要国の中央銀行における金融調節の枠組み」『日本銀行調査月報』2006年10月号,13頁。
10) 玉置・山澤前掲書,154頁。
11) 同上,156頁。
12) 同,160頁。
13) 同,158頁。

14) 石川純生・増井彰久・仲山里美「中国：過剰流動性によるマクロ経済上の諸問題」『開発金融研究所報』第31号，2006年9月，45頁。
15) 玉置・山澤前掲書，154頁。
16) 桑田良望『中国の金融制度と銀行取引――2006年版――』みずほ総合研究所，2006年，180頁。

著者略歴

建部正義（たてべ・まさよし）

1944年　大阪府生まれ
1966年　大阪市立大学経済学部卒業
1968年　大阪市立大学大学院経済学研究科修士課程修了
　同　　中央大学商学部助手
現　在　中央大学商学部教授
著　書　『管理通貨制度と現代』（新評論，1980年）
　　　　『マネー』（大月書店，1993年）
　　　　『貨幣・金融論の現代的課題』（大月書店，1997年）
　　　　『はじめて学ぶ金融論』（大月書店，1999年）
　　　　ほか

金融危機下の日銀の金融政策

2010年3月26日　初版第1刷発行

著　者　建部正義
発行者　玉造竹彦

郵便番号 192-0393
東京都八王子市東中野742-1
発行所　中央大学出版部
電話 042(674)2351　FAX 042(674)2354
http://www.2.chuo-u.ac.jp/up/

© 2010　Masayoshi Tatebe　　　　印刷・藤原印刷
ISBN 978-4-8057-2175-9